叢書・ウニベルシタス　1033

技術の道徳化

事物の道徳性を理解し設計する

ピーター＝ポール・フェルベーク
鈴木俊洋 訳

法政大学出版局

MORALIZING TECHNOLOGY: Understanding and Designing the Morality of Things
by Peter-Paul Verbeek

Japanes translation licensed by The University of Chicago Press, Chicago, Illinois, U.S.A.
through the English Agency (Japan) Ltd.

技術の道徳化——事物の道徳性を理解し設計する　目次

凡例

一、本書は Peter-Paul Verbeek, *Moralizing Technology: Understanding and Designing the Morality of Things*, The University of Chicago Press, 2011 の全訳である。「日本語版への序文」はこの邦訳書のために原著者が書き下ろしたものである。

二、原文でイタリックとなっている箇所は傍点で強調する。書名の場合は『 』とする。

三、原文の“ ”は「 」とする。原文の［ ］は本訳書でも［ ］とした。なお、〔 〕は訳者が読者の便宜を考慮して新たに挿入したものである。

四、原書の原注は巻末にまとめられているが、本訳書では章ごとに通し番号をつけて、本文の見開きにあわせて傍注とした。

五、邦訳があるものはそれを参考にしつつも、訳者が原著者の英訳に基づきあらためて訳し直した場合もある。

日本語版への序文

急速に技術が発展している現代において、技術倫理の遂行は、必要性が増しているだけでなく、挑戦的な活動となっている。新しい技術のなかには、人間の実存に予測不可能なかたちで影響を与えるものもあり、そうした技術は、既存の倫理学の枠組みでは扱うことができないのである。そのため、本書では、既存の倫理学の代替となるアプローチが目指されている。本書は、技術を「外側から」扱うのではなく、「内側から」扱うことを目指す。本書の中心目的は、諸々の技術を扱うためのガイドラインや原則を作ることではなく、技術そのものが持つ規範的意義を理解することであり、その規範的意義が倫理の学説や倫理の実践に対して何を意味しているのかを論じることである。

技術そのものが道徳的に意義を持っていると述べることは、非常に大きな一歩を踏み出すことである。というのも、倫理学の主流においては、倫理とは人間的主体のみに基づく活動だからである。そうした立場では、技術的客体を道徳的行為者性という観点から考えることは、カテゴリーミステイクとされるか、素朴なアニミズムの一種のように捉えられる。過去数年にわたって、私は、自動車に交通事故の責任を負わせるなどということをまともに考えているのか、という質問を人々から受けてきた。彼らは、技術の道徳的意義について語ることが、人間の負うべき責任の理解を減退させると懸念しているのである。彼らの考えでは技術は物言わぬ受動的なものとされている。技術は、志向性も自由ももたず、従って、道徳的行為者にはなり得ない。つまり、技術の発展や導入や使用に対して責任を持てるのは、人間のみであり、従って、技術倫理は、事物ではなく人間に焦点を当てなければならないということになる。

しかし、こうした懸念は、根本的な誤解に基づいている。技術の道徳的意義を語ることが、客体が主体と同じように道徳的行為者になれるという主張につながるわけではない。道徳的行為者性に関して言えば、そもそも、このように主体と客体を区別することこそが、本書が乗り越えようとする考え方である。本書によって伝えたい主張の中心は、我々は倫理をハイブリッドな活動と捉えなければならないということだ。倫理においては、人間と技術の双方が本質的な役割を果たしている。一人前の道徳的行為者として認められるような技術など存在しないのは確かである。しかし、人間の解釈や実践や判断の形成に技術が介入していることを考慮してみれば、一人前の道徳的行為者として認められる人間もまた存在しないのである。

日本という文脈において、本書の分析は、ロボット工学の社会的役割や文化的役割についての議論と特別に関係してくるだろう。他のハイテク領域と並んで、日本が牽引しているロボット工学の技術は、これまでにないかたちで、人間と事物との間の境界線のあり方に問題を投げかけている。本書が、そうした人間と技術との間の新しい関係性についての、多くの新しい実り多き議論に貢献することを、そして、我々の未来を形成してくれる技術について、批判的に設計し、使用し、導入していく実践に示唆を与えられることを心より願っている。

二〇一五年九月

ピーター＝ポール・フェルベーク

まえがき

数年前に妻と私が〔産科の〕超音波検査室に入ったときのことだった。壁にかかっていた一つの芸術作品に私たちの眼は奪われた。それは落書きのようにフクロウが描かれた色鮮やかなシルクスクリーン版画で、ダウン症を「患っている」オランダ人芸術家の作品だった。たまたま私たちは同じ版画を今しがた買ったばかりだった。

妻と私は超音波検査を受けることを少しためらった。これから生まれるわが子の姿を見ることはとても楽しみではあった。しかし、超音波検査によって、私たちは、子供を、潜在的患者として見なければならなくなってしまう。そして、何かよくない結果が出た場合に、その患者の生死に関わる決断をしなければならないのは、私たちなのである。私たちはその責任から逃れるために、検査では胎児の発育状況だけを調べてもらうことにして、ダウン症と二分脊椎症の検査も可能であったが断ることにした。つまり、版画を見たことで、重要なことが再確認できたのである。私たちは版画の作者がダウン症であることを知っていたので、そこにある一つの芸術作品によって何が表現されているかは明らかだった。つまり、その診療所においては、超音波画像は、先天的な「欠陥」に対して、自動的に、「異常」とか、場合によっては「望ましくない」という烙印を押すためのものではないということだ。

実際に私たちはダウン症と二分脊椎症の検査を断ることができた。しかし、それでも、超音波技術は、生まれる前の子供についての私たちの経験の土台をすでに形成してしまっていた。検査自体は実施されていなくても、超音波画像を写し出している女性スタッフが、心配そうに何かよくない兆候がないかと探すその表情を、私たちはどうしても見てしまう。検査が可能であるという事実は、私たちに検査しないことについての責任を感じさせ、その検査に関係する「リスク」を引き受けないことについての責任を感じさせた。決断をしなければならない状況に自分を置かないという選択そのものが、一つの決断になってしまっていたのだ。ただ、ここで問題になっていることを、決断と責任という言葉で語ることが唯一の道ではない。この状況を違ったかたちで語ることも可能なはずなのである。そのことを、あのフクロウの絵は私たちに気づかせてくれた。

少し離れた文脈で、技術哲学と技術倫理についての議論のなかでも私は同じ経験に遭遇していた。一九九五年にオランダの哲学者ハンス・アハターハイスが、「装置の道徳化」を提案する論文を出した。道徳性は人間だけでなく事物にも宿るというブルーノ・ラトゥールの議論をうけて、アハターハイスは、人間はいつまでもお互いの道徳を語ってばかりいないで技術の道徳についても語らねばならないと主張した。シャワーを短い時間ですませたり、地下鉄に乗る前に乗車券を買ったり、部屋を出るときに電灯を消したりすることがいいことだと我々全員が認めるならば、そうした行為をする責任を、節水型のシャワーヘッドや自動改札機やオフタイマー付電灯に委任してもいいのではないか。精神が勇む〔のに肉体が弱い〕ときには、技術をつかって肉体を強くすればいいのだ。〔訳注〕アハターハイスのアイデアは大きな議論をひきおこした。はたして「物質の道徳性」を語ることは可能なのか、可能だとしてもそれは望ましいことなのか。本書のなかでも取り上げることになるが、批判者たちは、行為に影響を与える技術は人間の自由と尊厳をおびやかし、道徳の退潮とテクノクラシー的な技術支配社会を生み出すと主張した。

超音波検査から帰宅した後、私は次のことに気づいた。妻と私が経験したのは技術が道徳的に重要な役割を果たしている事例の一つである。しかし、その事例で見られるような側面は道徳と技術についての議論のなかでも十分に論じられてはいない。超音波検査という技術は明らかに道徳的に重要な意味を持っている。ただ、その技術は私たちの行動を直接的に何かに導いているわけではない。その技術は、胎児についての私たちの経験の形成に介入し、私たちの行為や判断を導く解釈的枠組みの形成に介入している。胎児と私たちの間に特定の形式のつながりを設定することによって、その技術は、私たちが「子宮のなかをのぞく」ことを可能にしたのと同時に、胎児と私たちの関係の構造を変えてしまったのである。

それ以来、私は技術の持つ道徳的意義についての研究にひきつけられるようになった。その研究は哲学的に挑戦的であるだけではない。「物質の道徳性」の分析は、技術設計の実践に対して有益なものとなる可能性も持っている。ふつう道徳性は人間にのみ関わることとされているなかで、事物の道徳的意義をどのように語ることができるだろうか。技術に誘導されて起こした、自発的ではない行動の道徳的性質について、どのように理解したらいいだろうか。そして、技術設計者が自分たちの設計の道徳性に責任を持って向き合えるようにするための枠組みをどのようにつくればいいだろうか。

〔訳注〕聖書、マタイ伝、26–41「精神は勇んでいても肉体が弱いのである」より。

本書の研究中、多くの人が私の助けになってくれた。まず、業績や個人的関係を通じて示唆を与えてくれたハンス・アハターハイスに感謝したい。本書の題名『技術の道徳化』の由来は、彼の「装置の道徳化」というアイデアであり、そのアイデアは私が物質の道徳的側面に魅了されるきっかけとなったものである。ペトラン・コッケルコーレンとスティーブン・ドレスタインは、媒介、道徳、技術、設計についての有意義な議論に気さくに応じてくれ、本書の初期の草稿の批判をしてくれた。スティーブンがおこなったフーコーの倫理学的業績についての独特の読解、ペトランの出してくれた技術と媒介についてのアイデアは、私の発想の主要な源となっている。ペトラ・ブルールセマは私の文章や働き具合の見張り役だった。彼女がいなかったら本書は完成しなかっただろう。フィン・オルセンは、私がアルフス大学で客員教授として研究しながら本書の原稿の一部を書いていた際に、私の世話をしてくれ、議論の相手になってくれた。リチャード・ヘールスミンクは、本書の草稿を丁寧に批判的に通読してくれた。これらすべての人に感謝したい。

第一章　媒介された道徳

序

我々の日常生活には技術が複雑に絡まっている。我々は、自動車によって長い距離を移動することができ、携帯電話によってコミュニケーションし、医療機器によって病気を発見したり治療したりすることができる。[1] 現代の生活は精巧にできた技術なしでは考えられない。多くの人は直観的に、それらの技術は我々の実存を補足する中立的な道具に過ぎないと考えているが、じつはそうではない。技術が自分の機能を果たすとき、技術は実際にはそれ以上のことをしている。技術は、我々の行為や世界経験を形成し、そうすることによって、我々の生活の仕方に能動的に関わっている（Verbeek 2005b）。

例えば、自動車がしているのは、我々をA地点からB地点まで移動させることだけではない。自動車は我々の日常的な社会的接触の範囲を拡げる。自動車は、我々が働いている場所からどれくらい離れた

（1）　本章は、Verbeek 2006c, 2008d, 2009a を加筆修正したものに基づいている。

場所に住むかという決定に影響を与え、街や近隣コミュニティーの設計のあり方を決めている。携帯電話は、人と人との間の連絡を容易にしてくれるが、それだけでなく、連絡やコミュニケーションの新しいかたちを導入する働きもしている。医療診断機器は、身体を画像化するだけでなく、特定の病気の発見を可能にすることによって、特に、胎児の出生前診断や耐え難い永続的な苦痛が関わる状況などにおいては、複雑な責任のあり方を創り出してもいる。

このように技術が能動的に我々の日常生活に与えている影響は、道徳的に重要な側面を持っている。第一に、我々の実存に対するそうした技術の影響の性質は、道徳的用語で評価される。技術の果たす役割は、たとえ「悪い」ということが技術のせいにはされないとしても、しばしば、「よい」といわれたり「悪い」といわれたりする。第二に、技術は、人間の行為や経験の形成に介入することによって、我々の倫理的なあり方に介入している。ブルーノ・ラトゥールの出した有名な例であるが、スピードバンプは、学校の近くでは自動車の速度を落そうという我々の道徳的判断に介入している。超音波検査は、出生前の胎児の命についての問題の問い方や答え方に介入している。省エネルギー型電球は、我々の環境への配慮を肩代わりしてくれる。スーパーの買い物カートをつなぐコインロックは、きちんとカートをもとの場所にもどさないといけないことを我々に思い出させてくれる（Akkerman 2002）。地下鉄改札の回転バーは、地下鉄に乗る前にはチケットを買わなければいけないと我々に伝えてくれる（Achterhuis 1995）。さらに、情報技術における近年の発展は、技術が道徳的意義を持つことをより明白に示している。環境知能や説得型技術の開発によって、技術は公然と我々の行動に干渉し始めている。技術は、洗練された方法で人間と相互作用し、人間を巧妙に説得して行動を変化させる。環境知能や説得型技術の詳細については本書の後半の章で論ずることになる。

ほとんどの場合、人々が気づかないうちに、技術は道徳的に重要なものになっている。ラトゥールによれば、我々の文化における道徳の崩壊を嘆いている人というのは、単に見ている場所が間違っているからそう思っているだけである。我々は、人間を見るだけではなく、人間でない存在者〔非人間的存在者〕が道徳性のなかに深く浸透していることを認めなければならない。これは挑戦的な見方である。倫理学の主流には、そもそも、そのような物質的客体の道徳的側面を論じるための場所が確保されていない。倫理は普通、人間的なことに限定されて考えられる。技術的人工物が道徳性を持つなどと主張すれば、即座に、事物に精神が宿るという時代遅れのアニミズムを信奉しているのかと人に疑念を抱かれることになる。物質的事物は心も意識も持っていないし、自由意志も志向性も持っていないし、みずからの行為に責任を持つこともできない。したがって、物質的事物は、本当の意味での道徳的コミュニティーの一員とはなりえない。議論はこのように続く。しかし同時に、技術が我々の実存や道徳的判断の形成に介入して**いる**ことも確かであり、いやおうなく技術は道徳的意義を持ってしまっている。もう機は熟している。我々は技術の持つ道徳的意義を考察するための倫理的枠組みを作らねばならない。問題は、どのようにしたら物質的客体の道徳的側面を正当に扱うことができるかである。

技術の道徳的意義を論じることは、倫理学への理論的挑戦であるだけではない。それは、倫理を遂行**する**ことに対しても重要な示唆をもたらす。技術を使用する場合でも、技術を設計する場合でも、そこには、技術的人工物の道徳的性質に密接に関わるたくさんの倫理的問題が登場する。技術の使用者は、技術が人の道徳的判断を媒介し、人に責任を付与し、人に規範を浸透させるやり方に対し、どのように対処したらいいのか。技術の設計者は、自分の設計が将来的に果たす道徳的役割をどのように予見し、特定の道徳性をどのように設計に「埋め込め」ばいいのか。そもそも技術の設計者がそのような役割を担うことは望ましいことなのか。技術の設計者や使用者は、技術に媒介された行為に対する道徳的責任をどのように担えばいいのか。技術の使用や設計について語るために、どのような道徳的表現を使うことができるのか。

倫理と技術

技術と倫理はこれまでも常に複雑な関係性を持ってきた。今までに、ペニシリン、農作業機器、外科手術の道具、建物の暖房システムなどのような多くの技術が、人間を苦痛や労苦から解放してきたことは明らかである。しかしその一方で、否定的に評価されてきた技術もたくさんある。例えば、原子爆弾は、大規模な破壊と苦難の原因となり、そこに利点を見出すことなど不可能である。妊娠を操作するピルは、使用が広まることで、性行為と生殖が分離されることになり（Mol 1997）、女性解放のみならず、ゲイやレズビアンの解放のためにも大きな役割を果たしたのだが、それでも、いわゆる「自然な」ことのなりゆきに干渉するということから、保守的な宗教団体においてはいまだに反対されている。

哲学では、技術倫理において、根本的に異なる様々なアプローチが登場してきた。初期のころは、技術への倫理的アプローチといえば技術の批判であった（Swierstra 1997）。そこでは、現実の技術的発展における特定の倫理的問題には言及せずに、「技術」という現象そのものを批判することが、技術に対する倫理的考察であった。そうした古典的アプローチによる技術哲学や技術倫理の根幹には、技術と文化の融合が進むことへの怖れがあり、そこでの目的は、技術の持つ疎外化的威力から人間を守ることであった。哲学者たちは、社会の技術化を人間の本来性や実在の有意義性への脅威とみなした。技術化された社会において、人間は、機械の歯車となり、大量生産装置のなかで役割を果たしている一つの機能とみなされるようになってしまい（Jaspers 1951）、実在は、人間の意志に力を与えることができる原材料の山としての意味しか持たなくなってしまう（Heidegger 1977b）。こうした文脈では、技術は、我々の日常生活の形成を助けている特定の人工物として考察されるのではなく、人間の世界に敵対する一つの巨大な現象として考察されていた。

しかし、やがて哲学においても、「技術倫理」という分野が発展してきて、現実の技術的実践や技術的発展をどう理解するか、技術とどう付き合っていくかということが探求されるようになった。倫理は、技術から離れた場所で技術に敵対するのをやめて、技術が関わる現実の倫理的問題を扱うようになった。生命・医療倫理、情報倫理、ナノテクノロジー倫理といった派生的な応用領域も登場した。そうした応用領域で仕事をする哲学者は、技術の設計や使用や社会的影響に関わる個別の道徳的問題を探求する。さらに倫理は、技術の発展の過程をも問題にするようになった。工学倫理や設計倫理といった派生分野が登場し、そこでは明示的に、技術が発展する実際的局面に焦点が当てられた。ここ数十年において、応用倫理の領域では、特定の技術分野に焦点を当てたジャーナルが膨大に増えている。その範囲は、情報倫理からいわゆる「ナノ倫理」にまで、また、生命倫理から工学倫理にまで及んでいる。

このように倫理学と技術は現代において深く結びついているのだが、それでも現代の状況ではまだ不十分だという議論がされている。一見おかしなことのように思えるが、技術に対する倫理的アプローチの多くは、いまだに、技術そのものについて、そして、技術の社会的役割や文化的役割についてほとんど扱えてはいないのである。大抵の場合、技術倫理は、技術を技術の外部から見る立場をとる。その点に関しては、初期の技術批判の立場と同様なのである。どちらの立場でも、技術の領域と社会の領域が根本的に異なる領域であることが基本的前提とされている。例えば工学倫理などでは、安全性とリスクというテーマが中心的に扱われ、そこでは、社会の領域は技術の領域がつくりだすリスクから守られねばならないとされ、技術者は、ある技術革新が非道徳的な現実や否定的な結果をもたらすことを発見したならば、それに対して警鐘を鳴らさねばならないとされる。ケーススタディとして取りあげられるのは、だいたい、スペースシャトル「チャレンジャー号」の爆発や、時速四十キロの衝突でガソリンタンクが爆発するフォード・ピント車の開発における技術者の役割である (Birsch and Fielder 1994)。情報倫理ではプライバシーに焦点があてられるが、そこでも技術は人間の領域への脅威として扱われる。そこでは、技術は単なる道具として考察されており、技術がその機能を果たしているとき、もしもそれが道徳的に許容されないような機能の果たし方であったら、警鐘が鳴らされなければならない、ということなのである。こうした倫理学の主要な関心事は、技術が人間の領域に危害を与える結果をもたらさないようにすることであり、人間が技術の領域を道徳的に適切にコントロールできるようにすることである。

このような外部からの見方において見失われているのは、技術と人間の二つの領域が本質的に相互浸透しているということだ。二つの領域は区別することができない。つまり、人間は技術的な存在であり、技術は社会的な存在なのである。技術が我々の日常生活で本質的な役割を果たしているのは確かである。

技術は、我々の行為や経験の形成に介入し、我々の道徳的判断を誘導し、我々の生活の質に影響を与えている。技術が使われるときには、どうしても、技術はそれが機能する文脈の形成に介入することになる。技術は、人間と実在の間に特定の関係性をもたらし、それと同時に新しい実践と生活のかたちをつくりだす。ふたたび携帯電話の例を考えてみよう。携帯電話は、どこにいるか場所を問わずに、人と人とがコミュニケーションすることを助けてくれる機能的道具であるが、それがその機能を果たすとき、実は同時に新しいコミュニケーションや新しい連絡のあり方を創造してもいる。携帯電話は、新しい約束の交わし方を発生させる。もし誰もがいつでもどこでも連絡がとれるのなら、長期的な計画はそれほど必要でなくなる。携帯電話はまた、新しいコミュニケーションのスタイルも発生させる。たとえば、携帯電話の持つ文字表現の機能によって、新しい「言語」が登場したと言われることすらある（Crystal 2008）。また、コミュニケーションしている相手の居場所は、実際の周囲にいる人の居場所よりも近くなり、人々は公共の場において私的な会話をするように誘導され、公的と私的の境界線が引き直されることになる。

このように人間の実践や経験に対し技術が能動的に関与していることは、技術の道徳的意義と密接に関わっている。一方で、技術的媒介の具体的な事象は、道徳的な言葉で語ることが可能である。それは、道徳的に悪かったり、よかったりする。ビーチに向かうロングアイランド（ニューヨーク）の公園道路の陸橋の高さについてのラングドン・ウィナーの分析が好例である。建築家ロバート・モージスは意図的にその陸橋を低く作り、バスが公園道路を通れなくした。それによって、自家用の自動車を持てない黒人がビーチに来ることを制限するためである。他方で、技術的媒介という現象は、技術が人間の道徳的行為や道徳的判断に影響を与えていることを示している。技術は、能動的に人間の倫理的なあり方に影響を与えているのである。よい例は、遺伝的な乳癌についての遺伝子診断検査である。その検査では、乳癌遺伝子ＢＲＣＡ１とＢＲＣＡ２の突然変異を調べることにより、人が乳癌になる確率を知ることができる。突然変異遺伝子のキャリアー（ほとんどの場合は女性だが、男性も乳癌になる可能性はある）だと分かったら、その人は、何もしないままに乳癌の高確率の発症リスクとともに生きるか、定期的に検査を受けて早期発見につとめるか、両乳房の切除手術を受けるか、という三つの選択肢からの選択を迫られることになる（Boenink 2007）。

つまり、突然変異遺伝子の発見は、健康な人間を潜在的な病人に変えてしまうのである。さらに、この検査は、先天的欠陥を回避可能な災厄に変化させる。乳房を切除することによって、乳癌の発症は避けることができるからである。つまり、この技術が使われるときには、この技術が、選択状況の構造を決めているのである。そこでの選択は複雑である。選択には、新しい技術によって導入された新しいグループ分けが関係している。遺伝子検査という技術は、健康と病気の間に「発症前」という領域を作り出す。そして、その技術によってある人が特定の病気になる確率が非常に高いことを知ることができるという事実と、回避のために器官を除去することもできるという可能性によって、人は自分の病気に自分で責任を持たないといけなくなる。このように、遺伝子検査の技術は、一つの道徳的ジレンマを作り出し、同時に、その道徳的ジレンマに対する特定の対処法を示唆している。

乳癌遺伝子の例からも分かるように、医療技術は、選択状況の構造を決め、なされるべき選択を示唆することによって、医師と患者の道徳的判断を媒介している。こうした技術的媒介は、病気を防いだり、病気のリスクに責任を持って対処する方法を見つけたりすることに勝るとも劣らぬ道徳との関連性を持っているはずである。我々の行為や経験を媒介することによって、技術は、我々の生活や道徳的行為や道徳的判断の質の決定に介入している。したがって、技術と道徳との関連性を適切に扱うためには、技術倫理は、技術的媒介という現象を扱わねばならないことになる。

そのためには倫理学の理論の射程は拡大されなければならない。倫理と技術を、一方は人間の領域に、もう一方は非人間の領域にというように、根本的に異なる二つの領域に属するものとするのでなく、二つの領域が絡みあっているということに焦点を当てなければならない（Latour 1993）。倫理を人間の側の「社会的」領域にのみ位置づけ、技術を非人間の側の「物質的」領域にのみ位置づけることは間違っている。技術は、もしそれが道徳的判断に寄与しているのならば、社会的でもあるのだし、人間は、使用している技術との密接な関係のなかでその生が形成されるのだとしたら、物質的でもあるのだ。技術の持つ倫理的次元や倫理的意義を理解するためには、人間と非人間の間の境界線は超えられなければならない。

しかし、二つの領域の境界線を超えることはそれほど容易ではない。技術的人工物の道徳的意義をまともに捉えるためには、倫理学は古典的な前提を乗り越えなければならない。その前提とは、技術は、意識や合理性や自由や志向性を持たないのだから、道徳性は必然的に人間のみが関わることだ、という前提である。では、我々の生に対する技術の影響力を道徳的に検討するために、我々は何をすればよいのだろうか。そして、技術的人工物が能動的に、かつ多様なかたちで、道徳的実践や道徳的判断を媒介するということを正当に評価するために、我々は何をすればよいのだろうか。

技術的媒介

技術の道徳的意義を理解し分析するためには、まず、日常生活における技術の媒介的役割について明確な描像を持たねばならない。ここ数十年の間、技術哲学は、人間の生活世界における技術的人工物の影響力に注目するようになってきている（Borgmann 1984; Winner 1986; Ihde 1990; Ihde 1993; Ihde 1998; Latour 1992b; Latour 1999）。一つの巨大な現象として捉えられた「技術」の状態を理解することに焦点を当ててきた古典的なアプローチとは対照的に、近年の技術哲学は、人間の行為や経験の形成に能動的に介入する物質的客体に焦点を当てて技術を捉えるようになってきている。

技術の持つ社会的役割や文化的役割の諸相は、様々な論者によって分析されてきた。例えば、北米の哲学者ドン・アイディの業績は、我々が実在を経験したり解釈したりできるようになるときに、実在というものが、視覚的技術によってどのように形成されるかを分析し、技術の持つ視覚的かつ解釈学的な影響に焦点を当てる。最近の技術哲学者で言えば、他にも、ドイツ系アメリカ人のアルバート・ボルグマンは、人間と実在の関係性に技術的装置がいかなる影響を与えているか分析している。フランスの哲学者で人類学者でもあるブルーノ・ラトゥールは、人間‐技術連合体のハイブリッドな性質を研究し、そのハイブリッドな性質が社会の理解をどのように変えるかを研究している。アメリカの政治哲学者ラングドン・ウィナーは、技術的人工物の政治的意義について考察している。

別のところでも説明したのだが（Verbeek 2005b）、これらの哲学者の立場を敷衍し拡大することによって、「技術的媒介」の哲学が生まれる。彼らの技術的媒介の哲学的分析、なかでも特に「ポスト現象学的」アプローチは、技術の道徳的意義を理解するための鍵となるものである。そこで、以下で彼らの分析について個別に紹介しておきたい。(2)

人間 ‐ 技術関係

さしあたりここでは、現象学とは、人間と生活世界の関係の構造についての哲学的分析と定義しておこう。その見方でいうならば、媒介の哲学の中心となるアイデアは、技術が人間と実在との間の関係において能動的に媒介的役割を果たしているということである。技術的媒介の考察では、技術が社会を決定するという古典的な危惧へと戻る必要はない。また、技術を単なる手段だと過小評価しなくてもよい。技術と社会の補完的な相互形成に焦点が当てられるのである。

技術的媒介を理解する出発点として格好のものは、マルティン・ハイデガーによる、人間と世界との日常的な関係における道具の役割についての古典的分析である。ハイデガーによれば（Heidegger 1927）、道具は、人間と実在との間の「きずな」として、あるいは「つながり」として理解されるべきである。ハイデガーは、道具が「手もとにあるもの」として使用されるときに人間に対してどのように現前しているかということに注意を向ける。道具が何かのために使用されるとき、その道具は、特有の仕方で使

(2) ここで技術的媒介の現象を論ずるために使用する概念は、Verbeek 2005b でより詳細に論じられている。

用者の注意の及ばないところに隠れている。例えば、ハンマーで釘を壁に打ち込んでいる人の注意は、ハンマーではなく釘に向けられている。手もとにある人工物を介して、人間は実在へと巻き込まれていく。その道具自体に注意が向けられるのは、その人工物が壊れたときだけである。そのとき人工物は、ハイデガーの言葉を使えば、「手の近くにある」ものとなり、すでに使用者と世界とを関係させる能力はなくなっている。

手もとにある人工物は人間の注意から消えていても、その人工物の周りの人間‐世界関係を構成する決定的な役割を果たしていることに変わりはない。技術的人工物が使用されるとき、その人工物によって人間は実在へと巻き込まれる。そして、そうすることによって、その人工物は、人間の世界における存在の仕方や、世界の人間に対しての現前の仕方の形成に参加している。このような意味で、使用されている事物は、人間‐世界関係の媒介項として理解することができる。技術的人工物は、中立的な中間項ではなく、能動的に、人間の世界内での存在の仕方の形成に参加している。つまり、人間の知覚や行為や経験や実存の形成に参加しているのである。

技術の持つ、このような媒介的役割を理解するために、ドン・アイディとブルーノ・ラトゥールは、いくつかの概念を提示している。技術の持つ媒介的役割をよりよく理解するために、ここで媒介の二つの捉え方を区別しておきたい。一つは知覚に焦点を当てる捉え方で、もう一つは実践に焦点を当てる捉え方である。二つの捉え方は、人間‐世界関係に、それぞれ異なる側面からアプローチする。解釈学的見方、あるいは「経験に向けられた」見方は、世界の側からスタートして、実在がどのように解釈され、どのように人間に現前するかに焦点を当てる。そこで中心となるのは知覚である。プラグマティックな見方、あるいは「実践に向けられた」見方は、人間の側からスタートして、人間‐世界関係にアプローチする。中心となる問いは、人間が世界のなかでいかに行為し、いかに自分の実存を形成するかということである。そこで中心となるのは行為である。

経験の媒介

「媒介の哲学」の中心となる解釈学的問いは、人工物はどのように人間の経験や実在の解釈を媒介しているかということである。知覚の技術的媒介に焦点を当てるアイディの技術哲学が、この問いに答えるためのよい出発点となる。アイディは、ハイデガーの道具分析を発展させて、人間と技術的人工物の関係を分析する (Ihde 1990)。彼は、人間と技術の関係のあり方をいくつかに分類しているが、そのうちの二つが、媒介関係として捉えることができるものである。[3]

まず、アイディは「身体化関係」をあげる。これはハイデガーの「手もとにある」道具に対応する関係性である。身体化関係においては、技術は使用者のなかに「組み込まれて」いて、人間と世界との間

(3) アイディは、さらに、媒介と直接には関連しない二つの関係性を挙げている。一つは、技術が我々の経験の目的物となるような「他者関係」である。他者関係は、ハイデガーの「手の近くにある」技術に対応する関係性で、我々が装置を生きた存在であるかのようにみなして装置と相互作用するときの関係である。例えば、自動券売機で電車の乗車券を買うときがそうである。もう一つは、「背景関係」である。この関係では、技術は我々の経験の背景で役割を果たし、我々の経験の文脈を形成する。この関係の例としては、冷蔵庫の自動オンオフスイッチがある。

の関係が技術的人工物を介して作り出される。例えば、人がメガネをかけて見ているとき、メガネという人工物そのものは知覚されておらず、周囲を知覚するのを補助している。それが身体化関係である。そこでは技術的人工物は、いわば人間の身体の延長となっている。アイディが第二にあげるのは、「解釈学的関係」である。解釈学的関係においては、技術は、使用者に「組み込まれる」ことによってではなく、実在の代理表象を作り出すことによって使用者と実在をつなぐが、そこで作り出された代理表象は解釈されることを必要とする（だから、解釈の研究という意味の解釈学という用語をつかって「解釈学的関係」と名付けられる）。例えば、温度計は、温度に関して人間と実在との関係を作り出している。温度計を読むことが、直接的に熱さや冷たさの感覚をもたらしはしない。それは一つの数値を与え、その数値が実在について何かを語るためには解釈が必要とされる。

アイディが示しているのは、実在に対する我々の感覚的関係を技術が媒介しているとき、技術は我々の知覚しているものを変換しているということである。アイディによれば、技術による知覚の変換は、必ず増幅と縮減のセットという構造を持っている。媒介する技術は、実在のある側面を増幅し、別の側面を縮減するのである。例えば、赤外線カメラで樹木を見るとき、裸眼で見えるその樹木の見え方のほとんどは失われているが、それと同時に、その樹木の新しい相、例えばその樹木の健康状態が、見えるようになっている。アイディは、こうした技術の変換機能を、「技術的志向性」と呼んでいる。技術は「志向〔意図〕」を持つ。つまり、技術は中立的な道具ではなく、人間と世界との関係において能動的な役割を果たしているのである。

ただ、その志向性は、その人工物に固有の性質というわけではない。人工物は、人間が人工物と結ぶ関係のなかで、その志向性を獲得するのである。関係性が変われば、その人工物の「アイデンティティ」も変化する。例えば、電話やタイプライターは、もともとは通信や筆記のための技術として開発されたわけではなく、耳や目が不自由な人が聞いたり書いたりするための装置として開発されたものである。しかしそれらは、使用の文脈のなかで、まったく違ったかたちで解釈されることになった。アイディはこのような現象を、技術の複数安定性 *multistability* と呼ぶ。一つの技術は、使用の文脈に導入される仕方によって、様々に異なる「安定状態」を持つ可能性があるということだ。そして、技術的志向性は常に、ある特定の安定状態が実現することによって決まるのである。

知覚の変換についてのアイディの分析は、解釈学的に重要なことを述べている。実は、媒介的人工物というのは、実在が人々に対してどのように現前し、人々によってどのように解釈されるかの決定に介入しているのである。つまり、「実在的」とされるものの形成に技術が介入しているということである。事物の持つ、このような解釈学的役割は、道徳的に重要な意味を持っている。というのも、もしその通りだとすれば、技術は、人間が下す道徳的判断に大きな影響を与えることになるからである。MRI（核磁気共鳴画像法）や超音波技術のような医療における画像化技術がよい例である。こうした技術は、それなしでは見ることができない人間身体の要素や部位、また子宮内の胎児などを見えるようにしてくれる。そして、それらの技術が、その技術自身が「見て」いるものを提示する特定の仕方は、身体や胎児の知覚や解釈の形成に介入しており、それによって、下される判断にも介入している。このように、病気、妊娠、生まれる前の子供などの経験は、根源的に技術によって形成されているのである。

実践の媒介

実践に視点を移すと、中心となる問いは、人間の行為や生活の仕方をいかに人工物が媒介しているかということになる。現象学的な見方では、知覚とは、世界が人間に現前する仕方の一つである。それに対し実践とは、人間が世界のなかに存在する仕方である。ラトゥールの業績は、行為を媒介する人工物の分析のための興味深い概念を、いくつも我々に提供してくれる（Latour 1992b, 1994）。ラトゥールの指摘するところでは、人間がすることは、ほとんどの場合、その人間が使用している事物によって大きな影響を受けている。行為は、たんに、（行為者‐構造という古典的な二分法の言うように）個人の意図とその個人が属している社会的構造の結果に過ぎないのではなく、その個人の物質的環境にも影響を受けている。ラトゥールとアクリシュは、人間の行為に人工物が与える影響を記述するために「スクリプト〔脚本〕」という概念を導入した。映画や演劇の脚本《スクリプト》のように、人工物には、使用者が使用するときにどのように行為するべきかということがあらかじめ書き込まれている。例えば、スピードバンプには、「私に近づいたら速度を落としなさい」というスクリプトが刻まれており、プラスティックのコーヒーカップには、「使い終わったら私を捨てなさい」というスクリプトが刻まれている。

このような、人間の行為に対する人工物の影響のあり方は、一つの特徴を持っている。スクリプトが機能するとき、事物は、非物質的記号としてでなく、物質的事物として行為を媒介している。道路標識などは、人間と世界の関係のなかに物質的に現前することによって人間を減速させるのではなく、それが意味しているものによって減速させている。それに対しプラスティックのコーヒーカップを我々は、使用説明書にそう書いてあるから使い捨てるのではなく、たんにそれが物理的に何度も洗って繰り返し使うのに耐え得ないという理由で捨てるのである。技術的人工物の人間の行為への影響は言語的なものではない。人工物は、記号として、あるいは、意味の担い手として以外にも、物質的事物として影響力を行使することもあるということだ。

知覚のときと同様に、行為の媒介においても変換は起こる。ラトゥールによれば、行為の領域では、変換は、「行為プログラム」の「翻訳」と表現することができる。ラトゥールは、人間であれ非人間であれ、すべての存在者に行為プログラムを帰属させる。存在者が別の存在者と関係を持つとき、双方のもともとの行為プログラムが、一つの新しいプログラムに翻訳される。ある人の行為プログラムが「食事を速く作る」というもので、このプログラムが電子レンジの行為プログラム（「少量の食料を速く温める」）と結合されると、結果としてできる「合成」アクターの行為プログラムは、「いつも一人でインスタント食品を食べる」となる。

行為の翻訳においても、知覚の変換と同様の構造を見つけることができる。知覚の媒介において、実在の一側面が増幅され、別の側面が縮減されたように、行為の媒介においては、ある特定の行為が「奨励」され、別の行為が「禁止」されることになる。人工物に刻まれたスクリプトは、特定の行為をするように、そして別の行為をしないように促す。この奨励‐禁止構造も、知覚の増幅‐縮減構造と同じように文脈依存的である。アイディの複数安定性という考え方は、行為の媒介の考察にも適用できる。例えば、電話が振るってきた大きな影響力によって、我々は地理的文脈と社会的文脈を切り離すようになったのだが、それは、電話が、我々の直接的な生活環境の外部で社会的関係性を維持することを可能に

表1：経験と実践

経験		実践
知覚の媒介		行為の媒介
技術的志向性		スクリプト〔脚本〕
知覚の変換		行為の翻訳
増幅と縮減		奨励と禁止
	委任：意図的な刻印〔書き込み〕	
	複数安定性：文脈依存性	

したからである。しかし、その影響力を行使できるのは、電話が通信技術として使用されている場合のみであり、もともとそうだったように補聴器具として使用されていたらその影響力は行使できなかっただろう。

ただ、知覚の媒介の場合との重要な相違点もある。それは、行為の媒介が起こるときの人間－技術関係の性質である。人工物が行為を媒介するとき、人工物は手もとにある必要はなく、手の近くにある場合でも媒介はおこる。あまり愉快な例ではないが、拳銃は、手もとにあるという状態で行為を媒介し、「私の怒りを表現せよ」とか「やりかえせ」を、「あの人を殺せ」に翻訳する（Latour 1999）。それに対し、スピードバンプが「身体化」されることは不可能である。つまり、スピードバンプは手もとにあるものにはなりえないのであり、手の近くにあるという位置から人間の行為に影響を及ぼす。

人間と実在との関係における技術の役割を理解するためのこれらの概念は、「技術的媒介を語るための用語」になり、そうした概念を使用することで、技術の能動的な役割を見てとることが容易になる。技術的人工物は、技術的志向性によって、つまり知覚を組織化するときの「方向付け」によって、知覚を媒介する。技術的人工物は、自分に刻まれたスクリプトによって、つまりその人工物を使うときに人間がどう行為するかを予描することによって、行為を媒介する。技術の媒介は文脈依存的であり、常に行為の翻訳と知覚の変換を含んでいる。行為の翻訳は、奨励－禁止構造を持ち、知覚の変換は、増幅－縮減構造を持っている。これらの用語をまとめて表1に示しておく。

媒介と道徳性

媒介の哲学は、記述的な立場をとることが多い。これまで媒介の哲学は、生活世界における技術の役割の分析を目的としてきた。そして、機が熟したいま、現代の技術哲学において主流である記述主義的傾向（Light and Roberts 2000）は、規範的アプローチによって補強されるべきである。というのも、技術の媒介的役割が道徳的次元を持つことは明らかだからである。我々が下す判断の基盤となる実践や解釈の形成に介入することで、技術は我々の道徳的行為において明示的かつ能動的な役割を果たすことができるのである。

第三章で論じることになるが、技術的人工物の道徳的意義の考察自体は、けっして新しいものではない。実際には、それは、かなり前から技術哲学の傍流において一つの役割を演じている。ラングドン・ウィナーのニューヨークの陸橋の例は、一九八〇年に登場したものである。その六年後、ブルーノ・ラトゥールは、人間の道徳的判断の補助をしているという意味で、人工物は道徳性の担い手であると主張した。ラトゥールは、一九八八年にオランダで『安全ベルト――見落とされている多くの道徳性』という講演をし、そこで、我々はもうそろそろ社会の道徳性が失われていると嘆くことをやめるべきだと述べた。そのような嘆きは、嘆いている本人が我々の日常生活をまったく理解していないことを示している。ラトゥールの主張では、道徳性は人間のなかにのみ見出されるのではなく、事物のなかにも見つけることができる。物質の持つ道徳的威力に気づくことができる人ならば、社会は道徳性にあふれていることが分かるはずなのである。

例えば、ほとんどの自動車では、運転者がシートベルトを締めないと、不快な警告音が鳴ったり、エンジンが始動しないようになっている。自動車をどのくらいの速度で走らせるかを決める道徳的判断が、「私に近づくときは速度を落とせ」というスクリプトが刻まれたスピードバンプに委任されていることもある。ラトゥールによれば、そうした自動車やスピードバンプは道徳性を身にまとっているのである。設計者は、それらの人工物に、運転者がシートベルトをするように見張る責任を、そして、あまり速い速度で運転しないように見張る責任を委任しているのである。つまり、道徳的判断はいつも人間だけによって下されるわけでなく、人間の使用する技術との相互作用のなかで決まることもあるのだ（Latour 1988; 1992b）。

人工物が道徳的行為や道徳的判断において大きな役割を果たしているとしたら、人工物の政治性を主張するウィナーにならって、人工物はどの程度の道徳性を持つのかを考える必要がある。もし、倫理というものが「いかに行為するか」を問うものであり、技術がその問いへの答えに介入しているなら、技術は道徳的意義を持っていることになる。少なくとも、技術は、我々の倫理の遂行を助けてはいるのである。ただ、これを認めることは、じつはかなりラディカルな一歩を踏み出すことなのである。二、三世紀ほど前、カントを代表者とする啓蒙主義が、倫理に、それまでに類のない大転換をもたらした。道徳性の源泉を神から人間へと移動させたのである。技術の社会的役割や文化的役割についての現代の分析は、道徳性を人間的な事象としてだけでなく、事物の問題としても捉えることによって、我々に対して、道徳性の源泉をさらに移動させることを迫っているのだろうか。

この問いは倫理学への挑戦である。そもそも、こうした物質的形態をとった道徳性をどのように理解すればよいのだろうか。さらに言えば、事物が人間の行為を媒介することは認めてもいいが、だからといって、本当に技術を道徳的行為者として認めなければいけないのだろうか。もしそう認めねばならないとしたら、どの程度までそう認めるべきなのか。倫理学において、あるものが道徳的行為者として認められるためには、少なくともそれは志向性を持たねばならないし、ある程度の自由も持たねばならない。つまり、ある行為に対する責任を負うためには、行為者は、ある特定の行為をする意図を持っていなければならないし、その意図を現実化する自由を持っていなければならない。どちらの要請も人工物は満たしていないように思える。人工物は心を持たず、志向性も持たず、もちろん、いかなるかたちの自律性も持っていないのだから。

そもそも、倫理学の主流の枠組みでは、道徳的行為者性を無生物的客体に帰属させることが難しいだけでなく、技術的媒介によってもたらされる行動を「道徳的行為」とみなすことすら難しい。人間が技術の影響によって促がされて道徳的判断を下した場合、はたして、それを道徳的行為と見なすことができるのだろうか。何かに誘導されて行なった行動は、道徳的行為とは別のものである。さらに、技術的媒介の結果として道徳的に間違った状況がもたらされたとき、人工物に道徳的責任を課すことに、はたして意味があるのだろうか。

こうして技術倫理は、自己矛盾的な苦境におちいる。志向性を厳格にヒューマニズム〔人間中心主義〕的に解釈すれば、技術的人工物の道徳的意義を考察することはできない。そして、道徳的行為者はかなりの程度の自律性を持たねばならないという支配的な考えを厳格に守るなら、「技術の倫理」などというもの自体ありえないことになる。もちろん、技術は中立的な道具であるとして、人間の行為や解釈を媒介していないとしてしまえば、倫理はそのままでもいいだろう。しかし、それは、技術的媒介という現象や技術的媒介の道徳的意義を否定することを意味しており、まさに本末転倒である。とはいっても、技術的媒介という概念や事物の道徳的役割を深刻に捉えようとする倫理学説であっても、志向性や自律性の概念をまったく捨て去ることはできない。なぜなら、責任という概念を維持するためには、ある程度の人間的な志向性や自律性は不可欠なのであるから。

この苦境から脱するために私は、倫理は人間－技術連合体の問題として考えられるべきだという主張を擁護しようと思う。技術的媒介の概念を深刻に受け止めるならば、技術が人間的な行為者であるという主張も、倫理は人間のみに関わるという主張も、どちらも間違っている。人間的主体と物質的客体の区別は、我々の形而上学的体系によって堅く守られていて、その区別が、倫理を人間の問題ではなくハイブリッドの問題として扱うことを邪魔している（Latour 1993）。その形而上学的体系によれば、人間は能動的で意図的であり、物質的客体は受動的で道具的である。そして、人間の行為は道徳的用語——善いか悪いか——で評価されるのに対し、技術的人工物は機能性の用語（うまく機能するか、しないか）で評価されることになる。

もし技術倫理が、社会や日常生活における技術の媒介的役割を深刻に捉えるべきならば、形而上学的伝統に由来する近代主義的な主客二分法からは脱却しなくてはならない。技術倫理は、「人間と非人間」――これはラトゥールから借用した用語である――を分離して純化するのをやめて、二つを交配してハイブリッド化〔雑種化〕しなければならない。本書では、そのための「ポスト現象学的」方法を、ドン・アイディの技術哲学、ブルーノ・ラトゥールのアクターネットワーク理論、ミシェル・フーコーの権力と倫理の学説にもとづいて提示してみたい。

ポスト現象学

十年前くらいから、右で述べたような技術的媒介の哲学は、現象学の新分野開拓の拠点となっている。とくにアイディの業績の影響で、現象学的な技術哲学は、科学や技術を実在への二次的で疎遠な関係の仕方とみなす立場をとるのをやめて、科学や技術に一面的に反対する立場から脱却してきた（Ihde 1990）。人間と技術との関係の分析が進むにつれて、そして、人間の経験や実存において技術が現実に果たしている役割が分かってくるにつれて、現象学は、技術を、生活世界への脅威としてではなく、生活世界の構成要素として分析するようになってきた。こうして登場してきた現象学における新しいアプローチは、以下で示すように、「古典的」現象学に対抗するものという意味で、「ポスト現象学的」アプローチと呼ばれることもある。

ポスト現象学の目的は、古典的現象学の問題点を克服することによって、現象学的伝統を復活させることである。古典的現象学の問題点とは、主に、アイディの言うところの「基礎付け主義的な」性質に関わるものである（Ihde 1998, 113–126）。古典的現象学は、はっきりと、自らを、科学に代替するものだと規定していた。実在を分析することを目的とする科学に対し、実在を記述することを目的とするのが現象学なのである（Merleau-Ponty 1962, viii–x）。「より真正な」実在への接近方法を提供するという現象学の主張は、二十世紀の哲学的展開のなかで、その主張自体の被媒介的性質や文脈依存性が詳しく分析され、大きな問題となってきた。

　古典的現象学が、人間の知識の局所性や文脈依存性を見落としてきたということは、現象学自体が発展してきた文脈を考慮すれば仕方のないことでもある（Verbeek 2005b, 106–108）。現象学は、「実在そのもの」を記述する哲学的方法として登場した。それは、実在のありのままを記述していると主張する近代科学が生み出した実証主義的世界観に対抗するためであった。しかし、古典的現象学は、「真正なる実在」への代替ルートを、――実在を分析するのでなく記述すると主張して――発展させることとは別に、じつは、人間と実在の関係性についてとても興味深い説明図式を作り出してもいたのである。モーリス・メルロ＝ポンティはこの関係性を知覚という観点から、エドムント・フッサールは意識という観点から、マルティン・ハイデガーは世界内存在という観点から分析した。つまり、現象学の実際の歴史に沿って語るなら、現象学を、実在を記述するための方法として捉えるよりも、むしろ、人間と世界の関係性を分析することを目指す哲学的運動と捉えるほうが適切なのである。

　この道に沿って現象学を捉えなおすことで、アイディは、「基礎付け抜きの」現象学的アプローチを展開し、それを「ポスト現象学的」アプローチと呼んでいる。アイディは、人間－世界関係を「志向性」という観点から理解するという現象学の中心理念は維持する。志向性とは、人間が世界に向かっているということである。しかし、右でみたように、アイディによれば、現代の技術文明において、その志向的関係はほとんどの場合、技術的に媒介されている。事実上、人間のすべての知覚と行為は、メガネやテレビや携帯電話や自動車といった技術的装置によって媒介されている。そうした技術的媒介物は、我々にとって実在的であるものの構築に介入しているが、我々を、古典的現象学が望んだもの、つまり「事象そのもの」へと連れていってはくれない。媒介された知覚のなかには、そもそも、その対応物を日常的現実のなかに持たないものもある。例えば、電波望遠鏡は、人間の眼には見えない電波によって形態を感知するが、天文学者がそれを知覚し解釈するためには、装置による「翻訳」が必要である。そこでは、装置によって媒介される前の「オリジナルな」知覚が存在するわけではなく、媒介された知覚そのものが「オリジナル」なのである。このような種類の媒介を現象学的に探求する場合、「事象そのもの」にもどろうとすることは不可能であり、むしろ現象学は、そこでの技術的媒介の構造や解釈学的意義を解明することを目指すべきなのである。

ポスト現象学的アプローチは、二つの意味で、近代的な主客二分法からの脱却を可能にしてくれる。第一に、アイディは、人間という主体と技術という客体を分離した存在者と捉えず、人間‐技術連合体という見方で考える必要性を示している。人間と技術の根源的な相互浸透性を考慮しなければ、人間と実在の関係性は理解できないのである。第二に、人間‐世界関係は、あらかじめ存在している主体が、あらかじめ存在している客体の世界のなかで知覚し行為するという関係として捉えられるべきではなく、世界の客体性と、そのなかで経験し存在するものの主体性の双方が構成される場として捉えられるべきである（Verbeek 2005b, 111–113）。世界が何で「ある」か、そして主体が何で「ある」かは、人間と実在の相互作用によって決まる。人間が経験する世界は「解釈された実在」であり、人間の実存は「状況付けられた主体性」なのである。ポスト現象学は、主体と客体の断絶を、志向性という橋を渡すことによってではなく、主体と客体が相互に構成しあっていると主張することによって解消する。人間と実在の相互関係のなかで、世界という特定の「客体性」が登場し、人間という特定の「主体性」も登場するのである。

このように主体性と客体性の構成における技術の媒介的役割に注目しているという理由から、ポスト現象学は技術的人工物への倫理的アプローチに直接的な関連を持っている。そして、技術的媒介が特定の実在や特定の主体性の構成にいかなる介入をしているかを調べるという点で、ポスト現象学は、技術の道徳的関連性を分析する方法としては卓越している。後の章であらためて詳説するつもりであるが、産科の超音波技術がよい例となる。超音波技術は、子宮内の子供を見るという機能を持った手段であるというだけではない。その技術は、まだ生まれぬ子供が人間として見られる仕方の形成に能動的に介入し、そうすることによって、子供の将来の両親がする選択を導いている。例えば、その技術は、医学的基準に沿って胎児を視覚化する能力によって、胎児を潜在的な患者として構成し、場合によっては、その両親を、まだ生まれていない子供の生命に関する決断者として構成するのである。

このように分析することで、ポスト現象学は、主体は能動的かつ志向的で客体は受動的かつ静的であるという、倫理学において支配的な主体客体関係の近代主義的捉え方を乗り越えていく。ポスト現象学は、人間の志向性が技術を「介して」操作されうることを示すにとどまらず、ほとんどの場合、「志向性」そのものが、人間 - 技術連合体に――つまり、部分的には人工物のなかに――位置づけられる必要があり、結果として生ずる志向性が、設計者や使用者によって意図的に技術に委任されたものに還元できるとは限らないことを示す。さらに、ポスト現象学的アプローチによれば、我々は、道徳的行為者であるための必須条件として、人間的主体の持つ自律性にこだわることはできなくなる。人間という主体の持つ「原動因」としての地位は、技術的に媒介された志向に取って代わられる。現代の技術文明において、人間と技術はもはや個別の実存を持ってはおらず、多様なかたちで相互の形成に介入しあっているのである。

人間と技術のこうしたハイブリッド的性質は、簡単に我々の概念枠組みにおさまるものではない。アーロン・スミスが述べるように、人間を原動因にできないとしたら、発生した行為の責任の担い方に難点が生ずる（Smith 2003）。しかし、私としては、「非常に複雑な状況においては、原動因としての人間は隠蔽され、見つけにくくはなっているが、それでもかならず存在する」（Smith 2003, 193）というスミスの結論を受け容れたくはない。というのも、そのようにして人間のために原動因の地位を確保しておくことによって、技術の道徳的意義は見失われてしまうからである。超音波検査の事例からも分かるように、道徳的意図というものは、人間と実在の関係が技術的に媒介されるなかで発生するのであり、それは「原動因」の属性なのではなく、常に、人間－技術連合体の属性なのである。技術について適切な道徳的考察をしたいのであれば、我々は倫理学や技術倫理の視野を拡大しなければならない。人間－技術連合体のハイブリッドな性質を正当に扱うためには、我々は、道徳理論における、客体と主体の双方の地位について考え直すやり方を見つけなければならない。

道徳理論における客体の地位を考え直すためには、ラトゥールの業績がよい出発点となる。彼の思想は、現象学やポスト現象学と同様に、非近代的に考えることを明確に意図しており、主体と客体の区別を乗り越えようとしている。ラトゥールがしようとしたのは、非人間的な道徳的行為者性を目に見えるようにし、技術的人工物の道徳的役割を明らかにすることだった。そして、道徳理論における主体の地位を考え直すためには、ミシェル・フーコーの業績が決定的に重要である。フーコーの倫理へのアプローチでは、主体構成という概念が中心となる。フーコーにとって、倫理とは、究極的には、我々がどのような主体になりたいのかという問いに関わるものである。さらに、フーコーは、主体を自律的な存在とは捉えず、権力関係の産物として、そして、主体に及ぼされる諸々の影響力の産物として捉える。そして、そうした権力関係や影響力との間に、主体は、意図的に自由な関係を築くのである。ポスト現象学的アプローチからみると、技術的媒介は、主体構成の重要な要因の一つとして捉えることができ、そのように考えることで、フーコーの倫理のアプローチをそのまま技術へと適用することができる。そこで中心問題となるのは、いかなる種類の媒介された道徳的主体に我々はなりたいのかという問題である。

本書の概要

本書では、いくつかの道筋にそって、技術の道徳的次元を考察していく。第二章では「技術の道徳化」のために私が採用するアプローチの輪郭が描かれる。産科の超音波検査とそこに含まれる道徳的意味について具体的に分析するなかで、客体の持つ道徳的次元を正当に扱うためには、ヒューマニズム的でないアプローチが倫理に必要であることを論じる。倫理学の主流であるヒューマニズム的見方のなかでは、技術に、機械を超えた役割を担わせることは、文字通り不可能である。しかし、産科の超音波検査の事例からも、技術が道徳的決断において能動的な役割を担っていることは明らかである。そこで、ペーター・スローターダイク、マルティン・ハイデガー、ブルーノ・ラトゥールらの立場を批判的に継承することで、道徳的行為者性を人間的なもののみに限るのでなく、人間と技術のハイブリッドの問題と捉えるような非近代的な立場を提示する。

第三章では、倫理学における客体の位置づけについて扱う。まず、ラングドン・ウィナー、ルチアーノ・フロリディ、ブルーノ・ラトゥール、アルバート・ボルグマンといった思想家による、技術的人工物の道徳的意義についての既存の説明を提示する。その後、技術を道徳的行為者性という観点から分析することの可能性について論じる。技術的媒介という現象は、道徳的行為者性の捉え方に対して何を意味しているのか。人工物を道徳的行為者とみなすことは可能なのか、そして、その必要はあるのか。もし可能で、必要でもあるとしたら、どのようにしたらいいのか。過去千年にわたって、道徳的行為者のなす共同体の範囲は何度も拡大されてきた。奴隷そして女性への拡大が終わった今、我々は、物質的事物もそこに含まれるべきであるのかという問題に直面している（Swierstra 1999; Verbeek 2006e）。この問題に答えるために、倫理学の諸立場が持っている、道徳的行為者性についての明示的な定義や暗黙的な要請を分析する。その後、物質的存在者を道徳的行為者に含めつつも、道徳的行為者性の人間的要素と非人間的要素の違いを認識して論じることができるような、新しい道徳的行為者性の概念を提示する。

第四章では、倫理学における主体の地位が論じられる。すでに述べたように、倫理学の主流の枠組みでは、無生物的な客体に道徳的行為者性を帰属させるのが難しいのに加えて、技術的媒介の結果生じた行為を「道徳的行為」とみなすことも難しい。したがって、道徳的行為者性の概念は、客体へと拡大されると同時に、主体の行為や判断の被媒介的性質を正当に扱うことができるものへと修正されねばならない。フーコーの初期と後期の仕事の関係についての分析が、ここでの方法論の基盤となる。フーコーの初期の業績は、主体を形成する権力や構造に焦点を当てている。『監獄の誕生——監視と処罰』におけるパノプティコン〔一望監視システム〕の分析で、フーコーは、人間の意図は「真正なもの」ではなく、権力の構造の結果として生じるものであり、その権力の構造は物質的に現前している場合もあることを示した。それに対し後期のフーコーでは、倫理に関する新しい観点が現れる。そこでは、フーコーは、そうした権力の構造のまっただなかで、人間はどうやって自分自身を（道徳的）主体として構成することができるのかを問題とした（Foucault [1984] 1990; [1984] 1992）。人間は権力の客体であるだけでなく、権力の構造という背景に抗して、そして、権力の構造と対峙して、自分自身の実存を創造する主体でもあるのだ。

この転回によってフーコーの業績は、技術倫理にとってとても重要なものとなる。この転回が、自律的な道徳的行為者性という概念を乗り越えるための、倫理の再定義を可能にするのである。フーコーの後期業績によって、我々は自律性の概念を、技術的媒介の現象に合ったものに再定義することができるようになる。そのために、フーコーの主体構成の分析や古代ギリシア倫理学とのつながりが、どの程度まで技術的媒介の現象を扱うための新しい倫理的枠組みの基盤になりうるかを考察する。

第五章では、技術の道徳的意義が、設計の倫理や設計者の責任の問題にいかなる意味を持つかがまとめられる。使用者の生活において不可避的に媒介的役割を果たしてしまう技術を設計することによって、技術者は意図しないまま、「道徳性を物質化」している。フォン・クラウゼヴィッツの有名な言葉(4)になぞらえて言えば、技術の設計とは「他の手段をもってする倫理」なのである。ここでは、どのように設計の倫理を拡張できるかを論じ、技術者による暗黙的な道徳的決定がより意図的な仕方で実施されるようにするためにどうしたらいいかを考察する。工学倫理においては、技術者の責任ある行為（警笛鳴らし）によって避けられたはずの事故事例に焦点があてられることがほとんどであるが、そうした焦点の当て方は、このアプローチによって乗り越えられるだろう。設計者は自身の設計の道徳的側面を予見できるようになり、技術のなかに意図的に道徳性を設計できるようにすらなれる。この章で、技術の道徳性を予見したり、評価したり、設計したりするための方法がいくつか議論され、まとめられることになる。

第六章では、本書で展開した立場や概念や方法を、最新の分野、つまり、環境知能 ambient intelligence や説得型技術 persuasive technology の考察に適用する。電子機器が極小化し、装置間の無線通信が可能になったことによって、いわゆる賢い環境を作ることが可能になった。そうした環境は、自分の周りで起こることを記録し、知性的な仕方でそれに反応することができる。それゆえ、環境知能と呼ばれている。説得型技術とは、環境知能に、使用者の行動を特定の方向に意図的に導く能力を付加したものであり、人々に対し行動を変化させるように効果的に説得する技術である。これらの技術は明らかに、技術の道徳的意義、道徳性の媒介的性質、行為者性と道徳性のハイブリッドな性質、などといった本書で解明される諸テーマに深く関わっている。また、これらの技術を詳細に論じたのちに、これらの技術の設計の

（4）「戦争とは、他の手段をもってする政治の継続に他ならない」（Von Clausewitz 1976）。

倫理的側面に焦点を当てることは、本書で展開した理論を「応用」する機会を与えてくれる。本書で展開される立場を、技術の道徳的次元の理解にどのように役立てることができるのか。そして、その立場は設計者の仕事にどのような意味を持つのか。

第七章では、本書で展開された道徳的次元の分析が、いかなる成果と射程を持つかを改めて考察する。技術の道徳的意義を正当に扱うために、本書では、ヒューマニズム的でない倫理学を展開した。そこでは、道徳性は人間だけの問題としてではなく、人間‐技術連合体の問題として捉えられる。ただ、近年の技術の展開は、人間的なものと技術的なものの境界線をなくしていく方向に、さらに一歩進んでいる。脳インプラント、再生医療、遺伝子操作などの技術は、現実に人間の本性を変える可能性すら持っている。第四章で取りあげた自己構成の野望が、極端な形で実現されるわけである。ヒューマニズムという狭すぎる道徳へのアプローチを超えていくことに留まらず、そうした技術はむしろ、人間そのものを超えたところへと我々を連れて行くようにも思える。第七章では、媒介の概念を超えて技術と道徳の関係性への示唆を与えるような人間‐技術関係について論じる。そのなかで、道徳的媒介のアプローチの可能性と限界の両方が明らかになるだろう。

結論となる第八章では、道徳的媒介のアプローチが、技術倫理や技術哲学という広い文脈のなかに位置づけられる。まず、技術の設計、推進、使用などについての道徳的判断を導く枠組みとして、「善い生の倫理」が検討される。次に、善い生の倫理を適切に彫琢するためには、技術哲学は、過去数十年で成し遂げてきた二つの転回をさらに超えていかねばならないことが示される。技術哲学は、経験的転回と倫理的転回に加えて、次なる転回をしなければならない。それは、詳細な経験的研究を伴った道徳的考察を、現実の技術発展へと統合していくような転回である。こうして、技術倫理は、「技術アセスメント technology assessment」という外からの視線に定位した形態から、現実の技術や技術開発と密接に関係しながら倫理的な問題を提起し解決していくような「技術への同行 technology accompaniment」という形態へと展開していくことができる。

第二章　ヒューマニズム的でない技術倫理

序

啓蒙時代以来、倫理学はずっとヒューマニズム〔人間中心主義〕的な性質を持ってきた。そこで道徳的考察の中心主題となるのは、「善い生」ではなく、道徳的判断や道徳的実践の源泉としての個人である。(1) もちろん、現代の高度な技術文明は啓蒙思想の産物であることは確かなのであるが、その高度な技術文明自体が、啓蒙思想の限界を、どうしようもないかたちで暴露しはじめている。操作可能性という理念や実証主義的傾向といった啓蒙主義的特徴がここ数十年のあいだにかなり弱体化してきているということもその一環ではあるが、それに加えて、啓蒙主義に起源を持つヒューマニズムが弱体化してきているのである。というのも、我々が生きている世界では、そこに住む人間が増え続けているだけでなく、我々の生活を支える人工物も増え続けているからである。技術は、ますます多様な仕方で、人間の実践

（1）　本章は、（出版社である Palgrave Macmillan 社の許可を受けて）Verbeek 2008a を加筆修正したものに基づいている。

と経験を媒介するようになってきている。

第一章で述べたように、我々の日常生活が技術的に媒介されているということは、倫理的に重要な意味を持っている。倫理学は、「いかに行為するか」、「いかに生きるか」という問いに関わっている。そして、現代の技術文明において、この問いは、人間だけによって答えられるものではなくなっている。人間の経験や実践の形成に介入することによって、技術も、物質的な仕方ではあるが、そうした倫理学の中心的問いに答えている。人工物は、道徳性を帯びている。人工物は、道徳的判断を媒介し、道徳的主体を形成し、道徳的行為者性において重要な役割を果たしているのである。

「道徳性を帯びている」技術のよい例は、産科の超音波検査の技術であり、この例は本書全体にわたって導きの糸となる。超音波検査技術は、妊娠の診察、特に出生前診断において、さらに、それに続く妊娠中絶に関わる道徳的判断において、広く普及した一つの役割を果たしている。超音波検査(とそれに続く羊水穿刺)によって胎児が重大な病気を持っていることが分かった後の妊娠中絶の判断は、――道徳性の源泉とされる――人間の自律的な判断ではなく、特定の解釈や行為を可能にして特定の選択状況を作り出す超音波検査機という技術との相互作用のなかで生じる判断である。

倫理学の伝統的枠組みにおけるヒューマニズム的方向性が、技術のこうした道徳的役割を扱うことを困難にしている。人間的な行為者性は、人間のみが関わることとして扱われる。行為者性を持つためには意図と自由を持たねばならない。だから、客体は道徳的行為者性を持たないのはもちろんのこと、道徳と関係すら持たないとされる。さらにそうした倫理学の議論では、技術によって誘導されたりひき起こされたりした人間行動は、「道徳的行為」と呼んではいけないとされる。だから、技術と道徳の関係性を正当に扱うためには、ヒューマニズムという倫理学の基盤は拡大されなければならない。もちろん、ヒューマニズムは、思想運動としていくつもの素晴らしい価値観を生み出し、その点については、いくら評価しても足りないくらいである。私が焦点を当てたいのは、ヒューマニズムという形而上学であり、その根源にある近代主義であり、さらに、そこにおける人間的主体と非人間的客体という根本的区別である。倫理学の主流における形而上学的基盤を分析しておけば、それに代替するアプローチが登場する場所を確保しておくこともできる。それは、技術的人工物と道徳との関係性について考え、評価し、その形成に介入するために必要な場所なのである。

近代を批判するラトゥール（Latour 1993）やハイデガー（Heidegger [1947] 1976; 1977a）のような思想家によれば、我々は、主客の厳格な区別のせいで、主体と客体が絡みあっている多くの状況について考えることができなくなっている。そして、人間の判断や実践がますます技術との相互作用のなかで形成されるようになっている現代の技術文明を理解するためには、主客の絡みあいに注目することは決定的に重要である。だから、自律的な道徳的主体という近代的で啓蒙主義的な描像に対抗して、非近代的で他律的な道徳的主体について論じてみたい。そうした主体においては、行為は常にその行為のなされる物質的環境との密接な絡みあいのなかで起こる。

そのために、大きな論争をまきおこしたヒューマニズム批判をとりあげたい。ペーター・スローターダイクの『人間園の規則〔人間動物園の規則〕』（Sloterdijk 1999）である。このスローターダイクの著作は、ハイデガーがフランス人のジャン・ボーフレに宛てて書いた『ヒューマニズムについての手紙』（Heidegger [1947] 1976）への返信である。実存主義が急速に重要性を増し、サルトルによってそれがヒューマニズムの一形態だと宣言されるなかで、ボーフレがハイデガーに求めたのは、彼自身の哲学と実存主義の関係についての説明であった。ところがハイデガーは、サルトルには同調せずに――同調することは、自身の哲学の復興と脱ナチス化に役立ったはずなのだが（Safranski 1999）――、逆に、自分の哲学は根本的にヒューマニズムとは異なるものだとした。ハイデガーにとってヒューマニズムは、人間性《ヒューマニティ》を扱うためにはあまりに狭隘な近代主義的アプローチだった。『人間園の規則』でスローターダイクは、ハイデガーのヒューマニズム批判を取りあげ、それを先鋭化した。それによってスローターダイクは、ハイデガーの手紙から五十年の後に、ハイデガーがどうしても振り払えなかったのと同じファシズムに結びつけられることになった。

本章は、スローターダイクの「ヒューマニズムについての手紙への返信」に対するさらなる返信として読むこともできる。まず、道筋を明確にするために、現代倫理学のヒューマニズム的な性質とその基盤となる近代主義的な存在論について論じる。そして次に、道徳的な実践や判断における技術の媒介的役割を論じることによって、非人間的な存在者の道徳的意義について解明する。その後、スローターダイクの「ポストヒューマニズム的」な立場を批判的に継承する。私がしたいのは、彼のアプローチからファシズムとの結びつきを一掃し、彼のヒューマニズム批判を使って、非人間的な道徳性について、そして、人間のそうした道徳性への対処の仕方について、正当に扱えるような非近代的な倫理へのアプローチの基盤を作ることである。

産科の超音波技術の道徳的役割

具体的な事例を調べることで、技術の倫理的関連性について、そして、ヒューマニズム的でない倫理学の方法の必要性について、より明確にすることができるだろう。ここで取りあげたいのは産科の超音波技術である。この技術の果たす役割は、単なる子宮内の胎児の可視化という機能を超えてしまっているのであるが、それがどういう意味なのかを分析しておきたい。超音波技術は、医療技術のなかでも比較的無害なものと考えられている。一般的に、子供のできたカップルは、超音波診断を受けたいと考える。それは、母親のなかにいる胎児との接触を素晴らしいかたちで実現してくれる。しかし、それがたとえ物理的には「無害な」技術であったとしても、道徳的に無害であるということにはならない。

オランダでは、子供のできたカップルは、二回の定期的な超音波検査を受けることができる。一回目は妊娠後約十二週間後、二回目は二十週間後である。最初の検査の目的は、胎児の週齢を決定し、妊娠の予定期間を知ることであるが、そこで子供がダウン症にかかっているリスクを計算することもできる。リスクは後頸部浮腫（NT）測定によって、つまり、胎児の首のうなじの部分の厚さを測定することで計算され、多くの場合、血液検査も同時に行なわれる。二回目の検査の目的は、胎児の身体全体を注意深く調べて、欠陥の可能性を見つけることである。検査は二十週目に行なわれる。その理由は、その時点になると一回目の検査よりも欠陥が見つけやすくなるからであるとともに、オランダでは、妊娠二十四週目までならば――厳格な条件つきではあるが――堕胎は合法だからである。検査によって見つかる欠陥は、心臓の病気や口唇裂まで様々である。

ポスト現象学的にいえば、超音波検査機は、胎児を特定の仕方で構成している。超音波検査機は、胎児が知覚的に現前する仕方に介入し、胎児が特定の提示方法に基づいて解釈される仕方に介入している。アイディの用語を使えば、超音波画像化技術は、胎児とそれを見る人との間に解釈学的関係を設定しているのである。解釈学的関係において、技術は、実在の代理表象を作り出し、その代理表象は「読み手」に解釈される必要がある。さらに、ここでは技術そのものも、実在を「物質的に解釈」している。というのも、技術は、自分自身が「知覚」したものを、特定の代理表象へと「翻訳」しなければならないからである。この場合では、超音波スキャナは〔眼に見えるものではない〕反射超音波をスクリーン上の画像へと適切に翻訳しなければならない。

そう考えると、超音波検査機は、価値中立的な「子宮への窓」――このフレーズは、超音波画像を頻繁に使う、有名なプロライフ〔妊娠中絶反対派〕の映画（Boucher 2004）のタイトルになっている――を提供しているわけではなく、胎児の経験のあり方を能動的に媒介しているのである。超音波検査機によってもたらされる媒介は、いくつかの特徴的性質を持っている。そのなかには、胎児のスクリーン上への映され方に直接関係するものもあれば、胎児との視覚的接触の実現に関係するものや、胎児が現前することが可能になる文脈に関係するものもある。いずれの場合でも、胎児は特定の仕方で構成されることになり、同様に、胎児と関係する両親も特定の仕方で構成されることになる。

人格としての胎児

まず、スクリーン上の画像は、一定のサイズを持っている。いくら超音波画像の描く像が高いレベルの現実性を持つといっても、子宮内の胎児と大きさにおいて一致しているわけではない。妊娠十一週間後の胎児の大きさは、だいたい八・五センチで三十グラムくらいであるが、スクリーン上に映しだされる胎児は、新生児くらいの大きさになっている（Boucher 2004, 12）。他にも胎児の映像に現実味を出すために、いくつかの技法が使われている。さらに、超音波画像は、胎児を母親の身体から独立したものとして描き出す。マルガレーテ・サンデロウスキ（Sandelowski 1994, 240）が述べているように、「胎児の超音波画像は、胎児を空中に自由に浮遊しているかのように描き出す。まるで、すでに出産されて母親の身体の外に出ているように」。超音波検査機が、胎児をその母親から離脱させるのである。

こうした技術的媒介は、胎児の新しい存在論的地位をつくりだす。超音波画像化は、胎児を独立した人格として構成する。それは、胎児が育まれている母親の身体と胎児との一体感をつくりだすよりも、むしろ、分離した一つの生命体として胎児を現前させるからである。こうして、産科の超音波技術は、いわゆる「胎児の人格性」の発生に寄与していることになる。胎児は次第に人格として扱われるようになっていき（Mitchell 2001, 118; Zechmeister 2001, 393–395）、生まれる前の「赤ちゃん」として扱われることすらある（Sandelowski 1994, 231; Zechmeister 2001, 393–395）。胎児の人格性の経験は、胎児の性別が分かるようになることで、さらに増強される。生殖器を見つけられるという能力によって、超音波検査機は胎児に性別を付与するのである。その結果、将来の両親は、その胎児を名前で呼ぶことができるようになる。赤ちゃんのアルバムの第一ページに、「赤ちゃんの最初の写真」というタイトルで最初の超音波画像が入っていることがあるが、それはさほど驚くべきことではない。このフレーズは、リサ・ミッチェルの産科の超音波技術についての本（Mitchell 2001）のタイトルにもなっている。

患者としての胎児

超音波技術は胎児を人格としてだけでなく、患者としても構成する。超音波検査の大きな目的は、異常を見つけることである。妊娠初期の段階では、超音波検査は、ダウン症のリスクを見つけるために使うことができ、少し時間がたつと、他の様々な症状を見つけることもできるようになる。そうした目的のため、超音波検査機には精巧にできたソフトウェアがついていて、医師が胎児の身体を様々な観点から数値化できるようになっている。測定された数値は妊娠の期間を定めるためにも使われるが、特定の病気のリスクを知るためにも使われる。超音波画像化は、胎児を、諸々の医学的変数という観点において、そして、特定の病気にかかるリスクという観点において、現前させる（Landsmann 1998）。

胎児を潜在的患者に翻訳することで、超音波検査機は、妊娠を、監視と専門的健康管理を必要とする医療状態にしてしまう。さらに、超音波検査機は、「先天的欠陥」を、回避可能な苦しみへと翻訳する。結果として、妊娠は選択というプロセスとなる。後頸部浮腫測定などの検査をそもそも受けるか否か、もし何か「悪い」ことがあったらどうすべきか、といった選択である。そして、超音波検査機を使った欠陥の発見は、「子供を宿すこと」を「子供を選ぶこと」へと、つまり、妊娠を中絶するか否かを選ぶことへと翻訳する。

実は、超音波画像を見られるという可能性そのものによって、つまり、先天的欠陥を出産前に知ることができるという可能性そのものによって、いわゆる「子供を宿す」ということの性質は不可逆的に変化している。今やそれは不可避的に選択の問題となっているのである。超音波検査を受けないと選択することも一つの選択である。それは、病気の検査を受けないことは無責任だという支配的な前提に基づいて検査を受けることが当たり前になっているような社会においては、まさに意図的な選択となる。なぜなら、検査を受けない人は、障害や病気を持った子供を産むリスクを意図的に冒し、その子供本人や自分自身や自分の家族すべてに労苦をもたらすリスクを冒していることになるのだから。

胎児と両親の関係

胎児と母親が分離されることによって、彼らの間には新しい関係が生まれる。まず、胎児に関して知ることができるという特権が健康管理の専門家に移行することによって、母親は胎児との特別な関係性を奪われることになる（Sandelowski 1994, 231, 239）。しかし、他方でこの分離効果は、母親と父親と胎児の間の結びつきを深める逆の効果も持っている。超音波検査によって両親は胎児の健康に確信が持てるようになり、胎児により近づき深くつながっているような気持ちになることができる（Zechmeister 2001, 389）。こうした胎児への視覚的親近性は、妊娠中絶反対運動のなかで使用され、中絶は無抵抗な弱者の殺人であるという主張の源泉にもなっている（Boucher 2004）。

母親と胎児の分離がもたらすもう一つの効果として、母親は、胎児と一体のものとしてではなく、次第に胎児が住まう環境として見られるようになる。そして、胎児が無抵抗な主体として構成されている場合には、その環境はその無抵抗な主体に害を与える可能性も持つことになる。このことから、胎児の安全を確保するために、妊娠中の女性の生活習慣を見張ることや監視することの一つの形態として超音波検査を使うという道が開かれる。子宮はもはや発育のためのくつろぎの場所ではなくなり、危険の可能性を持つ監視されるべき環境になるのである（Oaks 2000; Stormer 2000）。それに対し、妊娠における父親の役割は、超音波検査によって増強される。ほとんどの父親は、胎児との視覚的接触を持つことによって、妊娠により深く関わっている気持ちになるだろう。さらに、超音波画像を見られるという医療事情によって、妻に付き添って定期的に助産婦や医師のもとに行くという行為を、たいていの雇用主は重要な出来事とみなすようになるため、父親は検査に立ち会うための数時間の休暇を取りやすくなる（Sandelowski 1994）。

しかし、超音波画像化が持つ最も重要な媒介的役割は、やはり、それが、将来の両親を、まだ生まれぬ子供の生命に関わる判断者として構成するということだろう。この点に関して、超音波画像化が両義的な意味を持っているのは確かである。一方で、それは、苦しみを防ぐことを可能にすることによって中絶を促進することにもなるが、他方で、「胎児の人格性」を視覚化することで両親と胎児の感情的つながりを強固にし、中絶を抑制することにもなる。しかし、どちらの場合にしても、将来の両親は、超音波検査によって、まだ生まれぬ子供の生命について判断を下す立場に置かれることになる。胎児や父親や母親を特定の仕方で構成することによって、超音波検査機は三者の間に新しい関係性を設定することになる。ちょっとした好奇心で、少し子宮のなかを覗いて見るだけだったはずのことが、結果的に、将来の両親にとっては、自分達が特に選んだわけでもない判断のプロセスへの第一歩となるかもしれないのである。

産科での超音波検査機の使用は、出生前診断や中絶の実施に重大な影響を与えている。例えば、後頸部浮腫測定――とそれにあわせておこなわれる血液検査――は、胎児の確実な健康状態を教えてくれるものではなく、胎児がダウン症を患っているリスクを示唆してくれるだけである。確実に知るためには、妊婦は羊水穿刺をうけねばならない。これは侵襲性を持つ検査で、二五〇分の一の流産のリスクを伴う。暗黙のうちに、ほとんどの両親にとって、流産で健康な胎児を失うリスクを冒すことよりも、ダウン症の子供を産むリスクを排除することのほうが重要だとされているのである。さらに、オランダにおいては、すべての妊婦が妊娠二十週目に超音波検査を受けられるようになっていることにより、口唇裂のような比較的軽微な欠陥でも妊娠を中絶する場合が増加している (Trouw 2006)。

技術によって自分たちの子供の生命について判断を下さねばならない主体として構成されることを逃れるすべはない。かりに、妊娠十二週目の超音波検査を、出産予定日の決定のためだけに使うと意図的に決めたとしても、検査技師が後頸部の厚さを見ることができてしまうという可能性自体が、検査技師の表情を解釈しないようにすることを困難にする。超音波技術は、どうしようもなく、根源的に、妊娠するという経験を変容し、まだ生まれていない命の解釈を変容してしまうのである。

倫理におけるヒューマニズム

道徳的な解釈や判断や実践において超音波技術が持っているこのような能動的で媒介的な役割は、倫理学の主流であるヒューマニズム的方向性とは折り合わない。普通、倫理は人間の活動にのみ関わるものとみなされるのに、ここでは技術的装置のような非人間的存在者が道徳的意義を持っているように思える。この事態は、ほとんどの倫理学において技術が過小評価されていることに対して、そして、道徳的主体は自律的存在であるという支配的な考え方に対して、問題を投げかけている。道徳的行為や道徳的判断において、人間が重要な役割を果たしていることは間違いないが、そのことを否定することなしに、倫理学におけるヒューマニズムを超えていくためにはどうしたらよいのだろうか。

ヒューマニズムをとりまく状況は、ミシェル・フーコーが啓蒙主義に関して述べた状況と似ている。つまり、それは脅迫という形式を持っている（Foucault 1997b）。賛成しないものは、すべてそれに反対するものとされるのである。啓蒙主義を批判することはだいたい、そのまま、合理的世界観や自由民主主義に敵対するものという疑義につながる。それと同様に、ヒューマニズムを批判することは、野蛮な人間嫌いというイメージにつながる。ヒューマニズムは他の多くの価値とも結託している。それらの価値は、自己決定、誠実性、多様性、責任感、といった、我々の文化において人間の尊厳や人間の尊重を語る上で欠かせない基本的価値である。もちろん、形而上学的立場としてのヒューマニズムを批判したからといって、それらの他のヒューマニズム的な価値を廃棄すべきだということにはならない。そして、客体の持つ道徳的次元や、客体による主体の道徳性の媒介を扱おうとするならば、現代の倫理学の背後に潜むヒューマニズムという形而上学は、超えられなければならないのである。

ヒューマニズムと近代主義

ヒューマニズムというのは、人間であるとはいかなることかという問いに対する、一つの解答である。ラトゥールやハイデガーといった思想家の示すところでは、近代性の特徴は、主体と客体の二つを、つまり、人間と人間の存在する場である実在の二つを、厳格に区別することにある。ハイデガーの思想では、近代的な主体と客体の分離によって、根本的に新しい実在の捉え方が発生することが強調された。人間が、自分自身を客体に対峙する主体であると理解したとき、人間は自分自身を、日常的な営為のなかで発生する自明な関係性のネットワークから切り離して考えるようになる。人が本を読むとき、会話をするとき、食事を準備するとき、といった例で十分であろうが、そのとき人は、自分自身を「主体」として「客体」に向かわせているわけではなく、人間と世界が絡みあい、相互に意味づけしあっているような関係性の網のなかにいる。自分自身を客体に対峙する主体と理解するためには、主客の分離という意図的な作業が必要なのである。そして、主客が分離されてしまうと、人間が世界の「内に」いることはもはや自明ではなくなり、世界から分離され、世界との間に関係を持つことになる。

ハイデガーは、主体 subject という語がギリシア語の基体 hypokeimenon に由来することを述べ、それを直訳して、「前に横たわるもの」とか「基礎としてその上にすべてがあるようなもの」と訳した(Heidegger 1977a)。近代的主体は、実在の参照点となり、実在的なものは、実在から切り離されて実在を対象化する主体の眼差しで見られうるものに限られることになる。そうした主体にとって、世界とは、「外部にある」世界のなかの客体が、人間の意識という暗室の背景画面に投影される像であり表象であることになる。もちろん、このことから、主体と客体の対立という近代の形而上学が無意味だと言いたいわけではない。逆に、それは近代科学の基礎となり、科学研究の膨大な領域を可能にしている形而上学なのである。しかし、その近代的な「世界像」が、絶対的で唯一の妥当するものとされてはならない。主客の分離は、人間と実在の関係性についての可能な図式化の一つに過ぎない。しかも、ある特定の時期に発生してきた、一つの特殊な図式化に過ぎないのである。

『我々は一度として近代的であったことはない〔邦題：『虚構の「近代」』〕』(Latour 1993) でラトゥールは、ハイデガーと似たかたちで近代性を解釈している。ラトゥールによれば、近代性とは、主体と客体を純化する過程である。我々の生きている日常的現実は主体と客体――非近代的用語を使うラトゥールの言い方では「人間」と「非人間」――の複雑な混交からなるにも関わらず、近代性は主体と客体が分離した存在であるかのように進行する。近代主義的形而上学が、実在を、主体の領域と客体の領域に分割し、前者は社会科学が、後者は自然科学が統治するとしたのである。その結果、我々の周りにある非常に多様な人間と非人間のハイブリッドな混合物が、見えないままになってしまっている。例えば、オゾンホールは、単に「客体的な」あるいは「自然の」ものではない。それは、自分を可視化してくれる人間によってのみ存在することが可能なものである。その人間とは、オゾンホールの原因となった人間かもしれないし、オゾンホールを議論するときに特定の仕方でそれを視覚化する人間かもしれない。もちろん、だからといって、オゾンホールは、単に「主体的」で「社会的」なものでもない。なぜなら、そこには視覚化されたり、我々の日常生活に影響を与えたりする「何か」があることは間違いないのだから。オゾンホールを正当に理解するためには、ハイブリッドな性質を持つものとして捉える以外に方法はない。それは、主体にも客体にも還元されえないのであって、主客の相互関係のなかで理解されなければならない。その理由は、ラトゥールの言葉を借りれば、「一方に裸の兵士たちがいて、もう一方に鎧や武器の山があり、その二つが戦闘すると想像してみれば分かるだろう」（Latour 1997, 77）。

ラトゥールは、近代主義的な実在の捉え方の発生を、「外的世界という奇妙な発明」と表現した（Latour 1999, 3）。例えば、デカルトが、思考スルモノ *res cogitans* と延長スルモノ *res extensa* を分けたように、人間が自分自身を外的世界から分離された意識として経験し始めなければ、世界についての知識の確実性という問題は意味をなさない。「デカルトは、水槽のなかの脳が絶対的確実性をどう獲得するかを問うたが、もし脳が（あるいは心が）身体に確固とつながれていて、その身体の全体は普通の環境世界のなかに含まれているのならば、そんな確実性は必要ない。［…］心が、内から外の世界を見ている位置に、つまり、眼差しという微かなつながり以外に外部との連結を持たないような奇妙な位置に設置されることにより、心は、実在性を失う恐怖にいつも苛まれることになる」（Latour 1999, 4. 強調は引用元のもの）。

人間と実在が、絶対化 absolute──ラテン語の語源 *absolvere* の持つ「つながりをとく」とか「緩める」という文字通りの意味で──されることで、人間についての近代的思考はヒューマニズムというかたちに、実在についての近代的思考は実在論というかたちに固定できるようになる。しかし、我々の生きている世界では、人間と非人間を切り離すことはできない。我々の実在とは、人間的なものと非人間的なもののなす関係性の網のことであり、そこで、人間的なものたちと非人間的なものたちが、そのつど新しい関係性のなかで、そのつど新しい実在を形成しているのである。ラトゥールに従えば、そうした実在を理解するためには、人間と非人間の二つをアプリオリに区別しない、双方に対称的な捉え方が必要である。ヒューマニズムという形而上学的立場は、定義上からして、この対称性の原理とは折り合わない。「今になって分かることだが、人間を理解し救い出すためには、人間に対抗する存在、つまり事物の分け前を取り戻さねばならないのである。ヒューマニズムが客体との対峙において構築されているかぎり、人間も非人間も理解することはできない」(Latour 1993, 136)。

近代倫理学のヒューマニズム的基盤

ハイデガーとラトゥールの倫理に関する提言は、近代性の形而上学と存在論を分析するなかで散発的に述べられているに過ぎない。しかし、一方の意識を持つ主体の「内部」で実在が吟味され、もう一方の「外部」の世界には物言わぬ客体があるという考え方は、倫理学に直接的な影響を与える。というのも、倫理はいまのところ、二つのうちの一方にしか位置づけてはいけないことになっているのだから。そして、その一方とは、ほとんど自動的に主体の領域とされている。主体は、客体の世界のなかでいかに行為するかを、客体から離れた場所から問うのである。かくして、倫理学の中心となる問いは、「私はいかに行為すべきか」となる。倫理には、思考スルモノのみが、つまり、その外部世界との関わりがどの程度道徳的に正しいかを判断し計算することができるもののみが関わるとされ、世界自体は自分自身の内に道徳との関連性を持ってはいないとされる。

近代倫理学の展開は、近代主義的なその起源を色濃く反映している。そこには二つの原理的方法があるが、二つの方法はそれぞれ、主客二分法の一方の極に焦点を当てている。義務論的アプローチは、倫理の源泉である主体に焦点を当て、帰結主義的アプローチは、客体に焦点を当てる。別の言い方をすれば、義務論は主体の「内部」に向かい、帰結主義は「外部」の実在を強調する。どちらの立場も、「内側」に意識を持つ主体と、「外側」の世界にある客体という形而上学に基づいてはじめて可能となる。

イマヌエル・カントが義務論的倫理学の原理を定式化したやり方は、近代的主体の内側への運動をきわめて明確に示している。そこで倫理学の中心となる問いは、普遍的に妥当する法則を「純粋」に保ちながら、つまり、外的世界の偶然的状況の影響を受けないようにしながら、いかにして主体の意志がその法則に従いうるのか、というものである。主体を純粋化しなければならないという要請によって、話を進める拠り所は理性に限られてしまい、外的世界に依拠した推論は邪魔なものとして拒絶しなければならないとされる。「これまで示してきたことから、次のことは明らかである。すなわち、すべての道徳的概念はその居場所と起源を完全かつアプリオリに理性のなかに持っており、〔…〕道徳的概念はいかなるものであれ経験的な認識、つまり単なる偶然的な認識から取り出すことはできず、道徳的概念の尊厳はまさにその起源の純粋さに依拠しており、だからこそ、それは最高の実践的原理となることができるのであり、そこに何であれ経験的なものを加えたとしたら、その分だけその真正な影響力や行為の無限の価値が減じてしまうのである」(Kant [1785] 2002, 28)。

ここでは、主体は、純粋な判断を目指し、自分自身を実在と切り離し、自分自身の思考のなかから道徳的原理を導出しようとする。このやり方だと、道徳性は、自分の生きている現実に巻き込まれている人間によって作り出されるのではなく、外部の世界から妨害されてはならない自律的な判断という孤独で内的な過程のなかで形作られることになる。

また他方で、帰結主義的倫理学は、主体の純粋な意志には焦点を当てず、人間の行為をできるだけ客体的に決定し評価することに焦点を当てる。帰結主義は、道徳的評価を可能にするための方法に注目し、例えば、行為功利主義は、ある行為の結果が他の行為の結果に比べて望ましいものか望ましくないものか比較し、規則功利主義は、望ましくない結果よりも望ましい結果が優越するような状況をもたらす規則を見つけようとする。そこで優先されるのは、行為の結果の価値を決めることである。道徳的評価をするためには、関連する行為のすべての結果とその結果の価値について、できるだけ完全な一覧表を作らねばならないことになる。

帰結主義的倫理学のなかには他にも様々な立場が登場してきたが、それらは、行為の結果の価値を評価する仕方が異なっているに過ぎない。(幸福を増やすことに価値を見出す) 快楽主義的功利主義もあれば、(幸福以外にも本質的な価値を認める) 多元主義的功利主義や、(本質的な価値を見つけようとせず、なるべく多くの利害関係者の要求を満たすことを目指す) 選好功利主義もある。すべての立場において、「外部の」世界のなかの行為について、「外部の」人々にとって最も望ましい結果をもたらすものはどれかを決めようという目的は共通している。帰結主義者たちはすべて、確実な判断をするためには、そうした「外部の」世界のなかの結果を決定し評価することに努力を傾けるべきだと主張する。

これらの近代倫理学の考え方はどれも、近代主義的な主客二分法のどちらかの極に偏っている。どちらの極に偏るにしても、ヒューマニズム的な倫理学の方向性に違いはなく、人間は、自律的主体として物言わぬ客体の世界に対峙している。どちらの方法においても、出発点は孤独な人間であり、それが自分自身の主体的判断に眼を向けるか、自分自身の行為の客体的帰結に眼を向けるかが違っているだけである。

こうしたヒューマニズム的方向性は、それより前の倫理学、つまり、古代や中世の徳倫理学の方向性とは根本的に異なるものである。徳倫理学では、中心となるのは正しい行為についての問いではなく、善い生についての問いである。この問いは、主体と客体の分離から出てきたものではなく、主客の相互浸透的性質を前提としている。なぜなら、善い生というのは、人間の判断のみによるのではなく、判断が下される場である世界のあり方にもよっているからである（de Vries 1999）。我々の生き方は、道徳的判断のみによって決まるものではなく、我々を自分たちの住む物質的世界とつないでいる多様な実践によっても決まるのである。そうだとすれば、倫理とは、孤立した主体だけの問題ではなく、人間と人間が住む世界の間の関係性の問題でもあるのだ。

産科の超音波検査、一般的に出生前診断の例は、ここでも好例となる。すでに見たように、超音波検査と羊水穿刺によって、妊娠中に、胎児が二分脊椎症やダウン症を患っているかどうかを知ることが可能になる。そうした検査が可能であること自体によって、妊娠中の診察において何が道徳的に重要な問題かということが、かなりの程度まで決まってしまう。場合によっては、そもそも問うことができる道徳的問題は何かということが決まってしまうのである。例えば、先天的欠陥を持つ胎児の中絶に関して道徳的問題が発生するためには、そもそもそうした欠陥が発見できなければならないし、中絶が選択肢に含まれうるのでなければならないが、その二つのことは人間の問題ではなく、技術と文化倫理的立場の問題である。

戦争兵器のような大規模な技術についてもおなじことが言える。大量殺戮兵器、特に核兵器は、政治的摩擦をどう扱い、予算をどこに使うかということについての政府の判断に対して強い影響を与える。そして、ギュンター・アンダースが述べたように、核兵器の使用というのは、我々の想像力の範囲内には収まらない出来事である。つまり、我々は、一個人の殺害についてするのと同じような仕方では、「メガデス〔核兵器による百万人単位の死〕」の意味を想像することはできないし、それについての判断に関与したりすることはできないのである（Anders 1988, 271–275; Van Dijk 2000）。

このような技術による道徳の変化について、ヒューマニズム的倫理学の言葉で語ることも、ある程度は可能なのかもしれない。「重大な先天的欠陥を持つ胎児を堕胎することは許されるのか」とか「重大な病気を持つことになると知りながらその子供を産むことは許されるのか」といった問いや、もう少し複雑な「出生前の子供の生命について、リスク評価に基づいて判断する道徳的責任を両親に負わせることは道徳的に正当なことなのか」という問いなどは、近代的な行為倫理学の言葉ですべて表現することができる。しかし、そうした道徳的問いを詳しく分析し始めると、とたんに近代主義的な主客純化装置は機能しなくなる。なぜなら、もし、超音波技術が人間がどのような道徳的判断を下すかの決定に介入しているとしたら、そのことだけでも主体の自律性は崩れてしまうし、主体の意志の純粋性も道徳的考察の純粋性もなくなってしまうからである。そこで、我々は、外部の世界を「外側に」置いておくことに失敗しているわけではない。そうではなく、その外部の世界の構成要素が延長スルモノ以上の何かになってしまっているのである。超音波画像化技術は、この選択の状況のなかで何かを「している」。そのとき、超音波検査機は、子宮のなかを覗くための道具として使われる物言わぬ受動的な客体以上の何かなのである。

つまり、技術は、人間が行為するのとは違う仕方ではあるが、人間の世界のなかで「行為」することができるのである。そして、技術は、行為することによって、主体と客体との間の近代主義的な境界線を簡単に超えていく。ヒューマニズム的倫理学は、ハンス・ハーバースが言ったように、「人間による行為者性の独占」に基づいている（Harbers 2005, 259）。それゆえ、そうした倫理学は、人工物の道徳的次元を見てとることができず、道徳的現実の本質的な部分を見落とすことになる。ラトゥールの言葉で言えば、「近代的ヒューマニストたちは、少数の力のみに行為を帰属させ、世界の残りの部分は物言わぬ力に過ぎないとする。その意味で、還元主義的である」（Latour 1993, 138）。もちろん、ラトゥールは人工物を道徳的行為者と考えているわけではない。そもそも、ラトゥールは、倫理については、ほとんど言及していない（例外は Latour 2002）。加えて、ラトゥールは、常に、行為者性を関係のネットワークの一部として扱っており、だから、彼の観点では、人工物が「それ自体として」道徳的行為者性を「持つ」ことはありえない。しかし、だからといって、ラトゥールが取り上げた人工物の「行為」が、実際に道徳的意義を持ちうるという事実は否定されない。というのも、人工物が人間の行為と判断の形成に介入していることは確かなのだから。このような非人間的実在の持つ道徳的意義を語るためには、ヒューマニズム的でない倫理学のアプローチが必要である。しかし、人間だけでなく人工物も「行為」し、道徳的考慮だけでなく技術的媒介も人間の行為を決めているとするような倫理学の枠組みとは、どのようなものなのだろうか。

人間性を育成する——スローターダイクによるヒューマニズムからの脱却

倫理学のなかにヒューマニズム的でないアプローチをつくる出発点として、大きな議論を呼ぶとともに大きな魅力を持った、ペーター・スローターダイクによる一九九九年の講演『人間園の規則』(後に英語に翻訳されたものが Sloterdijk 2009) を批判的に取りあげてみたい。一九九九年の年末に、この講演の内容は、激しく悪意に満ちた批判の標的となり、スローターダイクは、国家社会主義者〔ナチズム支持者〕で、優生学支持者だと非難された。スローターダイクは、戦後ドイツにおける最大のタブーの一つ「超人 *Übermensch*」を取りあげたのである。もちろん、彼の文章が危険性を持つことは否定できない。しかし実は、『人間園の規則』は、一般的にはバイオテクノロジーについての本として読まれている。スローターダイクの講演は、ハイデガーの『ヒューマニズムへの批判として書かれたものである。スローターダイクの講演は、ハイデガーの『ヒューマニズムについての手紙』(Heidegger [1947] 1976) に対する、鮮やかな反論なのである。ハイデガーの思想を、サルトルの実存主義と同じように「ヒューマニズム」の一形態と捉えることもできるという提案について、ハイデガー自身は、それを断固として拒否した。そのような提案に迎合することが、第二次大戦後に彼が失った教職と面目を取り戻すためにどれだけ都合がよかろうが、やはりそれは違うのである。ハイデガーにとって、ヒューマニズムは、人間であることの意味の解釈としてはあまりに狭すぎる。ハイデガーによれば、(近代以前の発現形態もふくめた) ヒューマニズムの特徴は、人間を動物として見る点にある。人間を理性的動物 (*animal rationale* とか *zoon logon echon*) として、つまり、言語と理性を持った動物として、あるいは、統制されうる、そして統制すべき本能を持った動物として見るということである。彼の言葉を借りれば、ヒューマニズムは、「動物性 *animalitas* から脱する人間について考えているだけで、人間性 *humanitas* へと向かう人間について考えていない」(Heidegger [1947] 1976, 323) のである。

ハイデガーがヒューマニズムに反対するのは、それが、結果的に人間性を生物学的基盤の上に設定するからである。人間を生物学的に理解する場合、人間と動物の間に根本的な区別はないとみなされる。しかし、ハイデガーにとっては、存在者の存在を考えられる能力という点でそこには根本的な区別がある。ハイデガーは、人間性を動物から脱するためのものと考えることをよしとしないし、ましてや、人間性を、サルトルの言う「本質存在」に先立つ「事実存在」として、つまり、型に流し込まれる材料として考えてはいない。ハイデガーは、人間性を、脱存 *ek-sistence* という観点で、つまり、常に歴史的に決まってしまっている「存在」の意味の理解へと「開かれていること」との関連のなかで考える。ハイデガーがそれによって何を言おうとしているのかを断定することは、この章の射程を超える問題であるが、ここで重要なのは、ハイデガーが、人間を付加価値の付いた動物と理解することを拒絶したということである。スローターダイクは、まさにこの点において議論をひっくり返したのである。スローターダイクは、ハイデガーと同様にヒューマニズムに反対するが、「理性を持った動物」という人間像の代替物を作ろうとしたハイデガーとは逆に、むしろその人間像の先鋭化へと進んでいく。ハイデガーが人間存在の言語的側面を強調した（「言語は存在の家である」Heidegger [1947] 1976, 313）のに対し、スローターダイクは人間の身体的側面を強調する。スローターダイクにとって、人間であることの意味は、言語によって形成されるだけではなく、身体性によっても形成されるのである。

スローターダイクによれば、ヒューマニズムにとって最も重要な媒体は言語である。ヒューマニズムは常に書籍を使う。スローターダイクは、書籍を手紙の一種と解釈する。書籍の著者は、自分の書いたものが現実にどこかに届き、現実に誰かに読まれていると信じている。だから、すべてのヒューマニズムの背後には、「人文的社会」という、つまりは、読書家集団という、「共同体主義的幻想」が存在する

(Sloterdijk 2009, 13)。しかし、現代社会の人文的性質は急速に失われてきている。つまり、現代社会は急速にポストヒューマニズムへと向かっているのである。人と人のつながりのために、いまや手紙は用をなさない。我々は「政治的文化的な遠隔通信のための新しい媒体」を必要としている。なぜなら、「品のいい人文的社会というモデル」は、もはや時代遅れなのだから (Sloterdijk 2009, 14)。

ヒューマニストの書く人文的な手紙は、人間の育成を目的としていた。ということは、スローターダイクに言わせれば、ヒューマニズムの背後には、人間が「影響を受けやすい動物」であり、正しい影響にさらされるべきであるという信念が存在する (Sloterdijk 1999, 17)。しかし、いかなる媒体が、書籍の役割に取って代わることができるのだろうか。ヒューマニズムが廃れたいま、人間を統制するのに適している媒体は何なのか。スローターダイクがここで選ぶ道は、ドイツの知識人たちからナチズムへの道と非難されたものである。次では、簡単にスローターダイクの提案の概要を示した後、それに対する私からの対案を示したい。スローターダイク自身の提案ではなく、私の対案に従うことで、スローターダイクのハイデガー批判は、広い意味の技術倫理において重要な意味を持つことになる。

スローターダイクが展開する思想によれば、ハイデガーの捉え方では、その体系的欠陥によって、人間性の生物学的条件が見落とされてしまう。スローターダイクの説明によれば、「存在」が自分自身を顕現する「開けた場所」、つまり「明るみ *Lichtung*」についてのハイデガーの分析では、その開けた場所が「存在論的な自然状態」ではないということが見落とされている。つまり、人間は実際に物理的存在としてそこへと入っていかねばならないのである。世界内存在は、世界内侵入があってはじめて可能なのである。世界内侵入とは、生まれ出るという生物学的で物理的な活動のことである。このことは、人間であることの意味や人間性を形作るものを理解するためのまったく新しい場所を作り出す。我々を「調教」する言語的力だけでなく、我々の「育種」に介入する物理的で物質的な力も重要なのである。この人間性の形成の二つの側面を含む言葉が、育成である。人間の文化は精神的でもあるし物質的でもある。文化とは、「産出」と「洗練化」の二つによって、つまりは、「育種」と「読書」の二つによってもたらされるものなのである（Sloterdijk 2009, 23）。ヒューマニストの「読書 lection」だけでなく、人間の飼育者による「選択 se-lection」も人間性の形成に介入している。我々はこれまでも常に人間の飼育者であったのだし、そして、バイオテクノロジーを持っている今やいっそう明確にそうなのである 1999, 43）。新しい技術が提供する可能性によって、人間の飼育者である我々は、人間を躾けることに止まってはいられなくなる。避けがたく問いは襲ってくる。つまり、どの人間が繁殖し、どの人間が繁殖しないのか。さらに新しい社会の争点が暴露される。誰が育種する者であり、誰が育種されるものなのか（Sloterdijk

フリードリヒ・ニーチェがすでに指摘していたことだが、西洋文明は倫理学と遺伝学のほどよい調合のなかで発展してきた。そのほどよい調合によって、西洋文明は繁殖するという意味で最強であると同時に、連帯の倫理によって集団的に弱体化されてもいる。つまり、我々はすでに育種の倫理学を潜在的には持っているのである。スローターダイクが未来に向けて問うのは、バイオテクノロジー革命のなかで暴露されてしまうであろう「育種」の倫理が、どのような倫理になるのか、という問題である。人間性は、突然、自分自身の種の特性についての政治的判断の必要性に直面することになる（Sloterdijk 2009, 24）。社会を動物園にたとえるなら――そして、それは、言語という観点でなく生物学的観点から人間性を考えるときには、どうしても欠かせない比喩なのであるが——、我々がこの動物園のなかで自分たち自身を「維持」していくために守らねばならない規則を決めることも問題であるが、繁殖や個体数増加を調整する規則を決めることも問題となる。バイオテクノロジーがもたらした本当の問題は、ヒューマニズム的伝統が、どこまで我々を導いていくことができるのかという問題なのだ。古典的な書物はそれに答えてはくれない。それらは、書庫の書棚のなかにあり、あたかも「ポストに投函されたが収集されない手紙のようなものである。しかもその差出人について我々は、その人と友人になれるかどうかさえも分からない。［…］配達されなくなった手紙は、もはや潜在的な友人への書状ではなくなり、単なる書庫の陳列物になる。［…］あらゆることが示している。ヒューマニストの末裔は今や書庫管理人になってしまった」（Sloterdijk 2009, 27）。

ここで私は引用しなかったが、スローターダイク自身は、プラトンの『国家』を引用しており、特にそれによって、彼の思想は、しばしばナチスの優生学のプログラムに結び付けられる。そうした解釈に対抗して、私は、スローターダイクをバイオテクノロジー革命の究極的帰結に対処するための試みとして読むことを提案したい（Lemmens 2008）。伝統という書庫にこもっていれば、哲学者は安心して現実の外部に立っていられるし、人間の育種について議論することを拒絶することもできる。しかし、そうした育種の技術が可能となり、人々に知られるようになってくれば、そして、それが社会の一部となってくれば、スローターダイクが目指した議論は避けがたいものになる。加えて、ニーチェにならって、ヒューマニズムという支配的な考え自体に遺伝学的な帰結が含まれているとするならば、新しい技術によって開かれるポストヒューマニズム的な立場を毛嫌いしている場合ではないのである。スローターダイクは、新しい技術的可能性を挑発的に我々に示すことで、それによってもたらされる問題を明示化しただけである。彼は、特定の超人間的存在を設計したり、人間の変異体を育種したりすることを提案するわけではない。彼は、我々が自分自身の生物学的構成を変えられる能力を、生物学的誕生という単純な事実と併せて提示しただけである。そして、これまで常に我々の繁殖を潜在的に支配してきた規則が、将来的には顕在化せざるをえないということ、そしてそのとき、方向性の再設定が必要かもしれないということを示唆しただけである。

もちろん、本書で、ホモ・サピエンスの生物学的未来について議論をするつもりはない。ここでの私の関心事は、技術の倫理学であり、いかにして倫理学のなかにあるヒューマニズム的なバイアスを超えて、技術的人工物の道徳的関連性を論じられる場を作るかということである。この問いに答えることを目的とすれば、スローターダイクのハイデガー批判において、人間動物園の規則を作ろうという提案は——たとえそれは重要なことだとしても——、それほど関心の対象にはならない。興味をひくのは、むしろ、スローターダイクが、倫理と技術について、ヒューマニズムを超えて考えようとしている点である。彼の分析のなかで、人間の生物学的で「物質的な」側面がヒューマニズムの伝統のなかでいかに無視されてきたか、そして、その伝統が使ってきた媒体がこれまで当然のように持っていた重要性を今いかに失いつつあるのかが明らかになる。人間性の捉え方における「物質的」転回は、ヒューマニズム的でない技術倫理に道具を提供してくれる。スローターダイクの思想のなかで、増強されたホモ・サピエンスへと向かう「トランスヒューマニズム的」方向性は副産物に過ぎない。中心にあるのは、人間であることの意味を理解するにあたって、現在支配的な方法であるヒューマニズムを超えていく「ポストヒューマニズム的」方向性である。

技術倫理に対するスローターダイクの最大の貢献は、非近代的に倫理を考える場所を開いたことにある。そのような場所こそが、近代倫理学の出発点であるヒューマニズムという立場から脱却し、非人間的存在者の道徳的意義を認めるために必要なのである。人間を世界内存在という観点からのみでなく、世界内侵入という観点で捉えれば、人間は、「主体」としてのみならず「客体」としても登場し、意識という思考スルモノとしてと同時に、世界内で経験し行為する身体という延長スルモノとしても登場することになる。このようなポストヒューマニズム的な人間の捉え方は、スローターダイクにとっては、主に超人間的な生命について論じるために必要だったのだが、それは、今の段階の我々の姿、つまり、ホモ・サピエンスの日常生活の理解のためにも、少なくとも同じくらいには、重要なのである。

人間性《ヒューマニティ》とポスト人間性《ヒューマニティ》――人間性を育成するための新しい媒体

ポストヒューマニズム的倫理学の概要を説明するためには、スローターダイクの思想のうちの人間の「育種」という部分は脇に置いて、人間性の「調教」の部分に焦点を当てなければならない。『人間園の規則』において、スローターダイクは、調教という活動をヒューマニズム的伝統に結びつけている。しかし、ヒューマニズムの持つ言語という媒体が新しい技術によってどんどん時代遅れになっているという彼の洞察に従うとしても、我々は必ずしもヒューマニズム的な人間性の「調教」を、ポストヒューマニズム的な「育種」に替えなければならないわけではない。人間の「客体性」と「主体性」を分離しない、ヒューマニズム的でない人間性の捉え方は、スローターダイクの講演で論じられずに残された、新しい形式の「調教」があることを示している。

現代の技術文明において、人間性が、我々の思考への思想的影響や我々の生物学的組成への物理的作用にのみよって形成されているのでなく、我々の住む技術的環境の物質的配置によっても形成されていることは明らかである。人間性と倫理は、身体という器のなかに住まう意識という脳内活動からのみ発生するのではなく、人間が物理的かつ意識的存在として参加している実践的活動のなかからも発生するのである。思考スルモノの「調教」を文章とのみ連合させて、延長スルモノの「育種」を技術とのみ連合させることによって、スローターダイクは――少なくとも『人間園の規則』では――、次のことを見逃している[2]。つまり、技術は、延長スルモノとしての人間を、育種することができるだけでなく、調教することもできるのである。もしも、言語というヒューマニズムの媒体が、スローターダイクの言うように、本当に時代遅れになってしまったのだとすれば、それに取って代わったのは、物質的な媒体である。人間であることの意味を理解するために考えに入れなければならない技術人類学の分野は、決して文章筆記についての技術人類学や人間工学だけではない。他にも、我々の生活や世界経験の形成に介入している技術的人工物は山ほどあるのだ。テレビ機器や携帯電話から医療診断機器、飛行機に至るまで。再びここでも、産科の超音波技術が好例となる。超音波技術が胎児を像化する仕方は、生まれる前の

(2) 他の業績では、スローターダイクは、人間性が(技術によって)媒介されるという性質を持つことに注目している。彼自身の初期の洞察を取り入れていたら、『人間園の規則』におけるヒューマニズムの議論は、人間性の技術的「育成」というアプローチをさらに展開させることもできたはずである。

子供の健康に関する不確実性を扱うという特定の実践の形成に介入している。この新しい実践は、将来の両親の道徳的考察に対し重大な影響を与える。胎児が経験される仕方に介入する超音波技術によって、妊娠についての新しい解釈が登場し、あわせて、先天的欠陥のリスクを扱うという新しい実践が登場する。というのも、子供が生まれる前にすでにその子供がある病気にかかっているかを知ることができるという、まさにその可能性によって、その妊娠を継続すべきかという問題が発生することになるのだから[3]。

深刻な先天的欠陥が見つかった場合に、超音波技術が、将来の両親を妊娠中絶へと至るように促すと言ってすませることはできない。確かに、超音波画像化技術がそういう効果を持つことは間違いない。妊娠中絶によって、重大な病気を持つ子供も、その両親も、苦しみを避けることができるのだから。しかし、超音波画像化技術は、もう一方で、両親と胎児の間に親密な関係を築いてもいる。それは彼らの絆を強化し、中絶を困難なものにする。いずれにせよ、超音波検査を受けられるという可能性自体が、まったく新しい倫理的実践を構成している。そこでは、検査を受けないということも道徳に関わる判断である。なぜなら、その判断は、出産前の子供を、不治の病や、場合によっては死に至る苦しみから救うという選択肢を拒絶することを意味するかもしれないのだから。出生前の子供の超音波検査は、価値中立的に子宮のなかを覗くことなどでは決してない。それは、まだ生まれていないものを潜在的患者として構成することに、そして、両親をその生命についての判断者として構成することに介入している。

つまり、ここで超音波検査機は、言語ではない道徳性の媒体なのである。それは、人間を物質的な方法で「調教」している。皮肉にもこの例では、人間性の「調教」は、直接的に「育種」の実践に関係している。このことからも、スローターダイクの業績が、単なる超人間 transhuman の未来についての粗雑なシナリオ分析ではないことが分かる。スローターダイクの業績は、現代のホモ・サピエンスの日常的な育種実践について、それがまさにポストヒューマニズム的な性質を持つことを明らかにしてくれており、その意味で重要なのである。ほとんどの場合、妊娠や中絶についての道徳的判断は、超音波画像化技術が胎児を視覚化する方法との相互作用のなかで形成される。一方に人間的な道徳的行為者がおり、それが、もう一方の物言わぬ物質的客体の世界のなかで行為するというような根本的な主客分離図式のなかでは、ここでの道徳的判断を理解することはできない。超音波画像化技術は、道徳的行為や道徳的考察の登場に対して、行為の背後で能動的に関与している。つまり、この例は、道徳的行為者性を人間的なものとしてのみ捉えてはならないということを示している。道徳的行為者性は、人間と非人間のどちらにも分配されている。道徳的行為とは、一体的に結合された人間と非人間が、道徳的問いを創造し、それに答えようとする実践なのである。

その結合のなかでは、延長スルモノは、近代主義的捉え方におけるよりも能動的であり、思考スルモノの自律性は少なくなる。近代主義的立場では、行動に影響を与える技術が誘導した行為を道徳的行為とみなすことは不可能である。例えば、学校の付近の路上にスピードバンプがあると、誰もがそこで車のスピードを落とすが、それは道徳的で責任感のある行為なのではなく、誘導された行動なのである。しかし、超音波技術の例は、道徳性はもっと広い領域に及んでいることを示している。超音波技術の例

(3) もちろん、ほとんどの場合、超音波検査のみでは、そのような判断を下すに十分な確実性は得られない。超音波検査は、リスクの計算を可能にするだけであり、確実性は羊水穿刺をへて始めて得られる。

では、技術は道徳性を妨害してはいない、むしろ道徳性を構成している。超音波画像化技術は、判断を下す基盤となるものを解釈する枠組みの形成を助けることで、道徳的判断を下す状況を作り出している。人間のみが道徳性に関わるのではないと考えれば、主体の道徳的判断への物質による「干渉」は、「純粋意志」に対する邪魔物などではなく、道徳性の媒体として捉えられるようになる。カントの言い方を借りれば、主体なき倫理は盲目で、客体なき倫理は空虚である。主体は、主体性という純粋空間のなかでは、道徳的関係を見出せるような世界と会うことすらできない。そこに世界があれば、即座に実践が登場して主体の道徳的空間の形成を助ける。つまり、媒介された行為は没道徳的な行為なのではなく、それは、現代の技術文明に特有の道徳性が発現する場所なのである。

スローターダイクはヒューマニズムの媒体の影響力が失われていると結論するが、だからといって、人間性の「調教」が「育種」に取って代わられるとは限らない。ヒューマニズムの文章以外にも我々を調教する媒体はたくさんあるのだ。我々は、そうした媒体を特に詳しく調べなければならない。つまり、我々の日常生活の形成に介入している技術的人工物である。なぜなら、ヒューマニズムが人間の調教を任せるつもりでいた人文的社会は衰退していくだろうが、それでもヒューマニズムが洗練された育種を任せるつもりでいる人間動物園は、まだ、人文的社会に完全なる時代遅れの烙印をおせるほどの魅力を持ってはいないのだから。そして実のところ、スローターダイクによって開かれたポストヒューマニズム的で非近代的な立場の示すところでは、その人文的社会自体が決して思われていたほどには「人文的」ではなかったのである。書かれ、解釈され、プリントされた文章は、いつだって、その文章が関連しているとされる具体的実践の産物だったのだし、人間の人間性はいつだって、自分たちの書いた文章によって形成されると同時に、自分たちの実践の場として自分たちが創造した物質的環境によっても形成されてきたのである。実は、近代主義的なヒューマニズムのいうところの独立した自律的人間が存在したことなどは、いまだかつて一度としてなかったのだ。

結論――ヒューマニズム的でない方法に向かって

技術倫理を拡大して、ポストヒューマニズム的で非近代的な見方を含んだものにするためにはどのようにしたらいいのだろうか。拡大された倫理的立場に対する最も重要な要件は、非人間的存在者やそれらと人間とのつながりを含むように道徳的コミュニティーを拡大することである。そうしなければ、主体の言語だけでなく客体の物質性も倫理の媒体であるという事実を正当に扱うことはできない。これは倫理学の変革である。道徳的判断の言語的枠組みを発展させることに加えて、倫理学は道徳性のための物質的インフラの設計をしなければならない。物体が道徳性を帯びているとしたら、その物体の設計というのは、まさしく道徳的活動なのである。もちろんそれは、「他の手段をもってする」道徳的活動である。設計者は道徳を物質化するのだ。倫理学はもはや、存在すらはっきりしない道徳的反省なるものだけを扱っているわけにはいかない。倫理学は、主体的なものと客体的なものが、つまり、人間と非人間が避けがたく相互浸透している実践的な実験的調査を問題としなければならない。

人間と非人間の相互浸透という状態を考察するポストヒューマニズム的な倫理学では、二つの考察の道筋を分けることができる。つまり、道徳を媒介している技術の設計（人間的なものを非人間的なものへと組み込むこと）と、道徳を媒介している技術の意図的な使用（人間のなかでの非人間の役割の発現に参加すること）の二つである。この二つの道筋は、近代主義的な区別、つまり、能動的に反省する主体と受動的に設計される世界という区別を思い起こさせるかもしれない。しかし、ポストヒューマニズム的倫理学の目的は、その区別を強固にすることではなく、二つの極のつながりや相互関係に焦点を当てることで、二つの極を同時に捉えることである。

技術倫理における右の二つの道筋について説明する前に、続く章では、倫理学の理論に技術の道徳的意義を導入することが何を意味しているかを述べておきたい。第三章では、技術的媒介という現象が倫理学における客体の役割に関して何を意味しているのかを説明し、第四章では、道徳的行為や道徳的判断が媒介されているという性質を持つことによって、倫理学における主体の役割は、どのように再定義されなければならないかを論じる。

第三章　人工物は道徳性を持つか

序

どうしたら技術の持つ道徳的次元を理解することができるだろうか。[1] 技術が道徳的意義を持つことはすでに分かったし、それを扱うためには倫理学が「ヒューマニズム的焦点」を拡大しなければならないことも分かった。問題は、技術の道徳性をどのように概念化するかだ。技術が道徳的次元を持つということは何を意味しているのだろうか。これまで見てきた具体例——超音波、スピードバンプ、携帯電話など——は、技術を道徳に関わる存在者として認めることを、もっと言えば、道徳に関わる行為者として認めることを、我々に迫っているのだろうか。それとも、技術的人工物の道徳性を概念化するための、もっと別の方法があるのだろうか。

事物を道徳的関連のなかで扱うということは、当たり前のことではない。それは、倫理学の最も基本

（1）　本章は、Verbeek 2006e 2008c を加筆修正したものに基づいている。

的な前提に逆らうことを意味する。確かに、何か非道徳的なことが起こったときに技術に責任を課すというのは馬鹿げたことのように思える。誰かが銃で撃たれたときに、銃のふるまいを責めるなどということは無意味である。責められるべきは、銃ではなくそれを撃った人なのであるから。そうした考えから、チャリング・スヴィールストラは、「事物の道徳を語る」ことについて慎重論を唱える。スヴィールストラによれば、古典古代 classical antiquity の時代以来、道徳的コミュニティーは何度も拡大されてきている。「女性、奴隷、異邦人は、かつては、まったくといっていいほど道徳的権利を与えられなかった」が「時代が進みそれらの集団はすべてコミュニティーに入ることになった(2)」(Swierstra 1999, 317)。しかし、現代において見られる次なる拡大の動き、つまり、事物が道徳的コミュニティーに入ることを認めようという動きは、あまりにも行き過ぎである。スヴィールストラは、義務論と帰結主義という倫理学で支配的な二つの立場にもとづいて次のように議論している。

帰結主義は、行為をその結果の価値にもとづいて評価する。ある行為の帰結について、よい帰結が悪い帰結よりも大きい重みを持っていれば、その行為は道徳的に正しいとされる。スヴィールストラによれば、この立場では、事物を道徳的実践の一部として認めることはできる。なぜなら、事物は人間が道徳的に行動するように誘導することができるのであり、帰結主義的観点では、結果こそがすべてなのだから。しかし、事物が人間を誘導するためには、人間の側がその目的のために事物を使用しなければならない。事物自体は、人間の行為に自らが与える影響について、よい側面と悪い側面を調節することはできない。だから、事物は、道具として道徳に貢献するだけであり、自分自身の行為に説明を与えられるような真正な道徳的行為者として貢献することはできない。

義務論的倫理学は、行為の帰結には注目せず行為そのものの道徳的価値に注目する。例えばカントの立場では、行為の道徳性は、理性的に洞察された基準に従って行為することを行為者が意図したか否かによって決まる。もちろん、人工物には、そうした考察をする能力はない。加えて、もし、事物が人間を、義務論的にみて道徳的に正しい行為へと誘導したとしても、その行為は、理性的に洞察された道徳的義務遵守の結果なのではなく、誘導された行動の一つの形態にすぎない。

つまり、義務論と帰結主義のどちらの立場でも、人工物は、ある行為に対して因果的な原因になることはできても、道徳的な原因になることはできない。人工物は意図〔志向〕を持っていないのだから、それらが「する」ことの責任をとることはできない。スヴィールストラに言わせれば、「だから、人を動かす人工物は、それ自体として道徳的アクターではないし、人間を本当の意味で道徳的に行為させることもできない。〔…〕人工物が道徳的コミュニティーに入ることを認めるべき理由はない」(Swierstra 1999)。

スヴィールストラは、人間と事物を対等に扱う思想を行き過ぎた思想として慎重論を唱える。その考えには私も同感である(Verbeek 2005b, 214–217)。しかし、事物が志向性を持たず、自分自身の「行為」に責任をとれないという議論によって、事物が道徳的コミュニティーの一員になれないという結論が正当化されるわけではない。確かに、事物は意図的に行動することはできないが、事物が人間の道徳的行為や道徳的判断を媒介していることは確かであり、媒介することによって、事物は、いかに行為すべきかという道徳的問題に対して「物質的な答え」を提供している。道徳的コミュニティーから事物を排除し

(2) ことわりのない限りオランダ語から英語への翻訳はすべて私(Verbeek)による。

てしまえば、道徳的問題に答えることにおいて事物が果たしている役割を、たとえ事物の出す答えの方法や由来が人間の出す答えのそれとどれだけ違っていても、無視せざるをえなくなる。確かに、技術は我々が答えを出すのを助けてくれるのみで、その答えの説明はしてくれない。しかし、だからといって、技術が能動的に道徳的役割を果たしていることは変わらない。我々の道徳的行為や道徳的判断から技術を取り去ってしまったら、状況は劇的に変わってしまうだろう。事物を、道徳性の形成を助けているという意味において、道徳的コミュニティーの一員と捉えることは可能なはずである。

技術の道徳的役割に倫理学のなかで説明を与えるためにはどうしたらよいだろうか。第一章で述べたように、主流派の倫理学において、道徳的行為者であるためには、少なくとも志向性は持たねばならず、さらに、ある程度の自由も持たねばならない。人工物においては、どちらの条件も、少なくとも一見したところでは問題となるように思われる。人工物は志向を持つことはできないだろうし、いかなるかたちでも自律性は持たないように思われる。しかし、この二つの条件には、さらなる詳細な分析が必要である。第二章で獲得された非近代的アプローチを使って、行為者性の概念を——志向性と自由という側面も含めて——再解釈すれば、倫理学のなかで技術的人工物と道徳との関係性を考察できるようにすることは可能である。これが本章の主題である。まず、技術的人工物の道徳的意義についての現在主流の説明法について論じる。最終的に、道徳的行為や道徳的判断における技術の能動的な役割を正当に扱うために、道徳的行為者性の概念を改良した私なりの新しい説明法を提示する。

技術的人工物の道徳的意義

ここ数十年の間、技術的人工物の道徳的意義は、様々な文脈で取りあげられてきた。いくつかの説明法が提示されたが、それぞれが技術の道徳性を独自の方法で扱っている。技術的人工物の道徳性を哲学的に説明するための出発点として、まずは、現在最も支配的な諸立場について論じることにしよう。

ラングドン・ウィナー――人工物の政治

一九八〇年に、ラングドン・ウィナーは有名な論文『人工物は政治性を持つか』を公刊した。一九八六年に出版された著作『鯨と原子炉』に収録されたその論文でウィナーは、「政治性を帯びた」技術を分析している。彼が取りあげたなかで最も有名な例は、ニューヨーク・ロングアイランドのジョーンズ・ビーチへと向かう公園道路にかかる、「人種差別的な」陸橋である。ロバート・モージスという建築家によって設計されたその陸橋は、意図的に低く作られていて、自家用車だけがその下を通り抜けられバスは通り抜けられないようになっている。それによって、当時ほとんど自家用車を持つことができなかったアフリカ系アメリカ人は、ジョーンズ・ビーチに行くことができなくなった。モージスは、自分の政治的信念を実現する物質的方法を見事に見つけ出したのである。彼のつくった陸橋は政治的な存在者である。その技巧的配置は、陸橋の使用に先行している。自動車が公園道路を横切れるようにする道具として機能するよりも先に、それらの陸橋はすでに「直接的使用をはるかに超えた目的を隠し持っている」(Winner 1986) のである。

ウィナーの分析は、技術哲学や科学技術社会論において今や「古典的」となっているが、一九九九年にベルンヴァルト・イェルゲスによって公刊された論文「政治は人工物を持つか」(Joerges 1999) で反論もされている。その論文でイェルゲスは、ジョーンズ・ビーチには別の道から行くことも可能だし、モージスが当時の他の人たちと比べてとりたてて差別主義的であったわけでもないと反論した。しかし、この反論はウィナーの議論の威力には何の影響も与えない。事例は、物質的人工物が政治的影響力を持つことを示すためのものであり、それはべつに思考実験でも構わないのだから。そして、この事例の場合、人工物は、明らかに道徳的次元における政治的影響力を持っている (Woolgar and Cooper 1999; Joerges 1999)。

ウィナーは、低い陸橋の他にも具体例を扱っている。それらの事例では、現実に、技術が人間の意図を物質的に具現化している。しかし、ウィナーによれば、人工物の政治的次元は、それよりもさらに先まで行っている。技術は、意図的に設計されていなくても政治的影響力を持つことがある。身体障害者の多くは、すでにそのことをよく知っていることだろう。物質的世界は、背後に特別な意図などなくても、しばしば彼らの運動能力を非難し、彼らが社会へ参加することを妨害してくる。

技術的人工物の持つ非意図的な政治的側面を考察するために、ウィナーはトマト収穫機械の例を取りあげている。その機械は、トマト栽培の実践において重要な影響力を持つことになった。機械のコストが高いことから、トマト栽培は、集中的に行なわれねばならなくなった。つまり、その機械が普及すれば、小さな農家は閉鎖しなければならないことになる。加えて、機械による雑な扱いにも耐えうるかわりに、味は落ちる新しい品種のトマトの栽培が求められるようにもなった。トマト収穫機械の背後に、トマトの味を落とそうとか、小さな農家をつぶそうといった明確な意図があるわけでは決してない。しかし、それでも、それらの事実は、トマト収穫機械に由来する政治的な帰結なのである。

モージスの陸橋の例は、技術が、道徳的評価の対象となる影響を持つことがあることを示している。これは技術の道徳的意義の第一のタイプである。さらに、トマト収穫機械の例は、そうした影響が、人間の明示的な意図が背後になくても起こるということを示している。その影響は、ある意味で「創発的な」ものである。このことは、背後に意識や志向性があるかないかに関わらず、技術自体が、ある種の「自律性」を持つことを示唆している。ウィナーによれば、技術とは「我々の世界に秩序を組みこむ方法」のことである。そして、そのなかには、モージスの陸橋のように、人間の意図による主導のもとで「道徳の道具」として秩序を実現するものもあれば、〔トマト収穫機のように〕意図せぬ政治的影響力を発生させてしまうものもある。

ウィナーの説明はあざやかで分かりやすいが、本書の文脈から見れば、まだ多くのことが論じ残されている。技術が社会に対して政治的に重要な影響力を持ちうると示し、その影響が設計者に意図されているとは限らないと示しただけでは、技術が道徳的影響力を持つと示したことにはならない。さらに、我々にはまだ、その影響力がどのように発現するかという点については分からない。媒介の理論を倫理学へとつなぐために理解しなければならないのはその点である。ウィナーは道を開いてくれた。しかし、技術の道徳的意義を把握するためには、道徳的行為や道徳的判断における技術の役割についてさらに詳しい解明が必要である。

ブルーノ・ラトゥール——見落とされている多くの道徳性

技術的人工物の道徳的意義の議論における第二の主流的立場は、フランスの哲学者で人類学者でもあるブルーノ・ラトゥールのものである。一九九二年にラトゥールは「見落とされている山はどこにある——日常的人工物の社会学」と題された有名な論文を出した。そこで彼は、道徳性を人間のみが関わる問題とするべきではないという考えを示した。現代文明において道徳性が失われていると不平を言っている人は、人だけを見ていないで、もっと目を大きく開いて、物質的事物にも注目しないといけない。例えば、自動車をどれくらいの速さで運転するかという道徳的判断は、路上のスピードバンプに委任されていることもある。スピードバンプが我々にスピードを落とせと伝えているのだ。点滅する光や不快な警告音で、我々にシートベルトを締めることを思い出させてくれる自動車もある。自動ドアは、我々に対し、建物に入った後にドアを閉めるという礼儀正しさを補ってくれている。「見落とされている多くの」道徳性は、人のなかにではなく、事物のなかにあるのだ。

物質的人工物に道徳性を帰属させることで、ラトゥールは意図的に、人間と非人間的実在との間の境界線を超えていく。ラトゥールにとって、それは、啓蒙主義によって設定された間違った境界線である。啓蒙主義の思想の拠り所でもある主体と客体の根本的な区別によって、我々は、人間的存在者と非人間的存在者が常に相互浸透していることを理解できなくなってしまう。ラトゥールは、実在を、複雑な仕方で相互作用しあう行為者のネットワークとして捉える。そのネットワークのなかで行為者たちは継続的にお互いを翻訳しあっている。行為者は人間であっても非人間であってもいい。非人間も行為することができる。非人間は、それを使用する者の行為があらかじめ書き込まれた「スクリプト」になることができる。映画の脚本《スクリプト》に役者《アクター》がいつどこで何をすべきかが書かれているのと同じである。小学校の近くで自動車を運転するときのスピードを決めているのは、運転者の意図だけではないし、スピードバンプに刻まれたスクリプトだけでもない。スピードを決定しているのは、運転者を含めた行為者のネットワークなのである。

第一の論文の十年後にラトゥールは、論文「道徳と技術――目的と手段」においてさらに分析を進めた。そこで彼が反対したのは、技術は手段の領域に属し、人間は目的の領域に属するとする考えである。彼の言葉を借りれば、その考えから、「目的を扱う倫理学者と手段を制御する技術者という古臭い区別」(Latour 2002) が生まれる。それに代わる理解の仕方として、ラトゥールは、畳み込み *fold* の概念で技術を理解することを提案する。技術的行為のなかで、時間、空間、「アクタント〔行為項〕」の種類、はすべて一緒に畳み込まれる。技術〔的人工物〕は空間と時間にまたがって存在している。例えば、一つのハンマーは、「畳み込まれた様々な時間性を持っている。一つは、それが鋳造されるもととなる金属に由来する、地球の太古という時間性である。もう一つは、取っ手となっているオーク材の樹齢という時間性である。さらに、それがドイツの工場で販売のために製造されてからの十年間という時間性である」(Latour 2002, 249)。空間についても同じことが言える。「この粗末なハンマーは、一つの場所において、様々に異なる空間を保持している。〔…〕アルデンヌの森、ルール地方の鉱山、ドイツの工場、ブルボン通りで毎週水曜日にある安物市の道具かご」等々。

技術的行為のなかで畳み込まれる要素の三つめにあげられた「アクタントの種類」という言葉でラト

ゥールが示しているのは、人間的行為者も非人間的行為者も同様にそこに含まれ、相互に形成を助け合っているということである。技術を、その機能性のみに基づいて理解してはいけない。なぜなら、そうすると、非人間に対しては、それを使って人間の意図がどのように実現されるかという見方しかできなくなってしまい、非人間の機能性は人間の能力の拡張の手段としてのみ貢献することになってしまうからである。技術は、単に人間に使用されるだけではなく、人間を構成することに介入してもいる。ハンマーは、「私の手に対して、腕という無骨者が思いつきもしなかったような力や用途や性質を与えてくれる」(Latour 2002, 249)。同様に、スピードバンプは、運転者にスピードを落とさせるという機能を果たす道具であるというだけではない。「スピードバンプが本当にしていること、それが本当にしようとしていること、それは誰にも分からない。だから、田舎道や路地に、機能を果たさせるために何気なく設置されたスピードバンプは、だいたい、論争で満ち溢れた複雑な歴史を辿って、最終的に州議会や病院にまで持ち込まれる大問題となる」(Latour 2002, 250)。技術は、物質的世界のなかで人間の意図を実現するための中間項 intermediary ではなく、実在の形成に能動的に介入する媒介項 *mediator* なのである。技術は手段を提供するだけでなく、新しい目的形成にも介入している。技術は機能を提供しているのではなく、回り道という選択肢を作っているのである。「技術がなかったら、人間は自分の行為に対して同時的になってしまい、人間と行為との間の関係は、近接的な相互作用に限られてしまうだろう。[…]技術による回り道がなかったら、本当の意味で人間的なものは存在できない」(Latour 2002, 252)。

ラトゥールにとって、技術の持つ道徳的意義は、こうした畳み込みの現象の一部である。道徳性も「媒介の型」の一つなのである(Latour 2002, 254)。普通、我々は道徳性を義務という形態で認識する。しかし、それは道徳性のとりうる一つの形態に過ぎない。なぜなら、道徳性は「規約からも、宗教的行事からも、指示の連鎖からも、法律からも、同様に派生するのだから」(ibid., 254)。道徳性は、人間のなかだけでなく非人間のなかにも見出せる。「もちろん、道徳的法則は我々の心のなかにもあるが、我々の使う装置のなかにもある。我々の行為の正当性や信頼性や連続性を理解するためには、伝統という超自我に加えて、技術という下位自我を考えてもいいだろう」(ibid., 253-254)。スピードバンプが持っているのは、この「下位自我」であり、それがどの速度で自動車を走らせるべきかを我々に伝えている。同様に、スーパーの買い物カートのコインロックは、カートを駐車場のすみに放置しないでカート置き場に戻すように我々に要請している。

確かに、こういったからといって、技術それ自体を道徳的行為者として捉えるべきだということにはならない。ただ、そもそも「それ自体としての」存在者というのは、実はまったく無意味な言葉なのである。なぜなら、存在者はそれが機能する関係性のなかでその性質を与えられるのだから。ラトゥールに言わせれば、「人間も含めて、すべてのものは、それ自体に対して存在したり、それ自体によって存在してはいない。常に他のものによって、そして他のものに対して存在している」(ibid., 256. 強調は引用元のもの)。ラトゥールにとっては、道徳性も技術も「存在論的範疇」の一つなのである。「道徳性や技術を含めた様々な様態において人間は存在するに至る。人間は、原初の状態で存在してはいないのである」(ibid., 256)。技術は人間を特定の布置において構成することに介入している。その布置に、行為や判断の道徳的性質も含まれるのである。

アルバート・ボルグマン——技術と善い生

技術の道徳的意義を記述するための第三の立場は、北米の技術哲学者アルバート・ボルグマンの提案する立場である。ボルグマンは、技術の社会的かつ文化的役割に関してネオ・ハイデガー派的な理論を展開する。その理論のなかでボルグマンは、彼の言うところの「デバイス・パラダイム」によって我々の文化がいかに支配されているかということを詳細に論じている。ボルグマンによれば、我々が使用する技術的装置《デバイス》が我々に要求する実在との関係の仕方は、技術以前的な「事物」が要求する仕方とは全く違う。例えば、水の湧く泉、焚き火、楽器、といった「事物」は、人間が実在や他人とつながるような実践をひき起こすが、装置がひき起こすのは、つながりを欠いた消費である。

ボルグマンは装置を、消費可能な商品を届けてくれる物質的機構として理解する。例えば、湯沸かし器や暖房機などは、熱を商品として届けてくれる機構である。装置は、自分ができるだけ目立たないようにしていて、自身の機構を可能な限り背景に隠したまま、商品を前面に押し出し、商品の手軽さを作りだす。それに対して、「事物」は、商品と機構を分離しない。事物は人々を関与させる。例えば、暖炉を使うとき、人は暖炉が提供する熱を享受するために、木を集めて割ったり、定期的に炉を掃除したり、暖炉まわりに集まったりしなければならない。

論文「物質的文化の道徳的意義」において、ボルグマンは、自身のデバイス・パラダイム理論によって、物質的客体の道徳的次元が見えるようになると述べている。彼は、人間の実践において物質的文化が果たしている役割に焦点を当て、「物質的文化が、断定的な仕方で、実践を束縛し、実践に細かく指示を出してくる」ことを示す（Borgmann 1995, 85）。デバイス・パラダイムとのつながりで、彼は、実在を二つの種類に区別する。一つは、命令を出す実在で、もう一つは使い捨て可能な実在である。伝統的な楽器などは、命令を出す事物である。それを「支配する」ために人は多くの努力と技能を要求されるからである。それに対して、ステレオ音響機器などは、文字通り、音楽を使い捨て可能なものにする。音の質という点では、ステレオ音響機器は、生演奏に勝っているかも知れない。しかし、そこでの音楽のあり方は、音楽家によって演奏された音楽とは違って、我々に何の命令も下さない。ボルグマンによれば、デバイス・パラダイムのなかで、命令を出す実在は、次第に、使い捨て可能な実在へと代えられていく。著作『本当のアメリカの倫理』で彼は、この現象を分析するために、道徳的な意味での商品化という概念を使っている。「事物や実践が道徳的な意味で商品化されるとは、それらが時間や場所や共同体への関与という文脈から切り離されるということである。そのとき、それらの事物や実践は宙に浮いた客体となる」（Borgmann 2006, 152; 強調は引用元のもの）。

我々にとって物質的文化が道徳的に重要なのは、物質的文化が人間の実践を形成するという役割を持つからである。命令を出す実在は、「物理的世界や社会的世界の内部で状況付けられた関与型の生をもたらす」が、使い捨て可能な実在は、「環境や他の人々から孤立した注意散漫な生をもたらす」（ibid., 92）。人間の実践は空虚な空間のなかで起こるのではなく、物質的環境のなかで起こる。そしてその環境は、そこで起こる実践の質の形成に介入している。「様々な伝統的形態やフェミニスト的形態も含めた徳倫理学というものを、実践的倫理学として使いたいのであれば、我々は、次のことを分かっていなければならない。すなわち、技能的実践の一種として理解された徳というものは、現実的な状況に関して中立的なものではありえない。けもの道を読む技能が都会という状況では役に立たないように、勇敢や気配りといった徳を求めることは、手軽で個人的な生活を営むために設計された物質的文化のなかでは、重要となることはない」(Borgmann 1995, 92)。

私自身は、関与をうながす技術もあると考えているので(Verbeek 2005b)、悲壮感漂うボルグマンの技術の捉え方に完全に追随はしない。ただ、彼の立場は、意義深いかたちで技術の道徳的意義に光を当てている。彼の立場をまとめると次のようになる。物質的客体は、人間の実践の形成に介入している。そして、人間の実践の質というのは、明らかに道徳に関わることなのだから、物質的客体は直接的に道徳と関係を持っていることになる。技術的装置や非技術的「事物」は、我々の生のありかたの形成に介入している。さらに、「善い生」についての問いこそは、倫理学の中心的問いの一つである。そして、人間の行為と人間の生は、空虚な場所で起こるのではなく、我々の行為や我々の生のあり方の形成に介入している他人や事物からなる実在の世界のなかで起こる。ということは、善い生は、人間の意図や観念のみに基づいているのではなく、物質的人工物やその配置にも基づいているのである。技術とは、善い生のための背景的設定なのである。

ルチアーノ・フロリディとJ・W・サンダース——人工的な道徳的行為者

これまでと根本的に違った非常に興味深いアプローチが、二〇〇四年のルチアーノ・フロリディとJ・W・サンダースの有名な論文「人工的行為者の道徳性について」で示された。彼らの論文は、人工的な行為者がどこまで道徳的行為者でありうるかという問題を扱っている。彼らは、一般的な技術の道徳的意義に注目するのでなく、現実に「行為者」としての条件を満たすことができそうな知能的技術に注目する。例えば、エキスパートシステムは、人が判断を下すのを助けてくれ、カーナビゲーションシステムは、人が自動車を運転することを助けてくれる。他にも、部屋の自動温度調節装置などが人工的行為者の例である。

フロリディとサンダースのアプローチで興味深いのは、彼らが人工的な道徳的行為者を論じるさいに、道徳的行為者は自由意志や道徳的責任感を持っている必要はないとしていることだ。このことによって、彼らは次のようなありがちな反論を退けることができる。つまり、技術は意識を持たないのだから、人間のように道徳的行為者になることは絶対にできないという反論である。フロリディとサンダースの分析では、人工的な行為者に道徳性を帰属させることが可能かつ有意味になるように、適切な〔道徳的議論の〕「抽象のレベル」〔訳注〕をはっきりと決めることが重要である。人工物は、人間とは違って、行為者性を持たないという当然の反論を避けるためには、適切な抽象のレベルを設定しなければならない。行為者であることの条件として、フロリディとサンダースが挙げるのは、「双方向性（刺激に対して状態を変化させて反応をすること）、自律性（刺激なしでも状態を変化させられること）、適応性（状態の変化の「推移規則」を変化させられること）」の三つである。つまり、あるシステムが、環境と双方向的に作用することができ、刺激への反応でない作用が可能で、どのように「振る舞う」かを環境の変化に応

〔訳注〕「抽象のレベル」：道徳的行為を議論する際に行為のどの点に注目して議論するかということ。

じて学習することができるならば、それは行為者としての条件を満たしている。そして、道徳性の条件として彼らが挙げるのは、よいことや悪いことの原因になることができる能力である。「ある行為は、それが道徳的な善や悪の原因になれるとき、またそのときに限り、道徳的であるための条件を満たしているとする。ある行為者は、それが道徳的であるための条件を満たす行為をすることができるとき、またそのときに限り、道徳的行為者であるとする」（Floridi and Sanders 2004, 12）。

この捉え方から、フロリディとサンダースが提唱する「責任をともなわない道徳性」（ibid.,13）という概念が出てくる。彼らは、意図——彼らの属する分析哲学的系譜では「志向的状態」——を、道徳的行為者性にとって、「あれば素晴らしいが、なくてもよい条件」と見なす。彼らにとって問題となるのは、行為者のなす行為が「道徳的であるための条件を満たしている」か否か、つまり、それが道徳的な善か悪かの原因になりうるかどうかだけである。もちろん、フロリディとサンダースは、責任の概念が時代遅れだと主張したいわけではない。むしろ彼らは、責任の概念を道徳的行為者性そのものから切り離し、責任というものが道徳性において果たしている本当の役割を明らかにするために必要な場所を開こうとしているのである（ibid., 20）。

道徳的な責任がない状態でいかにして規範的行為が可能となるかを明らかにすることは、技術の道徳的意義を理解する上で非常に重要な貢献となる。技術に道徳性を帰属させようとすると当然のように返ってくる反論、つまり、技術は意識を持たないのだから道徳的に「行為」することはできないとする反論に対して我々がどう答えたらいいかをフロリディとサンダースの方法は教えてくれる。もし、「道徳的であるための条件を満たした」行為をするという観点から道徳的行為者性を理解してもいいならば、これまでの倫理学の主流よりも、ずっと正当に技術的人工物の道徳的意義を扱うことができる。しかし、問題は残る。人工的な道徳性が人工的な行為者性の結果ではない場合には、我々はそれをどう扱ったらいいのだろうか。フロリディとサンダースの枠組みで、例えば、超音波画像化技術はどのように扱えるのだろうか。ウィナーの出したモージスの陸橋の例はどうだろうか。この二つの例は、フロリディとサンダースの出す行為者性の条件を満たしていない。しかし、それらは現実に、道徳的行為に能動的に貢献しているし、道徳的言葉で評価されうるような影響力を持っている。フロリディとサンダースの立場は素晴らしいものだが、もし、技術の道徳的意義を理解したいならば、我々にはもっと多くのものが必要である。人工的な道徳的行為者性は、技術の道徳的意義の一部に過ぎない。我々にはもっと広い「人工物的な道徳性」の理解が必要である。

道徳的媒介

これまで論じてきた立場では、技術の道徳性についての様々な捉え方が登場したが、技術が社会のなかで道徳的に重要な影響力を持つのだから技術は道徳的な意義を持つという点では、すべての論者が一致している。技術は行為の形成を助け、判断を誘導し、情報技術で見られるように、自分自身で独自の判断をすることさえある。すべての場合で技術の持つ影響力は、道徳的言葉で評価することができる。しかし、そうした「道徳的に重要な影響力」を理解するための方法は他にたくさんあるようにも思われる。

まずは、技術の道徳的意義を最小限で認める選択肢として、技術を道徳的道具として捉える方法がある。ウィナーの陸橋、ラトゥールのスピードバンプや自動ドア、ハンス・アハターハイスの回転バーなどは、人間が道徳的結果に到達しようとするための手段という意味で道徳的な影響力を持つものである。技術的道具主義の捉え方では、人工物は、こうした例でそうであるように、人間が自分の道徳的目的、つまり、人種差別、交通の安全、ドアをきちんと閉めること、乗客に電車賃を払わせること、などの目的を実現するための手段を人間に提供するのである。

ただ、技術の持つ複雑な道徳的役割を正当に扱うためには、この捉え方はあまりにも浅薄にすぎる。間違いなく、右であげた論者たちは誰も、技術が人間の道徳的意図を実現するための中立的な道具に過ぎないなどとは考えていない。例えば、ウィナーのトマト収穫機械の例などは、技術が、意図されていない帰結を持ちうることを示している。ラトゥールにしても、スピードバンプが時に地元のスケートボード乗りをそこに引き寄せて、彼らが交通の安全よりむしろ危険を増大させる行動をすることもあるということ、さらに、自動的に閉まるドアが、人がドアの前に居るのにドアを閉めてしまうという無礼を実現することもあるし、高齢者にとって開けにくいドアになる場合もあるということを十分に知っていただろう。つまり、人間が特定の道徳的結果を作り出すことを可能にするための道徳的道具として技術が機能していることは確かであるが、技術は常にそれ以上のこともしているのである。

技術の振る舞いを完全に予測することはできない。エドワード・テナーの著作『なぜ事物は逆らうのか』(一九九六)〔邦題:『逆襲するテクノロジー』〕は、このことを生き生きと描きだしている。技術の道徳的意義を考察するためには、道徳的道具主義はあまりにも貧弱である。技術が人間と関係するときに、そこに予測不可能な関係が発生してしまうことは、不可避なことであり、そのなかで技術は、予期せぬかたちで、道徳的な影響力を持ってしまうこともある。産科の超音波技術はここでもよい例となる。この技術は、新しい道徳的実践を創出するために設計されたわけではない。にも関わらず、その技術は、道徳的問題を作り出し、それに答えを出す枠組みを規定するという役割を能動的に果たしている。

道徳的行為者としての技術

では、我々は道具主義とは逆の方向へと向かい、技術を道徳的行為者として扱わざるをえないのだろうか。つまり、技術が道徳的に行為することができるという事実を認めることから出発しなければならないのだろうか。これはフロリディとサンダースがとる立場である。彼らの設定する抽象のレベルにおいては、存在者が、よさや悪さの原因になることができるとき、道徳的行為者であるとされる。この捉え方から彼らは、人工的行為者は道徳的行為者であるための条件を満たしていると結論する。なぜなら、人工的行為者は、道徳的に評価されることができるような結果を生み出すことによって、よいことや悪いことを実際に「する」ことができるのだから。こうした捉え方は、非常に興味深いし重要でもある。しかし、残念なことに技術のうちの限られた部分にしか適用できない。フロリディとサンダースの基準、つまり、双方向性、自律性、適応性に基づくとすると、道徳的に重要な技術のほとんどが行為者であるための条件を満たさないことになってしまう。例えば、超音波画像化技術などは、自律性の条件を満たさないが、それでも、人間が計画した影響力を超えた道徳的影響力を持っている。

ブルーノ・ラトゥールの立場も、技術に行為者性を帰属させるが、彼はまったく違った仕方でそれをする。フロリディとサンダースが人工的行為者に注目するのに対し、ラトゥールは、より広く、人工物的行為者に注目すると言ってもいい。ラトゥールの対称的な捉え方では、人間も非人間も行為者でありうるし、非人間的行為者も道徳的行為の形成に介入することによって道徳性を持つことができる。ただ、先に示したように、ラトゥールの見方では、道徳的行為者性を技術「そのもの」に帰属させ、あたかも「行為者性」が技術の固有の性質であるかのように考えるのは正しくない。非人間も行為者となることができ、技術にも道徳性があるというラトゥールの主張は、彼のアクターネットワーク理論という文脈のなかで理解される必要がある。そこではすべての存在者が関係的に理解される。この観点では、技術はそれ自体のうちに道徳的行為者性を持つのではない。人間が技術を使用するとき、結果として生ずる道徳的行為者性について、それをすべて人間的なものだけからなるとしないで、非人間的要素もそこに参加しているとするのである。フロリディとサンダースの立場とは違って、ラトゥールにとって、技術は、他の行為者との関係という文脈においてのみ、行為者性と道徳性を「持つ」のである。

実は、ラトゥールの捉え方は、技術の道徳的意義に関する第三の立場も含んでいる。ラトゥールの議論においては、技術を、道徳的道具でも道徳的行為者でもなく、道徳的媒介項として捉えることが可能である。この立場は、道徳的行為や道徳的判断において技術の果たす能動的な道徳的役割を、それらすべてを人間の意図へと還元することなしに、正当に扱っている。同時にこの立場では、道徳性を技術そのものに内在する性質とする必要はない。第一章で示したように、人間の経験や実践を媒介することによって、技術は道徳的行為や道徳的判断を媒介している。技術は、我々が道徳的問いを述べたり、その答えを見つけたりすることに介入し、我々の行為を特定の方向へと導く。

「媒介項」という言葉は、技術の持つ道徳的役割が能動的であるということと、関係的であるということの、二つの性質を表現している。技術は媒介する。それは、中立的な「中間項」のようなものではない。しかし、媒介項は、その媒介項のいる場であり、媒介の対象でもある、特定の環境という文脈のなかでしか機能することはできない。ラトゥールのスピードバンプやウィナーの陸橋の道徳的意義は、道徳的媒介という捉え方だと最もよく理解できる。それらを、人種差別という意図や都市計画者の安全への意志の実現のための道具とする理解では何かが足りない。なぜなら、その場合、人工物が意図されていない役割を果たすことがあるという事実を扱えないからだ。また、それらの技術を、道徳的行為者とする理解は、少なくとも、「それ自体において」道徳的行為者であり道徳的行為が可能であるという意味では、行き過ぎである。それらの技術が機能している実践という文脈のなかでのみ、技術の道徳的役割は発現する。その役割は、設計者の意図と合致している場合もあるが、合致しない場合もある。どちらの場合でも、技術の道徳的役割は、技術が、自分の機能している環境や使用者との関係という文脈のなかでのみ現れてくるのである。

ボルグマンによる技術の道徳的意義の捉え方は、道徳的媒介の概念に対する興味深い補足となる。ボルグマンは、技術を、善い生のための物質的設定の提供と捉える。それによって彼は、行為中心の倫理学から、善い生という古典的な倫理的問題へと議論を広げた。ボルグマンの捉え方では、技術の道徳的役割は、技術が人間の行為の形成に介入することにあるのではなく、「いかに生きるか」という古典的問いへの答えに介入することにある。ボルグマンの出したステレオ音響機器と楽器の違いという例は、二つを操作するときの行為の違いの例ではなく、生のあり方の形成における二つの異なる役割の例なのである。

技術を道徳的媒介項と考えることによって、我々は、技術的媒介についてのポスト現象学的アプローチを倫理学の領域に持ち込むことができるようになる。産科の超音波技術の例で見たように、技術が使用されるとき、それは使用者と世界の間に特定の関係を創設する。超音波画像化技術は、将来の両親と出生前の子供との間に、特定のつながりを作り出す。その関係のなかで、両親と子供は、ある特定の仕方で、ある特定の道徳的役割や責任や関連性をともなって、構成される。同じように、規模の大きい技術も道徳的行為や道徳的判断を媒介している。例えば、エネルギー生産システムは、大量のエネルギーを使うことが普通で必然的になっていくような生活様式を作り出すことに介入している。そして、そうすることによって、環境問題にどのように取りくむかということについての道徳的判断の形成に介入しているのである。

技術を道徳的媒介項として捉えることとは、ラトゥールの非人間的行為者性の考えを否定するものではない。それどころか、道徳的媒介の概念は、ある種の技術的行為者性の肯定を意味している。道徳的媒介は常に、人間と非人間の間の複雑な関係をともなっている。その関係の結果生じる「被媒介的行為者性」は、したがって、「純粋に非人間的な」性質を持つわけでもなく、常に、ハイブリッドな性質を持っている。技術が使用されるとき、道徳的判断は人間によって自律的に下されるわけではないし、人間が技術によってある判断を下すように強制されるわけでもない。道徳的行為者性は、人間と非人間に分散されているのである。道徳的行為や道徳的判断というのは、人間‐技術連合体による産物なのである。

　ここでの道徳的媒介という概念の使い方は、ロレンツォ・マニャーニが、著作『技術的世界における道徳性』（二〇〇七）でした使い方とは違っている。マニャーニの道徳性と技術の捉え方は、本書の捉え方と似てはいるが、そこから出てくる結論が違っている。彼のアプローチは、現象学ではなく認知科学の観点から発したものであるため、技術的媒介の解釈学的次元やプラグマティックな次元を考察することができない。そして、それらの次元こそが、本書で展開される考察では中心なのである。マニャーニにとって、道徳的媒介項は道徳的観念を媒介するものである。彼の定義では、「道徳的媒介項は、〔…〕生きている存在者や生きていない存在者や過程――それら各々は、あらかじめそれ自体として固有の道徳的価値を持っている――からなり、人間にも、非人間にも、さらに、未来の人間や動物といった『非事物』にすら、新しい価値を付与する」。マニャーニは、ラトゥールの業績を賛同的に取りあげている(ibid., 25–26)が、自分自身の認知科学的手法とラトゥールのアクターネットワーク理論の根本的な相違には気づいていない。マニャーニは、倫理においても、道徳的媒介においても、基本的な変項として知識に特に注目するが、その態度は、ラトゥールが、実践、相互作用、物質性に注目するのとはかなり違っている。

ラトゥールにとって、そして、ラトゥールを使うポスト現象学的アプローチにとって、認知科学的手法は、知ることのできる（主体的な）心と、知られるものである（客体的な）世界を厳しく区別し過ぎである。本書で採用するアプローチでは、道徳性を、認知科学的に「道徳的営みの定型」（Magnani 2007, 187–193）として理解してはならない。道徳性は、認知的な側面も非認知的な側面も持ち、認知を超えた仕方で技術的に媒介されているような世界内存在のあり方として理解されねばならない。私のポスト現象学的なアプローチでは、技術的媒介は認知に関係するのではなく、行為と知覚に関係する。そして、道徳的媒介という言葉は、道徳的観念が媒介されていることだけを意味しているのではなく、ほとんどの場合は、道徳的判断が基づいているところの行為や知覚や解釈が技術によって媒介されていることを意味している。

道徳的媒介の概念は、倫理学における客体の位置づけを理解するために、大きな意味を持っている。導入でも示したように、主流の倫理学では「客体」とは、人間の行為を促進する物言わぬ中立的な道具以上のものではない。技術が能動的に道徳的行為や道徳的判断の形成に介入することが明らかになった今、我々はこの単純すぎる捉え方を拡大しなければならない。技術の媒介的役割を道徳的行為者性の一つの形態として捉えることは可能なのである。より正確に言えば、分散的性質を持った道徳的行為者性の一つの要素として捉えることは可能なのである。

そこで、以下では、倫理学における客体の位置づけに関して、二つの点について再考してみたい。第一に、道徳的行為者性の必須条件として一般に考えられている二つの基準に関して、「ヒューマニズム的でない」分析を示す。ある存在者は、それが、自分自身の行為に責任を負える場合に道徳的行為者と言われる。そして道徳的に責任を負うことができるためには、（一）志向性——意図を持つための能力——と（二）意図を実現する自由が必要とされる。この二つの基準は、ポスト現象学的な道のなかで、それらを非人間的存在者にも付随させられるように再解釈されることになる。第二に、主流派の倫理学のアプローチのなかでも、技術の道徳的次元を正当に扱える可能性について考察したい。つまり、義務論や帰結主義や徳倫理学において客体の果たしている役割を考察するなかで、技術の道徳的意義を正当に扱うために必要な場所を作り出してみたい。

技術的志向性

　道徳的行為者性の第一の基準、つまり、志向性の所持は、技術の道徳的行為者性を擁護しようとする者すべてにとって厄介な問題である。行為者性は志向性なしに考えることはできない。そして、人工物が志向〔意図〕を持ちうるなどという主張は、ばかげたもののように思える。しかし、人工物が実際に「して」いることとの関係で、志向性の意味を詳細に考察してみれば、ある種の「技術的志向性」なるものを考えることは可能である。

　実は、志向性という概念は、哲学において二つの意味を持っている。倫理学では、それは第一義的には、意図を持つ能力を意味している。しかし、現象学では、志向性の概念は、人間が実在に方向付けられていることを示している。現象学において志向性というのは、人間と世界の関係を理解するための鍵概念である。志向性という概念は、人間と世界を切り離すのではなく、二つの分離不可能な関係を我々に理解させてくれる。人間の経験が志向的な構造を持っているために、人間は、自分の住んでいる場である実在から切り離されて理解されることはありえない。人間は、単に「考える」ことなどできず、何かについて考えることしかできない。人間は、単に「見る」ことなどできず、何かを見ることしかできない。人間は、単に「感じる」ことなどできず、何かを感じることしかできない。経験する存在として、人間は、自分達の世界を構成している存在者に向けられていることしかできない。また、逆に、「世界そのもの」について語ることも意味をなさない。人間が実在との関係のなかでしか理解されえないのと同様に、実在は、人間との関係のなかでしか理解されえない。「それ自体としての世界」というのは、それを把握しようとする営みのすべてが、それを「我々にとっての世界」に、つまり、我々がそれを理解しそれに出会う特定の仕方のなかで発現するものにしてしまっているのだから、定義上からして受け入れられない概念なのである。

「人工物の道徳的行為者性」の可能性という、ここでの文脈で考えれば、志向性という概念の二つの意味は相互に補い合っている。というのも、特定の仕方で行為する意図を持つ能力は、実在へと向けられていなければ、そして、実在のなかで行為するために実在を解釈していなければ存在しえない。実際に、志向性の二つの意味が持つ関係性は、第一章で示したような技術的媒介の二つの側面の間の関係性と似ている。人間の行為や実践に関係する「実践的な」側面は、人間の知覚や解釈に関係する「解釈学的な」側面なしでは存在しえない。行為のための意図を持つためには、その人が行為している世界の経験と解釈を持っていなければならないからである。

技術的媒介の観点から見れば、二つの形態の志向性は、一見したところとは違って、技術的人工物にとって疎遠なものではない。現象学的に解釈された志向性については、現象学において中心的である人間と世界の関係が、しばしば技術的な性質を持っているということは、アイディの業績で示されたことである。我々が世界との間に持っている関係の多くは、技術を「介して」発現しているか、技術を背景として実現している。メガネを通じて見たり、温度計で温度を読んだり、車を運転したり、電話で話したり、エアコンの音を聞いたり、MRIスキャンの画像を見たり。アイディが示すのは、志向性は技術的人工物を通じて機能することも可能であり、人工物へと向かうことも可能であり、人工物という背景と対峙して発現することも可能であるということである。

これらの場合のほとんどでは、——人間が人工物へと向けられている場合を除いて——人間の志向性は、技術的装置によって媒介されている。その場合、人間は世界を直接的には経験せずに、人間と世界の関係の形成を助けている媒介的技術を介して経験する。双眼鏡、温度計、エアコンなどは、実在への新しい接近法を作り出したり、経験の新しい文脈を作り出すことによって、新しい経験の形成を助けている。技術に媒介された経験は、完全に「人間的」であるわけではない。もし、媒介する装置がなければ、人間は経験を持つことすらできない。つまり、そこでは、人間と技術が共同参加しているような形態の志向性が働いているのである。ということは、そのような「ハイブリッド」な志向性というかたちにおいて、技術は志向性を「持っている」のである。あるいは、志向性が人間と非人間に「分配」されていて、技術がその非人間的な部分を「持っている」と言ってもいい。こうした「ハイブリッドな志向性」において、参加している技術と技術を使用している人間は、同等に志向性を分け持っているのである。

二番目の〔現象学的な〕意味の志向性の概念の倫理学における役割は、一番目の〔意図を持つ能力という〕意味の志向性と密接に関わっている。というのも、ある仕方で行為しようという意図は、常に行為者と実在の間の関係によって導かれているのだから。行為者と実在の間の関係は、二つの方向性を持っている。一つはプラグマティックな方向性で、もう一つは解釈学的な方向性である。技術が行為の形成に介入するのは、一つには、技術のなかのスクリプトがある行動をひき起こすからであり、そしてもう一つには、技術が実在の知覚や解釈に寄与していて、その知覚と解釈に基づいて行為への判断がなされるからである。プラグマティックな方向性の介入の一つの例として、オランダには、実験的にわざと優先道路がないように作られた交差点がある。そのような交差点の持つスクリプトは、運転者の意図に働きかけて、右からの車を優先して通すためにことさらに注意深く運転するように仕向ける（Fryslân Province, 2005）。第一章で取りあげた乳癌の遺伝子検査は、解釈学的方向性の介入のよい例となる。その検査は、人が乳癌になる可能性を予測することによって、健康な人を潜在的な病人に変化させ、先天的欠陥を除去可能な欠陥へと変化させる。なぜなら、両方の乳房の切除を選択することで、将来なるかもしれない乳癌からは逃れることができるからである。ここでは、技術は人間の身体を解釈することに介入している。そして、技術は、選択の状況を作り出し、その選択にどう対処したらいいか示唆してもいる。

これらの例のすべてにおいて、技術は、道徳に関して能動的である。技術は人間の行為や解釈や判断の形成に介入している。その行為や解釈や判断は、技術がなかったら違うものだったはずである。確かに、人工物は、人間が意図を持つのと同じ意味で意図を持つわけではない。人工物が故意に何かをすることはない。しかし、人工物が意識を持たないからといって、志向性 intentionality の語源であるラテン語 *intendere* の文字通りの意味である、「方向付ける」、「向きを決める」、「心に指示する」という意味において、人工物が志向性を「持つ」ことができるという事実は変わらない。人工物は、人間の行為や経験を方向付ける役割を持つという意味で、志向性を持つと言えるのである。そのように考えれば、技術的媒介は、特殊な、物質的形態をとった志向性として捉えることもできる。

もう一つ、一般的に志向性にむすびつけられているのに、技術に欠けている要素がある。それは、原初的あるいは自発的だと捉えることができるような、つまり、志向性を持つ行為者「から自ずと発した」ような、あるいは行為者「によって創造された」ような意図を持つ能力である。この点についても、右でした議論を適用することができる。人工物は意識を持たないがゆえに、自分自身だけで意図を持つことはできないのは確かであるが、人工物の媒介的役割を、すべてにおいて設計者や使用者の意図に還元することも不可能である。それが可能だったとしたら、人工物の志向性は、ジョン・サールの言うところの、人間の志向性に還元することができる「派生的志向性」の一種に過ぎないことになる。ところが、すでに指摘したように、非常に多くの場合、技術が人間の行為や経験を媒介するときに、その仕方を人間が予見したり要求通りにしたりすることはできない。

設計者の予想とは違うかたちで使用される技術もある。最初の自動車は、時速十五キロでしか走れず、主にスポーツや病気治療のために使われた。時速十五キロで運転することによって「薄い空気」の環境を作ることができると考えられていて、それが肺の病気の治療になると信じられていたのである。自動車が長距離移動の手段と解釈されるようになってはじめて、自動車は現在のように労働用とレジャー用に分かれた役割を持つようになった（Bauder 1986）。この場合、使用の文脈のなかで、予期しなかった媒介が登場したのである。技術が意図されたように使用されていても、予期していない媒介が現れることもある。携帯電話の導入は、特に若者に対して、約束の扱い方を変化させた。特定の日の夜の外出の計画をかなり事前に決めておくことは、皆がいつでも電話しあえて、その時に応じた計画ができる場合には、あまり意味をなさない。こうした行動の変化は、携帯電話の設計者によって意図されたものではないが、携帯電話は設計者が予期したまさにその通りに使われてはいるのである。また、省エネルギー型の電球の導入が、実際には人々により少ないエネルギーではなく、より多くのエネルギーを使用させることになるとは誰も予想しなかっただろう。そうした電球はしばしば、庭園やビルの前などのそれまでは灯りがともされていなかったような場所に使われ、それによって節約効果は相殺されてしまうのである（Steg 1999; Weegink 1996）。

そうなると、人工物に、ある種の志向性を、たとえそれが人間の志向性とは根本的に異なったものであっても、帰属させるほうが賢明なように思える。人工物の志向的な「次元」は人間の志向性の補助なしでは存在しえない。人間と実在の関係のなかでのみ、人工物は媒介的役割を果たせるのであり、その媒介的役割のなかで、人工物は「意図する」という活動をするのである。例えば、出産前の両親が、技術の媒介によって子供が深刻な病気にかかっていることを知り、その知識に基づいて中絶という判断と向きあうとしよう。そこでの判断は、「純粋に」人間だけが関わる判断ではないし、すべてを技術に還元できる判断でもない。判断をしなければならないという状況そのものが、そして、判断の下され方そのものが、技術的人工物の参加によって形成されている。それらの技術がなかったら、選択の状況そのものがなかったか、もしくは、判断の基盤となる状況との関係が違ったものであっただろう。それでも、そこで技術が人間の判断を決定しているわけではない。道徳的判断は、人間と技術的人工物の共同作業の結果なのである。技術的志向性とは、人間的要素と技術的要素のハイブリッドである「合成行為者」の志向性という結果的産物の一部をなす構成要素なのである。

より厳密に言えば、「技術的志向性」なるものが存在するわけではない。志向性というのは常に、人間の志向〔意図〕と非人間の志向〔意図〕を含んだハイブリッドなものであり、言い換えれば、人間－技術－世界の関係のなかで人間的要素と非人間的要素に分散的に配置された志向性による「合成志向〔意図〕」なのである。技術的志向性は、人間的行為者から「派生」したものではなく、人間と非人間の連合のなかで登場する。その意味でそれは、「ハイブリッドな志向性」あるいは「合成志向性」と呼ぶのが最も適している。

技術と自由

道徳的行為者性と結びつけられることが多い要請の二つめのものは、自由を持っているということである。もし道徳的行為者性という概念に、その行為者が自分の行為に道徳的責任を持てるということが含まれているなら、行為者が特定の仕方で行為する意図を持つことだけでなく、その意図を実現する自由を持つことも要請される。我々は人工物がある種の志向性を持ちうると結論したのだが、それでは、人工物は自由を持つとは言えるのだろうか。

持たないのは明らかなように思える。自由を持つためには心を持つ必要があり、人工物は心を持たないのだから。技術は人間と違って自由な行為者ではありえない。もしかしたら、人工物が意図されていない効果や予想外の効果を働かせる「能力」を持つということを、ある程度の自由を持つと言うことはできるかもしれない。例えば、省エネルギー型の電球がエネルギーの使用を増加させたことのように。しかし、これはもちろん、自分自身との間に、そして、自身の傾向性や要求や欲求との間に、特定の関係を選択して持つことができるという意味の自由ではない。それでも、人工物を完全に自由の領域から締め出さないようにする議論は可能である。

第一に、あるものが自分の行為に責任を持つためには、自由が必要であることは明らかであるが、すべてにおいて技術的に媒介されている我々の日常生活のなかで、道徳的行為者性の絶対的条件として自由を設定することは難しくなっていることも確かである。自由という基準は、カント倫理学の根本的な部分に関わるものであり、そこでは、道徳的主体は外的な影響に汚染されず純粋を保たねばならないとされ、自由は自律性との関係で理解される。しかし、他の倫理学のほとんどでは、道徳的行為者性が状況付けられていることや、媒介されていることは考慮に入れられている。人は、空虚のなかではなく、実在のなかで道徳的判断を下すのであり、実在がその人に影響を与えたり、その人をその人がそうであるような人間にするのを助けたりするのは、避けがたいことである。技術的媒介の現象もその一つであり、技術は我々の道徳的判断のほとんどすべてにおいて重要な役割を果たしている。どれぐらいのスピードで自動車を運転するか、つまり、他人を傷つけるリスクをどのくらいまで許容するかという判断は、道路の配置、自動車のエンジンの性能、スピードバンプの有無、速度違反防止カメラの有無などによって常に媒介されている。外科手術を受けるか否かという判断は、ほとんどの場合、様々な画像化技術や血液検査によって媒介されている。それらの技術が、特定の仕方で身体を構成することを助け、特定の選択の状況を作り出すのである。

つまり、道徳的行為者性のために、完全な自律性を要求することはできない。あるものが行為に道徳的責任を持つためには、ある程度の自由で十分なのである。さらに技術的媒介によって、まったく自由がなくなっているというわけではないことは、妊娠中絶や車のスピードの例からも明らかである。これらの例では、人間の行動が技術によって決定されているわけではなく、技術の参加によって形成されているのであり、まだ、人間は自分の行動を反省したり自分の行動について決断したりできる。それでも、我々は自分の道徳的決断が技術に媒介されることから逃れることはできない。妊娠中絶をするか否か、とか、どれくらいの速さで自動車を運転するか、といった道徳的ジレンマは、その人の実践に参加している技術がなかったとしたら、同じようには存在しえなかっただろう。つまり、そうしたジレンマは、技術によって形成されているのである。そして、我々の日常生活のなかの技術を規定し尽くすことは不可能である。だとすれば、技術的に媒介された道徳的判断は、決して完全に「自由」なわけではない。自由の概念は、技術に対する人間の完全な支配権を前提しているが、そんなものを人間は持っていないのである。

この結論は二つの違った意味で解釈することができる。第一の解釈は、媒介はそもそも道徳性とは何の関わりもないという解釈である。もし道徳的行為者性を持つためには自由が必要であり、技術的媒介が人間の自由を制限したり無化するのだとしたら、道徳性は、技術によって媒介されていない状況においてのみ可能であることになる。そして、技術に誘導された人間行動は、道徳的性質を持たないことになる。自由意志の結果でなく技術に誘導された結果である行為を「道徳的」とみなすことはできないからである。この立場は、あまり我々の助けにはならない。技術的に媒介された判断が道徳的性質を持ちうることを否定するのは、まさに、産湯と一緒に赤子を捨てるようなものである。なぜなら、それによって、我々は、超音波画像化技術に基づいて出生前の命について判断を下すということが厳然と持っている道徳的側面を考察できなくなってしまうからである。

　したがって、技術的媒介と倫理の間の緊張関係には別の解決が必要である。（技術による）影響から自由であることを道徳的行為者性の前提条件とするのをやめて、むしろ、自由を再解釈して、自分を決定付けているものに対して関与する能力というようにするべきである。人間の行為は、常に頑強な実在のなかで起こる。そして、絶対的な自由に達するためには実在を無視しなければならないとしたら、それは、そもそも行為できるという可能性自体を放棄しなければならないことを意味している。つまり、強制力や制限のないことが自由ではないのである。自由とは、人間が自分の実存を実現する場として持っている実存的空間のことである。人間というのは、自分自身の実存に関与している。そして、その実存の居場所である物質的文化によって実存が共形成される仕方に関与している。人間の実存が物質的に状況付けられているということは、自由を邪魔しているのではなく、むしろ自由を創造しているのである。人間には、自分が住む場であり自分を拘束している環境に関与できる可能性が開かれている。自由はその可能性のなかに存在する。

　確かに、このように自由を再解釈したとしても、実際に技術的人工物に自由を帰属させねばならないわけではない。しかし、こうすることで、一緒くたにされて自由の領域から排除されてきた人工物を、自由の領域に呼び戻すことができる。志向性が、人間－技術連合体のなかで人間的要素と非人間的要素に分散されているのと同じことが、自由にも当てはまる。技術は、「それ自体において」自由ではありえない。しかし、人間もそうなのである。自由とは、人間－技術連合体の性質である。一方で、技術は、人間の実存が生起し形成される場である物質的環境を提供することによって、自由の構成を助けている。そして他方で、技術は人間と連合体を形成することができ、その連合体が自由の居場所となる。技術的媒介は道徳的な判断形成の空間を作り出す。志向性の場合と同様に、自由もハイブリッドな事象であり、ほとんどの場合、人間と人工物の連合体のなかに居場所を持っている。第四章で、技術的に媒介された主体が倫理学において果たす役割について扱うが、そこで、道徳的行為者性や技術的媒介と関係させて、より広範な自由の概念の再解釈を示してみたい。

物質的道徳性と倫理学説

技術の持つ道徳的媒介の役割を視野に入れて、志向性や自由の概念を再考することで、道徳的行為者の領域に技術的人工物を含めるための障害を除去してきた。しかし、そうして再定義された道徳的行為者性の概念は、主流の倫理学に対しどのような関係を持つのだろうか。再定義された概念は、スヴィールストラの提出するような、義務論や帰結主義からの当然の反論に耐えられるのだろうか。さらに、それは徳倫理学の手法とどう関係するのだろうか。

まず、義務論的アプローチから始めよう。道徳的行為者性を非人間に帰属させることに対する義務論からの反論の中心は、客体は合理性を持たないということである。義務論的倫理学で最も重要とされるカントの定言命法を事物に適用してみれば、とても分かりやすい。「それが同時に普遍法則になることをあなたが欲することができるような格律に従って行為せよ」(Kant [1785] 2002, 37)。相当進歩した人工知能を内部に持ってでもいない限り、技術は明らかにこの命法に従うことはできない。しかし、だからといって、非人間的な道徳的行為者性の入る余地が義務論的倫理学に全くないかといえばそうではない。言えることは、技術がそれ自体のうちに道徳的行為者性を持ちえないということだけである。本章で展開してきた立場が基づいている考えでは、技術の道徳的意義は、独立した行為者性という形態ではなく、道徳的行為や道徳的判断の技術的媒介のなかに見出されるべきであり、その技術的媒介を行為者性の一つの形態として理解すべきなのである。

技術的に媒介された道徳的行為者性が、まったく定言命法と折り合わないというわけではない。技術的な媒介が、媒介された行為や判断から合理性を取り去ってしまうわけではない。超音波検査を受けた後にされる妊娠中絶についての道徳的判断を、道徳的規範や道徳的原理の合理的な適用に基づいて下すことは可能である。場合によっては、そこで使用される格律が普遍法則になりうるかというカント的問いに基づいて下すこともできるだろう。その場合に、そこで判断において役割を果たしている合理的考察が、完全に技術的に媒介されていても構わない。これまで見てきたように、超音波技術が胎児と両親を構成する仕方は、関連する道徳的問いやその問いへの答えの形成に介入している。妊娠中絶をするかどうかという道徳的判断は、合理的行為者によって下されてはいる。しかし、それを自律的な判断と捉えることはできない。人間が物質的環境との相互作用のなかで道徳的判断を下さねばならないということは、人間が変えることのできない事実なのである。

ラトゥールは、定言命法に「対称的」補足をすることによって、カント的な道徳的枠組みを非人間の領域に拡張しようとした。実際に、『道徳形而上学原論』においてカントは、定言命法の定式化をいくつも提示している。先にあげた定式化はいわゆる第一の定式化というものであるが、ラトゥールが注目するのは、第二の定式化である。それは、「あなた自身の人格と同様にすべての他者の人格における人間性を、常に同時に目的として使用し、決して手段としてのみ使用することのないように行為せよ」(Kant [1785] 2002, 46–47) というものだ。ラトゥールは著作『自然の政治学』においてこの定式化に、非人間を常に同時に目的として使用し、決して手段としてのみ使用することのないように行為せよ、という命法を付加した (Latour 2004, 155–156)。これによってラトゥールは、倫理的思考のなかに生態学的観点を入れようとしたのである。というのも、生態学的観点では、その定義からして、非人間的実在を倫理的考察の中心へと含めなければならないからである。

しかし、定言命法をそのように変化させるやり方では、非人間は道徳の享受者としてもっぱら捉えられているのに対して、本書で展開しようとしている手法にとって興味をひかれるのは、道徳的行為者としての非人間であり、より厳密に言えば、能動的な道徳的媒介項としての非人間である。ラトゥールの再定式化は、我々の解釈に対しても役には立つ。というのも、「非人間を、手段としてと同時に目的としても使用すること」という言葉は、技術的人工物の使用が、手段のみでなく「目的」ももたらすことを意味しているともとれるからだ。つまり、技術という手段によって含意される目的のことである。技術は、媒介的能力を持つことによって、手段の領域だけでなく目的の領域にも属しているのである(Latour 1992b)。さらにこの再定式化は、定言命法のもう一つの定式化の言い換えも可能にする。カントの第三の定式化は、「すべての理性的存在は、自分自身が、自身の格律によって、常に目的の普遍的領域における立法者であるかのように行為しなければならない」というものだ。技術的媒介のアプローチは、「理性的存在」のみならず、技術もまた「目的の普遍的領域のなかの一員」であることを明らかにする。

帰結主義的倫理学との関係でも、同じような議論ができる。帰結主義のなかで最も主流である功利主義は、行為の道徳的価値をその行為の効用という点で捉えようとする。効用は、幸福の推進(ジェレミー・ベンサムの「最大多数の最大幸福」)や、本質的に価値のある事物の増加の推進や、なるべく多くの選好の満足などといった様々な形態で考えることができる。人工的な知性を持った装置という例外の可能性はあるものの、明らかに、技術的人工物は、一般的には、そのような評価を遂行することはできない。しかし、そのような評価が、自律的な人間によってなされているわけでは決してない。現代の技術文明において、幸福の経験や、本質的に価値のあるもの(例えば、愛、友情、知恵など)の本性や、人々の特定の選好は、すべて技術的に媒介されているのである。

ここでも、再三使ってきた妊娠中絶という具体例における功利主義的な判断がよい例となる。例えば、快楽主義的功利主義は、幸福に関して議論をするが、その幸福の捉え方が、避けがたく、全面的に技術的に媒介されている。胎児の像化を導いている医学的基準が、そして、超音波技術が将来の両親に出生前の子供の健康に対する責任を負わせるという事実が、そこに関わる人の幸福と妊娠中絶との結びつきを変化させている。同様に、選好功利主義の議論が依拠する選好も、関連する技術に導かれている。健康な子供を持ちたいという選好、そして重病の子供が生まれたときの罪の意識を避けたいという選好、重大な病気にかかった子供が家庭内の他の子供の幸福を脅かすことを避けたいという選好――こうした選好はこの事例においてありうる選好のほんの一部であることはもちろんである――は、出生前診断や妊娠中絶の技術的基盤があってこそ成立するものである。

徳倫理学の立場なら、もっと簡単に技術の道徳的役割を取り込むことができる。ヘラルト・ド・ヴリース（de Vries 1999）が述べているように、前近代的な倫理の形態である徳倫理学は、「私はいかに行為すべきか」という問いではなく、「いかに生きるか」という問いに焦点を当てる。徳倫理学は、他の主体や客体からなる外部世界のなかでいかに振る舞うかを自問する主体というものを出発点とはしないで、「生」に、つまり、特定の物質的世界のなかで展開せざるをえない人間の実存に、焦点を当てる。この立場から、ド・ヴリースに従って、次のことを認めるのはそれほど困難ではない。すなわち、現代の技術文明においては、善い生についての問いに答えるのは、倫理学者や神学者のみではなく、技術的装置もすべて我々に「いかに生きるか」を教えている（ibid.）。次章において、技術的に媒介された道徳的主体について論じることになるが、そこでは、技術の道徳的意義の理解のために古典的な徳倫理学的概念が重要となってくることを、より詳しく示すことができるだろう。

結論――物質性と道徳的行為者性

技術は、道徳的とみなすに十分な存在者であることは分かる。しかし、無生物的客体に道徳性を付与するというのは直観に反している。この二つの事実を同時に正当に扱えるようにするために、本章では、諸々の倫理学説の文脈のなかで道徳的媒介の概念について論じることで、技術的人工物の道徳的意義を論じるための方法を示した。技術を完全なる道徳的行為者とするようなアニミズムに依拠しなくても、道徳的媒介の概念を使えば、技術の道徳的意義を語ることができるようになる。本章の冒頭で示した銃の例は、本章の結論においてもよい例となる。今や我々は、銃の道徳的意義について、より詳しい描像を持つことができる。道徳的媒介の概念を使えば、単純に、銃が撃たれたことに関して銃を責めるというのは馬鹿げていると主張するのをやめて、そして、その主張を技術が道徳的行為者性を持つことへの反論に使うのをやめて、もっと洗練された理解の仕方を見つけられるはずである。なぜなら、銃が撃たれたことにおける銃の役割を完全に否定することは、やはりできないのであるから。

このことはラトゥールの示した例に関係している。つまり、全米ライフル協会（ＮＲＡ）とその批判者の間の論争である。この論争において、銃の無制限の自由化に反対する者たちは、「銃が人を殺す」というスローガンを掲げ、それに対しＮＲＡは、「銃が人を殺すのではない、人が人を殺すのである」と反論した（Latour 1999, 176）。ＮＲＡの立場は、倫理についての主流派の考え方に沿っているように見える。もし、ある人が撃たれたとき、その責任を銃に負わせようとは誰も考えないだろう。しかし、銃反対派の立場の言い分にも一理ある。銃のない社会では、ほとんどの争いごとは殺人には至らないのである。実は、この論争の本当の問題点は、銃と人、つまり人間と非人間を分離していることにある。そのような近代主義的基盤の上でしか、「技術は道徳的行為者性を持てるのか」という問いは意味をなさない。本章で示したような非近代的観点から見れば、この問い自体が我々を迷わせているのである。そこでは、人間も非人間も含めた他の存在者との関係から切り離された、技術そのもののなかに行為者性が探されているからである。

銃は単なる道具ではない。人間の自由意志を媒介するものの一つである。銃は特別な行為の可能性を提供することによって、状況と行為者の規定に介入している。銃は、銃を所持する人間を潜在的殺人者として構成し、その人間の敵対者を潜在的殺人被害者として構成する。我々は、いかなる意味でも人間の責任の重要性を否定しはしないが、その上で、次のように結論することができる。ある人が撃たれたとき、行為者性を銃だけに位置づけるのも人間だけに位置づけるのも間違いであり、行為者性は、その両者の結合体に位置づけられるべきである。実は、英語には、この例に適した「非近代的」な単語が存在する。ガンマン *gunman* というのは、人間的要素と非人間的要素のハイブリッドである。銃と人が結合して新しい存在者を形成し、その存在者が銃を撃つのである。

この例は本章の中心となるポイントをよく理解させてくれる。技術の道徳的意義を理解するためには、道徳的行為者性についての新しい説明を考え出さねばならない。銃の例は、人工物が、志向性や自由を、人間が持つといわれているのと同じように「持つ」ことができると示しているわけではない。それが示しているのは、（一）志向性は純粋に人間のみが関わることではなく、ほとんどの場合、人間と技術の連合体が関わるものだということと、（二）自由は、行為者に「外部からの」影響がないこととして理解されるべきでなく、そうした影響や媒介に対処する実践として理解されるべきだということである。

第四章では、このような道徳的行為者性についての新しい理解の仕方について、より詳しく、今度は、客体の側からではなく、技術的に媒介された主体の側から論ずることとする。

第四章　技術と道徳的主体

序

現代の技術文明において道徳的主体はどのように理解されるべきなのか[1]。技術が道徳的実践や道徳的判断の形成に介入していることの詳細が明らかになった今、問うべきは、そこで明らかになったことが、実践や判断を遂行している主体の理解の仕方に対して何を意味するのかということだ。倫理を、人間のみが関わるものとしてでなく、人間と技術の連合体の問題として捉えることは、はたして可能なのだろうか。道徳的行為者となるための一般的な条件を満たしているかという意味では、客体と同様に、媒介された主体も、そのままでは条件を満たさない。では、媒介された道徳的主体というものをどう理解したらいいのだろうか。媒介された主体の行為や判断が、自律的な選択や意図による結果ではないときに、その行為や判断の道徳的性質をどのように捉えたらいいのだろうか。

（１）　本章は、Verbeek forthcoming b を加筆修正したものに基づいている。

本章では、こうした問題に対し、ミシェル・フーコーの業績を批判的に論じることで答えてみたい。フーコーの業績は、技術的に媒介された道徳的主体を理解するためにはどうしても扱わねばならない緊張関係をそのまま体現している。フーコーの初期業績では、主体を規定したり、特定の主体を創造したりする権力や構造に焦点が当てられている。『監獄の誕生——監視と処罰』におけるパノプティコン監獄設計の分析で示されたのは、物質的人工物も、主体を規定する権力や構造として考えられるということであった（Foucault 1975）。人間の意図は「真正な」ものでなく、権力構造の結果であり、その権力構造は物質的に現前していることもある。人間は自律的ではなく他律的なのである。しかし後期のフーコーは、『性の歴史』の第二巻と第三巻で新しい倫理学の立場を提示するなかで、人間が権力構造との間に関係を築くための方法についても語っている。ちなみに、このようなフーコー解釈は、あまり知られてはいないが、近年、「生の倫理 life ethics」とか「生存の美学 aesthetics of existence」といった考え方のなかで再発見されてきていて（Schmid 1991; Schmid 1998）、その解釈によれば、フーコーは後期になって初期の分析を撤回したわけではない。後期のフーコーは、人間が権力構造に囲まれながら、いかに自分自身を（道徳的）主体として構成することができるかを探求したのである。後期フーコーにおいては、人間は権力の客体であるだけでなく、権力という背景に逆らって、また権力と対峙して自分自身の実存を創造する主体でもある。

前期から後期への転回によって、フーコーの業績は、技術倫理にとってとりわけ重要なものとなる。フーコーは、物質的人工物の道徳的意義の、そして、主体の規定において客体が果たす構成的役割の、最初の発見者というだけではない。それに加えて、自律的な道徳的主体の概念を超えていくような倫理学の再定義を試みていたのである。とりわけ興味深いのは、彼が、善い生の問題に焦点を当てる古典古代 classical antiquity の倫理学を参照していることだ。古典古代の倫理学は、前近代的であるがゆえに、自律的主体を超えた倫理学を考察するのに役立てることができる。フーコーの業績によって、技術的媒介の現象に沿ったかたちでの自由の概念の再定義が可能となるのである。

本章では、フーコーの主体構成の分析や古代ギリシア倫理学とのつながりが、技術的人工物の道徳的意義や道徳的主体の被媒介的性質を正当に扱うための倫理的枠組みの基盤となりうることを示したい。まず、権力についてのフーコーの業績を、技術哲学と技術的媒介の観点から考察する。その後、技術的媒介の現象と共存できるような道徳的主体の解釈を目指して、フーコーの思想における「倫理的転回」について考察する。

技術という権力

フーコーは、一般的には技術の哲学者とはみなされない。技術 *technology* という単語を明示的に使用しているのは、最晩年の業績のなかだけであり、そこで提示される、いわゆる「自己についての技術 technology of the self」も、生存の技法のことであって技術的人工物のことではない。それでも、彼の業績は技術哲学に対して非常に役立つものを含んでいる。フーコーの仕事は一般的に三つの時期に区分され、第一期は知識に、第二期は権力に、第三期は倫理に、それぞれ焦点を当てている。特に権力についての業績は、技術哲学にとって重要であり、このことは、幾人かの論者によってすでに指摘されている

(Gerrie 2003; Sawicki 2003)。

例えば、アメリカの哲学者ジム・ゲリーの述べるところでは、権力についてのフーコーの分析は、技術哲学の一つの潮流に属しているが、その潮流は、特定の物質的装置や器具に注目する技術哲学とは別の潮流である。その潮流では、技術は、「我々が不可避的に自分自身に権力を行使してしまうような一連の構造化された行為形式」(Gerrie 2003, 14) として捉えられる。こうした技術の捉え方の代表例は、ハイデガーの哲学である。ハイデガー哲学は今日でもいまだに影響力を保っているが、そこでは技術は、技術的な客体として登場するのではなく、実在を「開示 disclose」する方法の一つとして登場する。ハイデガーの言葉では、技術とは「開蔵 revealing の方法の一つ」である。技術とは、実在の捉え方の一つであり、そのなかで、存在者は、人間の意志に力を与えるための原材料として操作され使用されうるということによって自分自身の意味を派生させる。ハイデガーによれば、現代の技術文明において、我々のなかには、世界についての技術的な思考や技術的な解釈が浸透している。技術的思考や技術的解釈は、実在を開示するための支配的な方法として、我々の行為や知覚のすべてに影響を与え導きの糸となっている。つまり、技術的思考と技術的解釈こそが、この技術時代における我々の実存の基盤なのである。これが、ハイデガーによる技術の解釈学的捉え方の展開の仕方である。こうして、彼の思想では、技術的人工物そのものではなく、実在を解釈するためのアプローチとしての技術が中心主題となる (Verbeek 2005b, 47–98)。

フーコーの思想では、権力というものが、少し違ったかたちでではあるが、ハイデガーの思想における技術に対応する役割を果たしている。フーコーにとって、権力とは社会と文化を構造化しているものである。生活の仕方、考え方、行為の仕方などはすべて権力の構造によって形成される。ハイデガーにおいてすべてが技術によって形成されていたのと同じである。ただ、ハイデガー的観点では、権力としての技術は、実在へと向かう特定の意志として、あるいは、実在との形而上学的関係として、総体的に分析されていたのに対し、フーコーでは、権力の構造が具体的な実践や客体や観念に対していかに作用しているかが探求される。人間の実存は空虚な場所で生起するのではなく、観念、人工物、制度、組織といった、様々に人間の主体性に影響を与えるもので満ちた世界のなかで生起する。専門用語や科学理論は我々の考え方の形成に介入しており、物質的環境は我々の行為を組織化しており、学校や病院や軍隊や監獄といった社会制度は我々の生活の仕方や病気や犯罪や狂気の扱い方に形を与えている。そして以下で示すように、技術は、そのように主体の形成に介入する権力の源の一つとして捉えることができる。

技術という権力

技術哲学にとって最も重要なフーコーの著作は、おそらく『監獄の誕生』である。そこでフーコーは、近代社会において新しい形態の権力が登場するさまを論じており、その新しい権力を彼は、懲罰的な権力と呼んでいる。これまで、人間の主体を規制し、統制し、規範化するためにたくさんの実践や制度が登場してきた。監獄は、囚人の行動を規制し、学校は、大規模なかたちで生徒の行動から身振りまでも鍛え上げ訓練し、病院は、正常と異常、健康と病気、正気と狂気の間に新しい境界線を引く。啓蒙主義の産物である近代的主体は、しばしば自律的で透明なものとして捉えられてきたが、フーコーは、様々な例によって、その主体subjectが、本当はいかにたくさんの権力に（文字通り）従属している*subjected to*かを示す。

そうした権力は、確かに抑圧的で疎外化的であるが、その反面で生産的で、主体を新しく創造するものでもある。そして、その主体の創造は、まさに物質的で具体的な形で起こる。学校での筆記の練習、監獄建築の設計、兵器を操作する技能の訓練、観察や監視の技法、こういった身体に直接的に働きかける様々な編成が、特定の主体の登場をうながしている。「近代技術は、（かつての統治権力による拷問や処刑といった手法のように、）身体を支配することによって身体を統制しようとはしない。それは、身体を、一斉に、より使いやすく扱いやすいものへと精錬することによって、統制している」（Sawicki 2003, 62）。主体subjectは、「従属させられるsubjected」ことによって生産される。特定の権力が、特定の形態の正常と異常の区別を導入し、さらにそれを強化し、その特定の形態の正常と異常の区別が特定の主体を発生させるのである。

そうした権力の源は、必ずしも、権力を持った特定の個人とは限らない。むしろ、権力とは、日常的実践や観念や客体のなかで「働いている」何かなのであり、それは明示的な源として特定の人間的行為者がいなくても作用することができる。人間的な行為者性を超えた懲罰的権力の働きの具体例としてフーコーが使う、最も重要で有名な例が、ジェレミー・ベンサムの「パノプティコン〔一望監視システム〕」である。パノプティコンとは、囚人の最適な監視可能性を確保するための監獄設計のことで、その設計では、中央の監視塔から監視できる監房が円状に配置されている。囚人は自分が監視されているのかどうかを知ることはできない、しかし、監視できるという可能性自体が彼らの行動を効果的に統制する。

その設計は監獄という環境を完全に組織化している。囚人だけでなく監視員もこの懲罰的機構の一部である。なぜなら、この設計が機能するためには、少なくとも時々は監視員が実際に囚人を監視していなければいけないからだ。このパノプティコンが、フーコーにとって、懲罰的権力の持つ制圧的なイメージの好例となる。現代という懲罰的規制の社会では、「権力は自己統制という形式を持っており、必ずしも外から押し付けられた規則体系として登場するわけではない。権力は、うまく機能する共同体や社会を創造し維持するために、我々自身が自分達に押し付ける規則の体系として登場する」(Gerrie 2003, 20)。

権力が人間の意図や行為を超えて作用するという点で、フーコーとハイデガーの分析は、もう一つの道でつながっている。ハイデガーにとっても、技術は、「人間の活動の一つ」ではない。フーコーにおける権力という概念が、背後にいる人間の行為や意図という観点から理解されるべきでないのと同様、ハイデガーにおける技術も人間の活動の結果ではない。技術とは、我々が常にすでにそこにいる場である実在との親しみ方の一つなのである。そして、我々は技術的手段によって実在を解釈せざるをえない。なぜなら、実在が解釈されうる唯一の文脈が技術的枠組みだからである。さらにハイデガーでは、実在との技術的関係は特別な主体を創造する。第二章で見たように、実のところ「主体」という概念そのものが、人間は、知る主体の「内に」表象される「外の」実在として世界を捉える、という近代主義的な思考法の産物である(Heidegger 1977a)。この近代的主体は、技術的な思考によって先鋭化される。技術的思考は、主体と客体を分離してしまい、そのことが、「世界内存在」という概念から出発することを妨げ、さらに、技術的思考のなかで、主体は客体を廃棄する権力を備えることになる。

ただ、権力の産物としてのフーコー的主体は、血肉を持った生身の主体である。その主体は考えるだけでなく、身体を持っている。それは訓練され、調教され、監視される。ハイデガーが、主に思想史のなかで技術を位置づけたのに対し、フーコーはもっと経験的な捉え方をする。それによって、フーコーの権力の分析は、技術的媒介につながる使い道をたくさん持つことになる。例えば、パノプティコン監獄の設計などは、技術が人間の行為や知覚において果たす媒介的役割という観点から論じることができる。権力は、技術的媒介という形式で、物質的環境を通じて「働く」ことができるのである。このように考えれば、技術的世界における主体というのは、形而上学的思考の産物であるだけでなく、物質的媒介の産物でもあることになる。

フーコーの思想を以上のように解釈することにより、我々はそれを、ハイデガー哲学からラトゥールやアイディの哲学への橋渡しとして使うことができる。ハイデガーにおける技術と同様に、フーコーにおける権力も、「作者」や「原動因」を持たない。それは単に働き、そして、人間の実存を組織化する。ラトゥールやアイディにおける技術と同様に、フーコーにおける権力も、物質的人工物を介して働くことがあり、「開蔵 revealing」という解釈法を通じてのみ働くわけではない。技術的媒介を調べることには、必然的に権力の働きの詳細を調べることが含まれる。技術は、我々の行為や知覚を媒介することで、主体を調教し組織化し規範化する権力の構造を形成しているのである。

フーコーの業績が技術の社会的役割の分析にいかに役立つかをこれまで見てきたわけだが、その分析を、技術的に媒介された道徳的主体を考察するために役立てることができるだろうか。もし、主体が根源的に権力の構造によって形成されているなら、そこに道徳的行為者性の入り込む余地などないのではなかろうか。ラデル・マクワーサーの述べるように、「もし良心や自己理解の源泉が権力なのだとしたら、個々の自己は自分自身の信念を支配することも、したがって自分自身の行為を支配することもできないことになるだろう。だとすれば、行為者性というのは幻影なのである」(McWorther 2003, 114)。この考え方は、我々を出発点に引き戻す。やはり、道徳的主体という概念のなかに技術的媒介を取り込むことはやっかいな難題である。

しかしながら、フーコーの分析からもう少し穏当な結論を出すことも可能である。マクワーサーが正当にも示しているように、権力は、主体を「外部から」操作する強制力として捉えられてはならない。むしろ、主体が何であり何をなすか、主体が自分自身をどう理解するか、といったことが、権力の関係やネットワークのなかで生起するのである。「自己は、自己の外部にある疎遠な権力によって規制されるのではない。権力の関係やネットワークそのものが自己であり、主体なのである」(ibid. 114)。しかし、このことによって、我々は行為者性、特に道徳的行為者性が幻影に過ぎないという結論から逃れられるのだろうか。もし自己や主体が、権力によって抑圧されるのではなく創造されるのだとしても、依然として主体が行為の「原動因」の地位を持つことはできない。そのような主体が道徳的主体でありうるのだろうか。それとも、道徳性を取り戻すために主体は、権力や技術の領域から逃れる道を探すべきなのだろうか。

ハイデガーにとって、この問いに対する答えは簡単である。技術的枠組みから逃れるための唯一の道は、放下 *releasement*〔独：*Gelassenheit*〕という態度である。ハイデガーにおいて、放下とは、「意志しないという意志」のことである。実在との関係を新しく設計しようといくら試みても、そこで再確認されるのは、権力への意志の優越性だけである。我々にとって残された可能性は、実在との新しい関わり方の出現を、開性 openness〔独：Offenheit〕のなかで待つことだけである。フーコーによる権力の説明は、それとは対照的に、人間が権力の構造を変えられる余地を多く残している。フーコーの歴史分析は、社会で働いている権力の構造が偶然的であることを示している。つまり、それは別様でもありえたということであり、だとすれば、人間がそれを変えることもできるのである。ヤナ・サヴィツキの述べるように、「自由は、人間という状態の本質的特徴の発見や、実在の完全な統制や、放下した平静のなかにあるのではない」。自由は、「技術という支配的な権力」との間に人間が作り出す関係性のなかにある（Sawicki 2003, 69）。

もちろん、その権力との関係性にどのようにアプローチするかが重要な点である。サヴィツキは、ジョン・ライクマン（1985, 62）を引用して次のように述べている。主体の自由とは「我々がすでに定義され、分類され、区別されているその仕方に対して反抗すること」だ（Sawicki 2003 69 強調は私による）。権力があるところでは、それに対して反抗もできる。この考え方は、ハイデガーがヘルダーリンのなかに見出した、次のような、技術への詩的対応と似ている。「危険があるところでは／救済する力も育つ」（Heidegger 1977b, 28）この見方では、主体の自由というのは、反抗や対抗のなかに見出されることになる。

こうした読み方は、フーコー思想の解釈としては一般的なものである。例えば、情報技術の倫理において、新メディアによるプライバシーへの脅威の分析は、フーコー的な一望監視型の「監視社会」という忌むべきイメージに影響を受けていることが多い（Lyon 2006）。ただ、このアプローチは私が本書で採用しようと思っているものではない。権力こそが我々を主体にしているのだとしたら、権力に対して単に破壊的かつ反抗的であることは、まともな選択肢とはならない。私は、フーコーの権力の概念を、マルクス主義的な抑圧と反抗の弁証法に寄せて読むのでなく、解釈学的に読みたいと考えている。解釈学的に読めば、一般的に存在者が、自分の意味を自分の存在する文脈との相互作用のなかで派生させるのと同様に、人間は、自分の主体性を社会のなかの権力の構造との相互作用のなかで派生させるのである。権力から逃れ出るための試みのすべてが、まさにその権力そのもののなかでしか起こりえないのだとしたら、そうした権力の構造に対抗することは、ナンセンスである。

ここで弁証法的枠組みから役に立つ何かを引き出せるとしたら、それは、「反対の立場」は必ずそれが反対しようとする立場にあわせて定式化されているということと、もし我々がその対立構造を超えていきたいのなら「総合」や「止揚」が必要であるということだ。こうした反省的な歩みによって、定立と反定立がお互いを定義しあっていること、そして双方を、より包括的な現実の一要素として捉える必要があるということが分かるようになる。それは、思春期の本質が主に少年期への対抗にあり、大人になるということが、自分自身の人間性の肯定的発見や肯定的発展によって始まるようなものだ。

「止揚」という弁証法における最終形が何を意味しているかということは、ニーチェの『ツァラトゥストラ』における「精神の変容」の話で深い含蓄をともなって描かれている。ツァラトゥストラは、はじめ精神は、重荷を背負いながらさらに荷を重くするために膝をつく駱駝であったと述べる。その後、精神は、駱駝に反対して、駱駝的で重苦しい「汝すべし」を、破壊的な「我欲す」へと取り替えることでライオンになる。しかし、ライオンは「聖なる否定」しか持っていない。その存在は、自分がなりたくないものに反対することによってのみ成立し、何か新しいものを創造することはできない。新しいものを創造するためには、精神は子供になる必要がある。子供とはすなわち「聖なる肯定」であり、「新しい始まり」、「最初の一歩」なのである（Nietzsche [1883] 1969）。多少文学的な表現ではあるが、この寓話は、主体が、自分自身を形成する権力に対抗して超えることによってではなく、そうした権力との関係のなかで明確になっていくことをうまく表現している。

　主体の自由を論じられるようになるためには、権力に対しもっと肯定的に関わっていくことを考える必要がある。必要とされるのは、権力に反対することだけでなく、主体性が権力との相互作用――本書の中心主題である技術的媒介もそこに含まれる――のなかで形成されるという認識である。そして、その主体の形成を受動的に生起させるのではなく、権力との相互作用へと能動的に関わっていくことである。主体は、単に権力の構造を弱体化させるのではなく、権力構造を端緒と捉えて、自分自身が主体として構成される仕方に能動的に関わることもできるのである。つまり、主体は、単に攻撃的で反抗的であることをやめて、「権力を持つ当局側」の文脈のなかで、自分自身の形成を探っていくこともできるのである。

　権力へのこうした関係は、新しいかたちの自由の可能性を開く。それは、主体を制限する影響力のない状態において見出される自由ではなく、その影響力と付き合っていくなかで見出される自由である。自由は、権力のない状態における主体の理想的な最終的姿ではなく、権力と付き合っていく実践という一つの活動となる。レスリー＝ポール・ティーレが述べるように、「フーコーの主張によれば、自由とは確保されるべき何かではない。それは、アイザイア・バーリンが消極的自由と呼んだ、個人的権利や機会均等のようなものではない。自由とは、関わるという活動である」（Thiele 2003, 225–226）。フーコー自身も次のように語っている。「『あなたはいたるところに権力を見る。だから自由のための場所はない』などという主張は私にはまったくあてはまらないと思います。権力とはすべてを統御する支配のシステムであり、自由にまったく余地を残さない、などという考えは、私のものではありえないのです」（Foucault 1997a, 293）。主体というものの自由は、権力からの開放のなかにあるのではなく、権力との相互作用のなかにある。あるものが主体となるのは、権力の及ぶ範囲の外側に場所を確保することによってではなく、権力との批判的関係のなかで主体性を形成していくことによってなのである。

　こうした捉え方は、フーコーの権力概念についての解釈学的読解と方向を同じくするものである。権力は、実存のための文脈を提供することによって、人間的主体の形成に介入している。しかし、権力が作動するためには、人間が権力との間に持つ実際的関係のなかで権力が解釈され、構成されなければならない。加えて、このような、権力との関わりのなかでの自由という考え方ならば、権力と付き合っていく特別な方法をつくるための基盤となることができる。自由は、破壊や逃げ道探しという形態をとる必要はない。ジェイムズ・バーナウアーとマイケル・マホンの言葉を使えば、「反抗の［…］一つの側面が、『我々の今の状態への拒絶』だとするならば、もう一つの側面は、『新しいかたちの主体性』を作り出すことによる我々自身の――発見ではなく――発明である」（Bernauer and Mahon 2005, 155）。自由の実践のなかで権力と付き合っていくことが、人間の主体性に対する権力の影響力を変化させるための可能性を切り開くのである。

まさに、この主体構成の実践という自由の捉え方こそが、フーコーの権力についての業績と後期の倫理学の業績を結びつける。フーコーの倫理学の業績は、道徳的主体性の構成に焦点を当てている。その倫理学の中心となるのは行動に対する規則や規範や規律ではなく、人間が道徳的主体として自分自身を構成するありさまである。スティーブン・ドレスタイン（Dorrestijn 2004）が明確に示したように、この倫理学のアプローチは、技術に対する有益なアプローチを考案しようとする際に、様々な場面で使うことができる。ドレスタインの業績に即して後に示すつもりだが、現代の技術文明において、道徳的自己は、主体が生活世界の権力構造との間に持つ関係のなかで構成されざるをえない。その関係には、技術的媒介も含まれる。このアプローチでは、技術的媒介は、道徳的主体への脅威なのではなく、道徳的主体に至るための端緒なのである。したがって、倫理は権力と敵対するべきではなく、権力と協力して道徳性や道徳的行為者性にアプローチするべきなのである。

権力に従属する主体と道徳性

フーコーの後期業績が開く倫理学的見地は、技術と倫理の複雑な関係性を正当に扱い、技術的に媒介された道徳的行為を正当に扱うための方法として使うことができる。『性の歴史』の最後の二巻においてフーコーは、倫理学の主流の枠組みとは根本的に異なる倫理の捉え方を提示している（Foucault [1984] 1990a, [1984] 1990b）。フーコーにとって、倫理学の中心問題は、従うべき命法は何かとか、いかに行為すべきかといったことではなく、人間がいかにして自分自身を道徳的規範の「従属者 subject」として構成するのかということである。フーコーは、新しい規範をつくりだそうとするのではなく、規範が人々に何を「している」のか、そして人間はいかにして規範に自分自身を「従属させる subject to」のかを探求する。

フーコーによれば、道徳的システムや道徳的考察は三つの要素からなる。道徳性を構成しているのは、人々が遵守すべき道徳的規範とその規範に従った行為だけではない。人間が、規範に従う道徳的主体として自分自身を構成する仕方もそこに含まれるのだ（Foucault 1992, 25–32）。例えば、貞操という道徳的規範が、人間の性的行動を規制しているが、その規制が実現するためには、自分の感情を規範に従属させることができるような生き方をしている道徳的主体が必要である。フーコーにとって、倫理学の中心となるのは、道徳性を構成する三つめの要素、つまり、人間が自分自身を道徳的主体として構成する仕方である。"subject" という単語は次のことをうまく表現している。すなわち、文章の「主語 subject」という文法的意味のように、倫理は、自分自身の行為の「主体 subject」であるような人格の問題であることを表現していると同時に、倫理は、自分を道徳的規範に、つまり、よい生活やよい行動の構成要素が何であるかを決めるやり方に、「従属させる subject」人格の問題でもあることを表現している。道徳的主体 subject というのは、自律的な主体ではない、それは、能動的な従属化 *subjection* の産物なのである。

道徳的主体にはたくさんの形態がある。カント的な主体、つまり意図を純粋に保つことを目指し、普遍法則として機能することができるか否かという点で意図を評価する主体もあれば、功利主義的主体、つまり自身の行為の結果を吟味して、否定的な結果よりも肯定的な結果が実現することを目指す主体もある。特定の道徳体系によって要請される、これらの「主体化〔＝従属化〕subjection」の形態は、ほとんどの場合は、陰に隠れている。啓蒙主義以降このかた、人が、好ましい結果と好ましくない結果を調整しようという自分の意図や、そのための自分の能力を倫理学の主題であると考えることは、当然のこととされてきた。フーコーの倫理学の捉え方は、この前提が当然視されていることに疑問を呈しているのである。フーコーは、どのような形の倫理学も道徳的主体を前提としており、したがって、ある種の「従属化〔＝主体化〕subjection」に基づかざるをえないと述べる。すべての道徳体系は、行動の規範を規定すると同時に、その規範に従うことが想定される主体を規定してもいる。というのも、カントの定言命法や功利主義の結果原理が守られるためには、それに従う道徳的主体が必要であり、その道徳的主体は、自身の人格の特定の側面を特定の基準に「従属させて subject」いるのだから。

オートポイエーシス――倫理と美学

フーコーの発見したところによれば、古典古代には、道徳的主体の規定が隠れていないアプローチが、つまり、道徳的主体の構成に明示的に焦点を当てる倫理のアプローチがあった。古典倫理学についてのフーコーの研究は、主に性に焦点を当てている。フーコーによれば、古代ギリシアでは、性は、命令と禁止の道徳的規範によって組織化されていたのではなく、各人の快楽との付き合い方を流儀として洗練するという観点で組織化されていた。倫理とは、性的欲求や性的衝動と自分との間の関係性を見出すことによって、それらが自己を規定するものにならないように、そして、それらが自己の能動的な「設計《デザイン》」の対象となるようにすることだった。

そうした「設計」や「流儀」は、フーコーが「自己実践 self practice」と呼ぶ形態をとっていた。つまり、自身の快楽との付き合い方を実験的に吟味して形成していくという形態である。フーコーは「自己についての技術」という言葉も使っている（Foucault 1997a, 223–252）。自己実践とは、自分の衝動や欲求に単純に従わずに、それらと生産的な距離をとることを目指すものだった。そのように距離をとることで、快楽ではなく、主体の方が、その人の生き方を決定する中心的役割を担えるようになる。自己実践の目的は、自分の衝動を規範に従って抑えることではなく、快楽との付き合い方に形を与えることだった。主体は、外的な規範への従属の産物ではなく、いろいろな形態の禁欲的実践や美的実践のなかで、意図的な仕方で形成されていたのである。〔古典古代において〕倫理の主要目的は、道徳的に正しい行動が何かを示すことではなく、「私はいかに行為すべきか」という問いに答えることではなかった。答えられるべき問いは、「私はいかなる主体になりたいのか」という問いだったのである。つまり、倫理は、「自己への配慮」を問題としていたのであり、自分の主体性を注意深く見守り、望ましい生き方を形成することを問題としていたのである。

このようなアプローチは、倫理の領域に美学的な次元を導入することになる。フーコーは、道徳的服従という観点から道徳性を捉えるのではなく、道徳的主体性における「流儀としての洗練」に注目する。そして、行為についての規範的判断を作り出せるようになることではなく、「自己実践」のなかで自分自身の生き方を「設計《デザイン》」することに注目する。少なくともフーコーの見方によれば、古典倫理学的アプローチでは、善い生は、芸術作品の一つであり、倫理は、「生の技法 *techné tou biou*」なのである（O'Leary 2002, 53）。

我々の近代主義的枠組みから見ると、こうした美学的次元は、倫理とは疎遠なもののように思えるがそうではない。第一に、古代ギリシア人にとって、倫理的なものと美的なものは密接に関係していた。古代ギリシア語の「美と善とを備えた *kaloskagathos*」という単語がそれをよく示している。この語は、善と美の結合を示唆している（O'Leary 2002, 53 128）。第二に、ここでの美学的次元は、古代ギリシアにおける芸術の捉え方の文脈において理解される必要がある。古代ギリシアでは、芸術 art は、「工芸 craft」に近いもので、技術と美学の密接な関係を体現するものであった。芸術は、テクネー technè として捉えられ、テクネーは、ピュシス（自然）physis と並ぶ、ポイエーシス（制作）poièsis の一つの形態であった（Heidegger 1977b）。ピュシスが「自己制作」するものに関連するのに対し、テクネーは人間の助けを伴って出現するものに関連する。つまり、テクネーは、芸術作品と役に立つ対象の両方に関連していたのである。それは工芸が、技術的熟練と美的洗練の両方に関連しているのと同様である。テクネーとは、形を与え、設計し、存在へと至るのを助けることである。

したがって、生の技法 *Technè tou biou* は、最も広い意味の「生の技芸 art of living」と理解されるべきである。それは、自身の主体性を形成することであり、その主体に善であると同時に美しくもありうるような流儀を与えることである。このように倫理を美学的に説明するからといって、そこで、倫理を流儀の選択に還元してしまう相対主義が意味されていたわけではない。むしろ、各人の実存に対して流儀を与えることこそが、倫理的活動だったのである。性の倫理についてのフーコーの分析に戻って述べれば、キリスト教思想が自制に焦点を当てて性を扱ったのに対して、古代ギリシア倫理の選んだ道は、性的快楽との付き合い方を流儀として洗練し、快楽への没頭のなかで自身を見失うのを防ぐことだった

(May 2006, 110)。流儀としての洗練は節制の一つの形態であった。快楽が罪深き誘惑だから節制が必要なのではなく、目的は、快楽との間に自由な関係性を築くことであった。流儀としての洗練は、明らかに「我々はいかに生きるべきか」という問いに向かっている。その意味で倫理的なのである。オレアリーの言葉を借りれば、「フーコーにとって、美学とは、自分の生き方、自分の行動、自分と他人との関係性、に形を与えるための技法を発展させるような研究をする分野である」(O'Leary 131–132)。

フーコーは、社会に蔓延する権力構造の果たしている役割を分析した後、実存の美学へと転回した。このことが、フーコーとハイデガーの思想を、もう一つの道でつなげることになる。二人の思想家はどちらも、観点はかなり違っているものの、技術との関係性を見つけるために芸術というものに大きな役割を与えている。ハイデガーでは、芸術は、支配的となっている技術的な実在の捉え方に対抗するための重要な解答となる。芸術には、技術とは根本的に異なる捉え方が含まれている。芸術作品を経験するとき、我々は一つの実在が存在に至ることを経験する。絵の具、キャンバス、ブロンズ、音といった芸術家が使う材料は、一つの新しい世界を開く。芸術において実在が存在に至る仕方は、実在を技術的に操作し、実在に「秩序を与える」という仕方とは根本的に異なる。芸術は、存在に至るということそのものを現象として見せてくれる。それゆえ、芸術には、実在についての非技術的捉え方が残っている可能性がある。それは、実在を人間の持つ権力への意志の産物に還元してしまわないような実在の捉え方である。

フーコーの芸術への転回は、ハイデガーとは根本的に異なる。フーコーにとって、芸術は、実在を開示する別の方法へと至るための観想的な可能性を具体化したものではない。芸術とは、権力の構造へと能動的に関わることで、権力の構造に対処し、自分の主体性を生産的な相互作用のなかで形成していくことである。以下で論じるように、技術に関連して言えば、フーコーの考え方から結果として出てくるのは、ハイデガー的な「放下による平静 releasement」の態度ではなく、自分自身の主体性の技術的媒介に向かえという指示である。技術を避けることではなく、人間の実存における技術の構成的役割を見極めることが、フーコー的な技術倫理の出発点となる。ただ、このことを詳細に論ずる前に、我々は主体の構成の様々な側面についてより詳しく考えてみなければならない。

道徳的主体の構成

道徳的な主体構成の現象をどのように論じたらいいだろうか。人間が自分の生きている世界との関係のなかで自分自身の主体性を形成する仕方をどのように理解したらよいだろうか。『快楽の活用』〔『性の歴史』第二巻〕の序文の第三節（Foucault 1992, 25–28）でフーコーは、道徳的主体性の構成を四つの要素に区分している。第一に、倫理的実体がある。つまり、道徳的規範に「従属 subject」させられ、倫理的作業の対象となるような人間の部分がある。第二に、倫理的実体に適用される従属化の様式がある。つまり、人が自分自身を服従に向かわせるように促がされる特定の仕方がある。第三に、フーコーは、自己実践をあげる。つまり、倫理的実体を倫理的主体へと形成するという自己形成の活動である。第四に、自己実践の目的論がある。それは、我々が道徳的に振る舞うことによって、どのようなあり方の実現を目指しているのかということである。

倫理的実体というのは、人々が倫理学の「素材」とするもののことである。それはいわば、自分の道徳的主体性に形を与えるための作用点、つまり、倫理的な自己作業の対象のことである。フーコー自身の言葉を借りれば、倫理的実体とは、「個人が、自分自身の道徳的行為の主要な素材として選定する、自分自身の諸々の部分」(Foucault 1992, 26) のことである。倫理学の作用点として、これまで、自己の様々な側面がとりあげられてきた。トッド・メイが示すように、「近代の哲学者の多くは、行動が倫理的実体だと考えている。また、カントなどでは、倫理的実体は意志である。ただ、そのどちらかでなければならないわけではない。それは魂でも欲求でも感情でも衝動でもいいのである」(May 2006, 108; Foucault 1997a, 253–280)。どんな倫理学でも、自己の何らかの側面が「従属し」、型にはめられ、支配されるということを認めねばならない。フーコーによれば、古典古代では、性の倫理の基本的な倫理的実体は、アフロディジア *aphrodisia*、すなわち快楽であった (O'Leary 2002, 12)。

道徳的主体構成の第二の要素は、フーコーが従属化の様式と呼ぶものである。この言葉で意味されているのは、「いかにして人間は、自分自身の道徳的義務を認識するように促されたり、駆りたてられたりするのか」(Foucault 1997a, 264) ということである。別の言葉で言えば、従属化の様式とは、人間を、自分自身を道徳的規範に従属させるように仕向けるもののことである。フーコーが示しているように、これまで何世紀にもわたって、たくさんの従属化の様式が存在してきた。つまり、特定の道徳的規範に自分自身を従属化するように人々を仕向ける「権威」は、様々な形態をとってきた。例えば、書物のなかで啓示される神の法、宇宙論的秩序や自然法則、普遍的規則や合理的規則 (ibid.) などである。これらの従属化の様式のすべては、「私がなすべきことと私との関係についての問いに答えるものであり、その関係のなかで私は自分自身を特定の種類の倫理的主体として確立するのである」(May 2006, 108)。古代ギリシアにおいて、従属化の様式は、「自分の生に高貴で完全で美しい形態を与えようとする［…］自由な個人的選択であった」(O'Leary 2002, 12)。

道徳的な自己構成の第三の要素は、自己実践、つまり、道徳的主体を能動的に形成するという倫理的作業である。道徳的主体構成のためには、人間のなかの「従属化」させるべき部分を特定し、従属化の様式を特定することに加えて、「自分自身を形成する」活動が必要である。フーコーの記述では、自己実践とは、「人間が、自分の行為を与えられた規則に適合させるだけでなく、自分を自分の行動の倫理的主体へと変換するために、自分自身に関して実行する」作業である (Foucault 1992, 27)。フーコーは、こうした自己形成の活動を自己鍛錬 *ascesis* の一種としている (ibid., 72–77)。この言葉によってフーコーが、ある種の謹厳さを推奨しようとしているのでないことは確かである。自己鍛錬は、必ずしも何かを根本的に放棄することを意味するわけではない。例えば、昔から自己鍛錬の例としてあげられてきたように、快適さや性行為や飽食の放棄を意味しているわけではない。フーコーにとって自己鍛錬的であるために決定的なのは、主体が、普通であれば自明であるような何かとの間に距離をとる仕方を見つけ、それとの間に生産的な関係を見出すことである。自己鍛錬的な距離をとることで、主体は、主体を形成する権力へと単純に引き渡されることなく、権力に対して意図的に一つの立場をとることができ、能動的に権力に同行したり、権力を再形成したりできるようになる。古代ギリシア人は、快楽が自身の実存の中心的関心事にならないように、快楽と付き合う流儀を見つけることを唱導した。彼らは、性行為を、必要だが下品な行動とはみなしておらず、「いつ、そしていかにそれに溺れるべきか知ることを目指した。

［…］性行為は恥ではない。しかし、それに過度に溺れることは恥である。人は適度にそれと関係を持つべきなのである」(May 2006, 110)。

最後に、目的論は、我々が道徳的に振る舞うときに我々がどのような存在になろうとしているのかという問いに関わる。我々が自分自身を道徳的規範に従属させるときに、我々は何を目指しているのか。我々はどのような主体になろうとしているのか。主体性の形成が、どうしても何らかの理想的な主体性や理想的な人間存在へと誘導されてしまうのは避けられない。すべての倫理システムは、潜在的であれ顕在的であれ、特定の理想的な道徳的主体性に導かれている。フーコーは過去からいくつかの例をあげる。「我々は純粋になろうとしているのか、不死になろうとしているのか、自由になろうとしているのか、自分自身の支配者になろうとしているのか」(1997a, 265)。古典古代では、第一の理想は、自己支配、つまり、他人や物に支配されるのでなく、自分の周りを取り囲む権力との間に自由な関係を築くことであった(O'Leary 2002, 12)。

ジル・ドゥルーズは、フーコーの述べる道徳的主体構成の四つの要素は、アリストテレスが『自然学』で提示した四原因説を反映していると述べる(Deleuze 1988, 104; O'Leary 2002, 85)。アリストテレスにおいて因果性とは、存在者が存在に至るのを促がすもの(Physics 2.3; Aristotle 1970, 129–131)であり、そうだとすれば、アリストテレスの古典的な因果性の捉え方が、人間が自身の主体性が存在に至るのを促がす仕方についてのフーコーの理解に反映していても不思議ではない。アリストテレスにとって、原因とは、実在の「原動因」や「根源」のようなものではなく、ある存在者の存在を可能にしているものの一つである。アリストテレスは四つの原因を区別している。材料的原因（質料因）は、存在者が存在に至る元となる材料のことである。形態的原因（形相因）は、その材料となるものがとるべき形態のことである。作用的原因（作用因）は、存在者が存在に至るのを促がす「誘導因」のことであり、これが現在では原因という言葉の最も普通の意味である。目的的原因（目的因）は、存在者が存在に至るのが何のためであるかという目標や目的のことである。

こう読むと、フーコーの道徳的実体というのは、主体性の材料的原因の役割を果たしており、従属化の様式は作用的原因の、自己実践は形態的原因の、そして、目的論はそのまま、目的的原因の役割を果たしている。このアリストテレス的枠組みからも明らかなように、主体構成は、人間が自分自身をどんな主体性にでも望むままに設計できるというポストモダン的な主意主義的活動として理解されてはならない。ハイデガーも指摘するように、古典古代における原因という概念は、「〜に借りがある」とか「〜のおかげで存在する」という意味で理解しなければならず、実在を創造している権力の持っている力を示すものではない。原因となるということは、協働すること、つまり、存在に至ることを促がすというプロセスに参加するということである。同様に、フーコーにおいて倫理とは、主体構成のプロセスに参加することであり、つまり権力当局と協働することである。そして、次節で示すように、その権力の一つが技術なのである。

自由と近代的主体

古代ギリシアの倫理を論じているからといって、フーコーが古典古代への回帰を意図しているわけでは当然ない。フーコーは、快楽との付き合い方についての古代倫理の復興を目指したわけではなく、主要な興味は、道徳的主体について論じなおすことであった。というのも、権力についての思想の観点から見れば、道徳的主体を合理的で自律的な主体だとする支配的見方は、大きな問題を持つことになるのだから。主体が、少なくとも部分的には自分を取り囲む権力構造の産物であるなら、それは自律的な主体ではありえない。ただ同時に、フーコーの倫理の捉え方のなかでは、権力関係は、そもそも主体を支配するものではない。フーコーの倫理学は、自律性と支配の中間の領域を探る。つまり、主体が、自分を取り囲む権力と関係しながらも自己実践のなかで形成されるという意味での主体の自由を探るのである。フーコーは、ユルゲン・ハーバーマスによる権力批判に反応するかたちで、インタビューで次のように述べている。「私は、権力関係のない社会が存在しうるとは思いません。［…］となると問題は、完全に透明な共同体というユートピアのなかで権力関係を解消しようとすることではなく、法の規則、管理のテクニック、さらに道徳性、エートス、自己の実践、といったことを習得してうまく扱うことなのです。それによって、我々はなるべく小さい支配のなかで権力のゲームに参加することができるのです」(Foucault 1997b, 298)。

フーコーの自由の概念は、近代性に対する彼独特の関わり方のなかで解釈されるべきである。一九七八年の講演『啓蒙とは何か』でフーコーは、啓蒙思想のあるべき姿について批判的な解釈を展開し、近代で主流の主体の捉え方である自律的な主体に対する代替案を示している。さらにフーコーの論じるところでは、カントの思想においても、「啓蒙」が、自律的で合理的な主体を生み出す役割を果たしているわけではなく、むしろ、「啓蒙」という言葉は、「出口」あるいは「逃げ道」を意味している。

それは、「我々を未熟な状態から解放するプロセス」のことである。そして、カントにおいては、未熟状態」とは、「理性の使用が求められる領域で、他人の権威が自分を誘導するのを認めてしまうような意志の状態」(Foucault 1997a, 305) のことなのである。啓蒙とは開放の一つの形態である。続けてフーコーは、近代性を「ある時代の特徴的性質を集めたもの」ではなく、一つの態度だとする。近代性とは「同時代の現実に対する関わり方の様式の一つ」(ibid., 309) である。フーコーは、近代性という態度を「制限的態度」と性格づける。その態度は、あらゆる状況や状態の制限を積極的に探そうとする。そこでの中心的問いは、「我々に対して普遍的で必然的で義務的なものとして与えられるもののなかで、何であれ個別的なものや偶然的なものや恣意的な制約の産物によって占められている部分はどこか」(ibid., 315) という問いである。

カントの「批判」も、「人類が、いかなる権威にも従属することなく、自分自身の理性を使うようになるためのきっかけ」(ibid., 308) という表現に示されているように、この制限的態度の一つと見ることができる。ただ、「制限的態度」が、自律的で合理的な主体という「近代的主体」の普通の捉え方へとつながってしまうような形態とは別の形態をとることも可能である。フーコーは、自律的主体を当然とみなすことに疑問を呈することで、彼の言うところの「啓蒙という脅迫」に異議を唱えようとする。その脅迫とは、人は啓蒙に「賛成する」か「反対する」かのどちらかでなければならないという決まりのことである。つまり、思い切って啓蒙思想を批判するものは、即座に「合理性という原理から逃げ出そうとしている」と非難されることになるのである (ibid., 312–313)。

フーコーは、自分自身が「自己を自律的主体として構成すること」の当然視を問題とすること自体も、カントの思想がそうであるのと同様に、啓蒙主義に起因するものだと主張する。というのも、フーコーもカントも、同様に、近代性という制限的態度をとっているからである（ibid., 312）。このように近代の意味を再解釈することによって、フーコーは、非自律的なのに近代的な主体というものを論じられるようになる。彼の近代的主体の捉え方では、自律性の概念は自由の概念に置き換えられる。見事なまでに隔離された、純粋で合理的で自律的な主体に対抗して、フーコーは、状況付けられ、歴史的偶然を伴った主体を、そして、自分自身の偶然性との間に関係を築く自由や、能動的に自分自身の構成に関わる自由を持つ主体を論じるのである。

フーコーの近代性の捉え方は、多少の相違はあるものの、ラトゥールの近代性の捉え方に通じるものがある。フーコーもラトゥールと同様に、近代性については批判的である。双方ともに、自律的主体なるものや主客の厳格な分離を超克しようとする。その意味で、フーコーも、ラトゥールと同様に、我々は一度として「近代的」であったことなどなかったということに同意するだろう。近代性とは一つの態度であり、自律的主体というのは、近代性という態度に対して自明なものとして与えられるものではなく、偶然的な歴史的現象なのである。ただ、フーコーにとって重要なのは、それにも関わらず我々は啓蒙主義の産物なのだという自覚である。ラトゥールは、「我々は一度として近代的であったことなどなかった」と主張する。それに対し、フーコーはむしろ、近代性についての異なる解釈を作り出そうとするのだ。フーコーは、自律的な近代的主体など存在したことはなかった、と主張するのでなく、近代的主体を偶然的で歴史的なものと捉えるのである。「我々は、自分自身を歴史的に規定されたものとして、つまり、かなりの程度において啓蒙主義に規定されたものとして自覚しながら前進を目指さねばならない」(ibid., 313)。フーコーは、ラトゥールがしたように、根本的な主客の対称性を取り入れて主体と客体の分離を解消しようとはしない。むしろ、主体を客体との関係のなかで解明しようとするのである。その客体には権力関係も含まれる。そして、現代の技術文明において、主体に影響を与えている客体や権力関係は、ほとんどの場合技術的である。こうして、以下で示すように、フーコーの倫理学は、技術的媒介と道徳的主体の関係性を理解するための非常に豊かな枠組みとなる。

技術的媒介と道徳的主体性

フーコーの道徳的主体構成の分析は、技術的に媒介された道徳的主体の理解のために重要となる使い道をたくさん持っている。フーコーの倫理的立場は、普通なら倫理学において対立するような二つの要素を統一している。つまり、一方では、人間の行為の持つ根本的に被媒介的な性質があり、それによって主体は啓蒙時代以来前提とされてきた自律性を失う。そして他方では、主体は、自分自身の形成に介入してくる権力との間に関係を築くことができる。だから、主体は権力の影響を調整することができる。フーコーは、古代ギリシアにおける快楽の役割に注目したが、現代の技術文明においては、技術こそが、主体の形成に介入する権力の最も主要な具体例となる。我々に道徳的義務や善い生のあり方を押し付けてくるのは、宗教的枠組みや人生観や哲学的体系だけではない。技術的人工物もそれをするのである。我々の行為や解釈の形成に介入することによって、技術は、道徳的義務とみなしうるものの形成や、善い生を構成するものの形成や、我々の担う道徳的責任の形成に介入している。そして、そうした媒介との間に関係を見出し、我々の実存のなかに媒介を取り込むことによって、人間は、自分自身の道徳的主体性を形成しなおし、流儀として洗練することが可能なのである。

古代ギリシア人が、道徳的主体であるために、快楽を否定したり拒絶したりする必要がなかったように、我々は、道徳的主体であるために、自分達の実存が技術的に媒介されていることを否定する必要はない。もし、技術が、我々の人間としてのあり方を根源的に媒介しているとしても、ハイデガー的立場を唱導する者たちが信じさせたがっているように、「人間性」が「技術」に支配されていることにはならない。同様に、技術の媒介によって、「システム」が「生活世界」に浸透し、人間が主体でなく客体として扱われることになるわけでもない。そうしたハーバーマス的捉え方では、技術は、人間的主体の生活世界を脅かす、道具的形態をとった合理性（Habermas 1969）としてしか考えられていない。そこでは、技術的客体がこれまでも常に生活世界の様々な形態に深く浸透してきたということが考慮されていない。フーコー的観点では、現代の生活が技術的に媒介されていることは、主体への脅威とはならない。行動影響型技術の倫理的研究のなかでスティーブン・ドレスタインが論じたように、技術とは、主体の構成され方の一つであり、このことを道徳的な自己実践の出発点とすることもできるのである（Dorrestijn 2004, 89–104）。倫理学は、「人間性」を「技術」から守ろうとしてはならない。倫理学は、技術的媒介を慎重に評価し調査するべきであり、そうすることによって、現代技術文明における技術的媒介の主体形成への介入の仕方を意図的に作成していくべきなのである。

技術的に媒介された主体構成

先に論じた道徳的主体構成の四つの側面は、技術的媒介と道徳的主体性の関係に光を当てるものである。行動、〔主体構成の〕倫理に並ぶ道徳性の三要素の一つである道徳的規範は、現代の技術文明において、技術的な装置や機械やシステムとして具体化されている。こうした「物質的規範」は、我々の行動や道徳的主体性の形成に介入している。前に出した例に戻ると、超音波画像化は、間違いなく人間の行動に影響を与えているが、そのためにしていることは、道徳的主体性に影響を与えることだけである。超音波画像化は、人間の特定の側面を「従属化〔＝主体化〕」しているのである。しかし同時に、以下で示すように、人間はそうした媒介的働きとの間に関係を築くことも可能であり、媒介的働きによる道徳的主体の構成のあり方に能動的に関与することも可能なのである。

フーコーの倫理学の「四つの層」を使うと、現代技術文明における主要な倫理的実体とは、技術的に媒介された我々の主体性のことである。「自己への配慮」は、人間と技術の密接な相互作用に焦点を当てるべきである。なぜなら、そのなかで技術的に媒介された主体は存在に至るからである。快楽、意図、合理的議論などと同様に、媒介する技術もまた、主体の行為や判断に寄与している。だとすれば、自己構成の倫理学は、技術が主体性に与える影響を問題としなければならない。そうすることによって、人間は、媒介的技術にさらされる受動的客体であることをやめて、技術的媒介との間に参加的関係を築き、媒介された自身の主体性が形成される仕方に能動的に関与することになるのである。

次に、従属化の様式とは、技術的媒介の文脈では、技術的媒介がどのような形態をとるか、ということである。第五章でより詳細に説明するが、技術的人工物が道徳的主体に影響を与える仕方には様々なものがある。第一に、媒介が顕在的であるか潜在的であるかという区別がある。技術のなかには、スピードバンプやコインロックのように、使用者の行動への影響を明確に目指して設計されているものもあるが、超音波画像化のように、特にそのように設計されていなくても、人間の行為や判断を媒介しているものもある。後者は、前者とはまったく異なる形態の媒介であり、その技術の使用者からの反応も異なったものとなる。

第二に、媒介する技術の持つ影響の「様式」にも、様々なものがありうる。スピードバンプは、自動車に損傷を与えずに速いスピードで運転することを不可能にするが、この例のように、技術が、人間に対して特定の仕方で行動するように強制することもある。それに対し、媒介が説得というかたちをとることもある。例えば、技術が人間の行為をフィードバックして、その人に対し、自分は違った行動をとるべきだと考えるように仕向けることもある。例として、洗濯機についての実験的試みがある。その洗濯機は、使用法に応じて、つまり、洗濯槽が満杯になっているか否かとか、水の濾過フィルターが掃除されているか否かなどに応じて、電気料金や環境的影響を使用者にフィードバックするようになっている(McCalley and Midden 2006)。

第三に、技術は誘引という方法で媒介することもある。これは、気付かないまま行われる説得と捉えることもできる。小売店の設計がいい例となる。そこでは様々な商品は特定の仕組みで配列されていて、客が特定の商品を買うように誘引している。

自己実践は、技術的文脈では、技術はどんな使い方をしても我々の主体性形成に介入してくることを自覚して、技術が我々の実存において果たす媒介的役割を予見し調整しながら、技術を慎重に使用することに相当する。このような自己実践を、「技術《テクノロジー》を使うための技法《テクニック》」と呼んでもいいだろう。そのためには自己鍛錬が必要である。改めて言うが、もちろん、ここで自己鍛錬とは、技術を拒絶したり、ハイデガー的な「放下 *Gelassenheit*」の態度でしぶしぶ技術を使うようなことを意味するのではない。技術的自己鍛錬とは、決然として、それでいて慎重に、そして責任を持って、技術を使用し、技術のなかで――そして他者との関係のなかで――出現してくる主体性が望ましい姿になるようにすることである。次章で詳しく論じるが、「技術を使うための技法」のためには実験的調査が不可欠である。技術との間に自由な関係性を保ち、技術の我々の実存への影響を調整し形成していくためには、技術との間に距離をとる必要があり、その距離は、意図的に様々な状況下で技術に媒介的役割を演じさせてみることによってしか得られない。人間は、技術的媒介の影響を流儀として洗練することによって、技術的に媒介された自分自身の主体性の形成に参加することができるのである。

技術文明における「自己実践」としては、技術を慎重に使用して人間の主体性への媒介的影響を調整することだけでなく、技術を設計することも重要である。技術の設計は、人工物にとって出発点である。そして、人工物は、単なる道具ではなく、使用者の主体性の形成に介入する。第五章で示されるように、こうした観点から技術を設計するということは、既存の設計手法を豊かにすることであるのと同時に、「自己への配慮」のための重要な方法の一つでもある。

技術文明において目的論の中心問題は、煎じ詰めれば、「我々は、どのような被媒介的主体になりたいのか」という問題である。現代技術文明における目的論は、フーコーの道徳的主体構成の分析と、技術的媒介についてのポスト現象学的分析とを統合することで、技術と付き合いながら我々自身をどのように形成していくのか、という問いを立てなければならない。我々は、人間の領域を技術の領域から分離するのではなく、二つの領域がどのように相互浸透することが望ましいのかと自問する必要がある。我々の道徳的自己構成が目指すのは、人間性を技術から守ることではなく、人間性と技術を望ましい形で融合させることである。

我々はどのような被媒介的主体になりたいのか、という問いに答えるために、当然、古代の徳倫理や近代の義務論や功利主義の倫理的枠組みは、引き続き重要な役割を果たすことができる。倫理学の体系とは、つまるところ、特定の主体構成のあり方を作り出すものに他ならないとフーコーは主張したが、だからといって、主体性の技術的媒介を扱ったり、いかなる主体に我々がなりたいのかという問題を扱ったりする際に、過去から我々に引きつがれた倫理学の枠組みが、今でも、重要な意義を持っているという事実は否定されない。技術文明における道徳的自己実践とは、人間が自身の主体性の技術的媒介を望ましい形にしようとすることであり、そこでは、善い生を追求する徳倫理にも、道徳的規範に沿うことを目指す義務論にも、否定的効果に対し肯定的効果を増やすことを目指す功利主義にも、多くの活躍場所が用意されている。

先にも論じたが、フーコーの倫理学の中心概念は自由であり、それは古代ギリシア的な自己支配という理想の一般化と捉えることができる。フーコーにとって、主体構成のテロス〔目的理念〕は自由である。改めて確認しておくが、ここで自由の概念は、権力から逃れていることを意味するのではなく、権力との間に新たに関係を築いていることを意味する。インタビューでフーコーは、次のように述べている。

「ときどき私は『でも、もし権力が至るところにあるなら、そこには自由はないのではないか』と尋ねられる。私の答えは次のようなものだ。もし、すべての社会領域に権力との関係性があるのなら、それは、いたるところに自由があるからである」(Foucault 1997b, 292)。避けられるべきものは、権力そのものではなく、制圧的支配、つまり「権力の倒錯」であり、それが自由の可能性を奪うのである (O'Leary 2002, 158)。

フーコーの思想において自由は、倫理学の条件であると同時に究極目標でもある (O'Leary 2002, 154–170)。一方で、倫理的行動がありうるのは、人々が権力に完全には支配されていないときに限られる。そして他方で、倫理学とは、人が自分自身の主体性を構成する権力と相互作用する、「自由という実践」を展開することである。もしそうだとすれば、フーコー的な自由の概念は、倫理学でよく使われる自律性という基準に対抗する代替概念として興味深いものである。自律性の概念が、「外的影響」がないことの重要性を強調し、道徳的主体をできるだけ純粋に保とうとするのに対し、自由の概念は、主体は外的影響との相互作用のなかで形成されることを認める。主体とは、すべての権力や媒介が取り去られた後に残るものではなく、それらの権力や媒介の影響を能動的に設計し調整した結果として生ずるものである。フーコー的な技術哲学で中心となるのは、技術との間に自由な関係を築くことである。それによって、人は、技術的に媒介されている自身の主体性が形成される仕方を流儀として洗練することができるようになるのである。

産科の超音波技術に従属する主体

ここでも、産科の超音波技術が、右のような倫理的アプローチの意義を理解するのに便利な例となる。これまで見てきたように、超音波技術は、医学的な観点から妊娠の解釈の枠組みを提供することによって、そして、もし胎児が深刻な病気のリスクを持っていることが分かったときには、将来の両親をジレンマに対峙させることによって、子供を宿すという経験に関与している。道徳的観点から言えば、こうした超音波画像化の役割は、例えば、技術へのほとんどの倫理的アプローチにおいて自然に問題とされるであろうリスク、つまり、超音波自体が胎児に与えるかもしれない健康リスクなどと比べて、勝るとも劣らぬ重要性を持つものである。それは、そこで登場するジレンマが、次のような悲劇的側面を持っていることを考えてみれば明らかである。先に説明したように、超音波技術が提供するリスク評価は、さらに羊水穿刺をすることで確実性へと変わる。そして、羊水穿刺は流産のリスクを伴う。そして、ほとんどの場合、羊水穿刺による流産のリスクは、ダウン症の子供が生まれるリスクよりも高いのである。本章で論じられたフーコー的観点から言えば、ここで重要なのは、超音波画像化が道徳的主体性に与える影響である。超音波画像化技術が暗黙裡に組織化している主体とはいかなるものなのか。そして、人間は、この技術をどう扱えば、その媒介を「流儀として洗練して」、技術的に媒介された道徳的主体性をよいかたちに構成することができるのだろうか。

出生前に超音波検査を受けるということは、必然的に、ある主体性を選択することにつながる。その選択によって、人は、生まれる前の自分たちの子供の命についての判断をしなければならない主体として構成されることになり、そして、生まれる前の子供の健康状態について確実に知ることは、そのために必要な検査によって健康な子供を失うという代償よりも価値あることになる。ここでの道徳的実体は、超音波技術によって媒介された将来の両親の道徳的行為と道徳的判断であり、従属化の様式は、潜在的な形態の媒介という様式であり、その媒介は、胎児の解釈の形成に介入している。超音波技術のこうした道徳的影響が、道徳的反省の主題になっているとき、我々は、フーコー的な自由という目的理念に従って、その道徳的影響力と自分自身との間に意図的に関係性を築くための場所を確保できているのである。

超音波画像化との間のこうした関係性を、自己実践という形態にして、その自己実践のなかで、結果として生ずる媒介された道徳的主体性を変化させて調整し、洗練していくこともできる。例えば、超音波技術をだいたいの出生予定日を知るためだけに使い、後頸部浮腫や神経管欠損についての情報を得ないようにすることもできる。あるいは、可能性として病気の子供が生まれてくるリスクを知っておき、それに対して準備するために出生前検査を受け、羊水穿刺というリスクを冒さないこともできる。あるいは、すべての検査を受けるが、大規模な疾病検査の提供の一環としての標準的業務の流れのなかで、深い考えなしに検査を受けるのではなく、意図的な選択として検査を受けることもできる。あるいは、超音波検査をすべて拒否するということもできるのである（Rapp 1988）。これらすべての場合において、人間が道徳的主体として構成される仕方は、意図的に形成されており、その意図的な形成は、技術が媒介的役割を果たしているという自覚に基づいている。人間は自分自身の主体構成において完全に自律的ではない。つまり、妊娠と超音波検査を受けられる可能性という二つのことは、与えられた事実として受け容れなければならない。しかし、自分自身を、どのような主体として構成するかという点については自由を持っている。出生前の子供の命について判断をしなければならない主体になることもできるし、適用される状況とは独立に存在している規範に基づいて自分自身のあり方を決める主体になることもできるし、重い病気を持った子供を産むことがもたらす全ての可能的帰結を慎重に吟味するために、出生前の命と技術的な形態で接触する機会を使用したいと望む主体になることもできるのである。

結論――道徳的行為者と媒介された主体

道徳的主体性へのフーコーのアプローチによって、技術的媒介の概念を含んだ道徳的行為者性の概念を論じることができるようになる。人間の行為が技術的に媒介されているということは、一見、道徳的行為者性の条件とされる自由と相容れないように思えるが、フーコー的な自由の概念が、この緊張関係からの実り多き逃げ道を提供してくれる。自由を制限や制約がないことと捉えるのをやめて、むしろ、制限や制約との間に関係を築くことと捉えれば、技術的に媒介された道徳的行為者性を生産的に理解することが可能となる。そう捉えれば、技術的媒介は、道徳的行為者性の終点ではなく出発点であることになる。技術的媒介が強制や強要に使われるような場合、つまり、完全な支配という場合を除けば、行為や判断が媒介されているということが道徳的行為者性を妨害するなどということはない。それどころかむしろ、媒介されているということは、道徳的行為者性の洗練化のための拠り所なのである。つまり、そこから自分自身の道徳的主体性の慎重な形成に参加していくことができるのである。

先の章で、道徳的責任の概念から派生する道徳的行為者性の定義をあげた。つまり、あるものが自分の行為に責任を持つためには、その主体は、少なくとも特定の行為をする意図を持っている必要があり、その意図を実現する自由を持っていなければならない。これまで論じてきたフーコー的な自由の解釈によれば、道徳的責任についての解釈も拡張することができる。媒介された主体は、単なる技術的媒介の産物ではなくなり、自身の被媒介的主体性のとる形態に対しても責任を負うことになる。媒介された主体の行為は、技術的決定の結果に過ぎないわけではなく、技術的媒介を能動的に専有化[訳注]することのなかで発生する行為である。自身の世界内での行為や世界解釈の形成に対する技術からの影響に関与することによって、実は、道徳的主体は、二重の道徳的責任を負っているのである。一つは、自身の道徳的主体性そのものについて、もう一つは、その主体性の行為や生活についてである。自由な主体は、行為すると同時に、道徳的行為や道徳的判断の基盤となっている自身の道徳的主体性を「管理」してもいる。主流派的な道徳的行為者性の捉え方の枠組みで言えば、自己実践は、ある種のメタ行為者性と考えることができる。つまり、自身の行為者性の形成に向けられた行為者性である。

フーコー流に道徳的行為者性を再解釈すれば、人間と技術の分離という、ほとんどの倫理学のアプローチの持つ難点を克服することができる。これまで見てきたように、そうしたアプローチでは、人間と技術は境界線の一つの側と別の側に位置づけられ、人間は、技術がその境界線を超えないように、そして、人間の世界のなかに望ましくない干渉をしてこないように気をつけねばならないとされる。そのような人間と技術の分離に基づく予防的アプローチでは、ある技術発展が社会の脅威になりそうなときに緊急ブレーキをかけることが目的とされ、さらに、新しい技術の導入に関連したリスクの扱い方として、最も賢明で正当なものを見つけることが目的とされる。実は、予防的アプローチのような立場そのものが、そもそも人間と技術との間にそれだけ密接な関係が築かれうるということをよく示しており、道具主義という、同じくらい影響力のあるもう一つの立場、つまり、技術をもっぱら道具とみなし、それはよい目的にも悪い目的にも使用されることがあるとする（間違った）立場と矛盾している。これらの立場では、人間と技術が複雑に絡みあっていることが倫理的考察の出発点とはされないで、技術は脅威とみなされ、倫理によって人間から遠ざけておかねばならないものとされている。

前章で見たように、このようなアプローチでは、道徳的行為や道徳的判断が現実に技術的に媒介されていることを考察することはできない。主体と客体が相互に浸透していると認めることは大きな意味を持つ。それは、技術的人工物が道徳的に重要であり、道徳的主体性が技術的に媒介されているということを意味しているだけではなく、道徳性が技術とともに変化することを我々が認めることを意味してもいるのである。主体と客体が相互に浸透していることによって、道徳性は、それと対峙する技術の領域の外部にある、「純粋」で孤立した居場所を要求することはできなくなる。主客の相互浸透のよい例として、ヘラルト・ド・ヴリースは、麻酔の道徳的評価が時代によって抜本的に変化してきたことを挙げている（de Vries 1993）。当初、麻酔の使用は、道徳的な理由や宗教的な理由から厳しく糾弾されていたのだが、今日ではむしろ、麻酔なしで外科手術をすることの方が、とても非道徳的だとされるだろう。近代主義的見方では、過去は批判され、この変化は避けがたい過ちの修正と解釈される。しかし、非近代的見方では、その変化は、倫理が技術との相互作用のなかで展開する動的現象であることを示す具体例

〔訳注〕「専有化 appropriation」という言葉は、技術の使用者が技術を自分用に調整して使用することを意味しており、第五章でも頻繁に登場する。

なのである。

これまで見てきたように、非近代的な倫理のアプローチでは、倫理とはまさにハイブリッドな事象である。客体が道徳的意義を持つと同時に、主体は技術的に媒介されている。技術は道徳的性質を持ち、倫理は技術との相互作用のなかで形成される。本章では、フーコーの倫理的業績を技術の領域に拡張することで、道徳的主体を非近代的に理解することの概略を紹介した。非近代的な主体は、それが使用する技術との相互浸透という基盤の上で、道徳的に判断し、道徳的に行為する。人間の実践や経験の形成に介入することで、技術は道徳的主体の行為や判断の形成に介入している。そして逆に、そうした技術的媒介との関係の築き方を見出すことで、技術的に媒介された道徳的主体は、技術との相互作用のなかで自身が形成される仕方を、能動的に「設計」したり「流儀として洗練」したりして、「自己への配慮」を遂行できるようになる。技術文明において道徳的な行為者であるということには、技術的客体のなす世界のなかで道徳的に行為することに加えて、自身の媒介された道徳的主体性に対し責任を負うことも含まれる。

しかし、自己実践に含まれるのは、自身の道徳的主体性への技術的媒介の影響を流儀として洗練することだけではない。技術の媒介的役割との間に関係を築きながら実存を形成することに加えて、我々は、技術の設計というかたちで技術と相互浸透することもできる。というのも、技術的媒介の影響は、人間が自身の生活において技術に果たさせている役割の結果であると同時に、媒介的役割の形成に介入している技術自体の性能の結果でもあるのだから。技術設計の道徳的役割については、第五章でより詳しく扱うこととする。

第五章　設計における道徳

序

これまでの章で論じてきた技術的人工物の道徳的意義の分析は、技術倫理や技術設計の倫理に重要な示唆を与える。[1] 設計者が明示的に自身の仕事に対し道徳的に反省していなくても、その設計者の設計した人工物は、避けがたく、人々の行為や経験において媒介的役割を果たしており、道徳に関わる行為や判断や生活の質の形成に介入している。つまり、技術設計は、本質的に道徳に関わる活動なのである。設計者は道徳に関わる判断や実践の形成に介入せざるをえない。設計とは、「道徳を物質化すること」なのである。もちろん、技術的リスクを最小化することや災厄を防ぐことが重要であるのは確かだが、それだけで技術発展に関わる道徳的問題は終わらない。設計されている技術はすべて、いずれにせよ人間の行為や経験を媒介することになり、我々の道徳的判断や生活の質の形成に介入するのだとしたら、

（1）　本章は、Verbeek 2006c, 2008c, 2009a を加筆修正したものに基づいている。

技術設計の倫理は、技術の持つ将来的な媒介的役割を取りあげなければならない。

つまり、技術的媒介という現象によって、設計者には特別な責任が課されることになる。技術設計の倫理的問題は、技術設計や技術導入の目的の問題や技術の性能の質の問題だけではない。技術それ自体が道徳的存在者であってみれば、道徳的行為や道徳的判断の様々な技術的媒介に関しても、設計者は重大な役割を持つことになる。じつは、設計者というのは、実践的な倫理学者なのである。ただ、彼らは道徳の伝達手段として観念ではなく物質を使う。普通、こうした「設計という物質的倫理」が表に出てくることはない。設計者は、特定の機能を念頭に新しい技術を創るのであり、そこには使用者の行為や行動に影響を与えようという明確な狙いはない。そうなると、問題は、設計されている技術が結果的に社会のなかで果たすことになる媒介的役割についての考察を、明示的に設計のプロセスに組み入れるためにはどうすればいいのか、ということになる。

設計という活動のなかで技術的媒介を考慮するためには二つの道がある。最初の、そして最低限の道は、設計者が、自分の設計する製品が望ましくない媒介的能力を持っていないかチェックするように努めることである。第二の道は、さらに先まで進む。設計者は、望ましいと思われる媒介を意識的に技術に「組み込む」こともできる。つまり、道徳性が、意図された製品「機能」のひとつとなるわけである。もちろん、第二の道は即座にたくさんの問題を誘発する。そもそも設計者は、どのようにして設計されている技術が結果的に持つ影響を予見すればいいのか。技術は予見不可能な仕方で使用されるかもしれないし、予見不可能な媒介をもたらす可能性もある。また、技術設計によって意図的に人間の行動に影響を与えることは、人間の自由を制限することになる。結果として、人間の代わりに技術を管理すればいいというテクノクラシーの恐怖につながるといった道徳的反感も買いそうである。

本章では、技術の持つ道徳的意義が、設計の倫理に対して何を意味しているのかを分析する。まず、技術的媒介の設計について潜在的なものと顕在的なものについて論じ、その後、いかにして設計者は自分の製品の道徳的媒介を予見し、その形成に関与することができるかを論じる。さらに、「技術の道徳化」を積極的に実施することにまつわる道徳的問題点について考察する。続けて、設計者が使うことができる方法をいくつか提案し、具体的事例を示す。そうすることで私が目指しているのは、これまでの章で示されたヒューマニズム的でない倫理のアプローチを、設計実践の言葉に翻訳することである。本章の目的は、設計者に対して、技術設計における道具立てを提示したり、扱うべき問題点のリストを提示したりすることではない。本章は、実践における哲学として読まれるべきであり、その目的は、設計過程における道徳的問題や道徳的論点をはっきりさせる方法を示し、どのようにすれば設計者が、自分が設計している技術の道徳的意義に対処することができるのか示すことである。

媒介を設計する

技術的媒介の理論は、技術設計がそれ自体として持っている道徳的側面を明らかにする。技術が常に人間の行為の形成に介入し、（道徳的）判断を下す基盤となる解釈の形成に介入しているという事実は、技術的人工物やその設計の倫理的役割についての我々の理解に対して重要な意味を持っている。もし倫理が、いかに行為すべきかを問題とし、設計者は技術による行為の媒介に介入しているのだとしたら、設計というものは、物質を介した倫理の実施と捉えられねばならない。技術的人工物はすべて、使用されれば、人間の行為を媒介する。そうだとすれば、設計という行為はすべて、道徳的実践の構成に介入していることになる。

具体例――持続可能な技術の設計

技術的媒介を重視する設計手法の必要性を示す最初の好例となるのが、持続可能な技術 sustainable technology の設計である。環境政策のなかでは、ほとんどの場合、クリーンな技術、つまり、環境への影響が最小になるような技術の発展や促進に焦点があてられる。そうでない場合は、環境にやさしい行動を促がすことに焦点が当てられ、たいていは、公衆の態度や行動を変えることを目指す宣伝キャンペーンによることになる。しかし、この二つの手法はほとんど効果を持たないことが分かっている (Slob and Verbeek 2006)。

クリーンな技術だけを追い求めると、使用者の行動の果たす役割を見逃すことになり、時に予期していない、そして意図していない派生的効果をもたらしてしまうことがある。そして、その派生的効果がクリーンな技術による望ましい効果を相殺してしまうこともある。例えば、自動車の安全装置の性能がどんどん充実して、エンジン音もかなり小さくなってきた結果、運転者には安心感と快適な環境が提供されることになった。しかし、結果的にそれが運転者に高い速度で運転することを促がしてしまい、最終的には技術的な安全対策の効果は相殺されてしまった。また、宣伝キャンペーンで人間の行動を変えることだけを追い求めるのも同様に限界がある。その場合、行動に影響を与えるという技術の重要な役割が見逃され、大きな可能性を逃してしまうことになる。場合によっては、技術的装置の方が説得的コミュニケーションよりも人間行動を変えるために有効なこともある。例えば、スピードバンプは、人に低い速度で運転させることに関して、高い速度の危険性を伝える宣伝キャンペーンよりもずっと有効な成果をあげている。

ここで興味深い例は、オランダの環境政策のなかで導入された、いわゆる緑のゴミ箱（groenbak）の事例である。緑のゴミ箱は、分別ゴミ箱で、家の外に置かれ、そのなかには食べ物や庭から出たゴミだけが入れられている。そして、家のなかにはそれ専用の小さいゴミ箱が置かれている。この緑のゴミ箱の導入は、オランダの家庭に対して有機ゴミと非有機ゴミを分別するよう促がす宣伝キャンペーンと同時に行なわれた。しかし、夏になると室内の小さなゴミ箱の中身がすぐに腐ってしまい、ひどい腐臭を発するゴミを移す仕事を誰もやりたがらないという大きな問題が生じた。このことが理由でゴミの分別をしなくなる人も出てきた。そこにゴミ分別のための新しい製品が導入された。室内のゴミ箱のなかに入れる小さな紙袋（今では生分解性プラスティックになっている）である。それによりゴミ箱からゴミを取り出すのがかなり簡単になった。一つの物質的人工物が、宣伝キャンペーンでは簡単に変化しないと思われた行動を、変化させられるのである。

オランダの環境政策からの二番目の例は、二酸化炭素の排出に関するものである（Slob and Verbeek 2006）。興味深いことに、たくさんの省エネルギー型装置が新しく開発された結果、エネルギー消費は減少するどころかむしろ増加している。その装置を使えばエネルギー料が安価ですむため、人々は前より多くのエネルギーを使うようになったのである。この現象は「リバウンド効果」と呼ばれることもある（Tenner 1996）。ある問題を解決するために導入された技術が、逆の効果をもたらし、意図したのとは反対の結果となるのである。洗濯機は、技術的に見ればエネルギー効率が著しく改善されている技術装置であるが、それによって以前より多くのエネルギー消費行動を促がすことになっている。洗濯機自体は以前よりもエネルギーを使わなくなっているのだが、それによって、人々が少ない量の洗濯物でも洗濯機を使うことが増えたのである（Slob et al. 1996）。そうしたリバウンド効果を見れば、技術的手法と行動的手法の間の齟齬を埋める必要があることは明らかである。政策立案者と技術設計者が注意しなければならないのは、二つの手法の相互干渉なのである。

リバウンド効果には色々な種類のものがある。新しい技術を導入したときに、その技術が迂回されたり、まったく使われなかったりすることもある。また、設計者の意図したのとはまったく違うやり方で使われたりすることもあり、それも予想外の効果に含めることができる。「迂回」のリバウンド効果は、人の動きを感知して電灯をつけたり暖房をつけたりする自動制御システムの使用において頻繁に見られる。使用者は、自分自身で操作した方がいいと考えると、自動制御システムによる制御を迂回するためのうまい方法を考案するようになる（Van Kesteren, Meertens, and Fransen 2006）。リバウンド効果の三つめの種類は、製品の設計が使用者の期待や習慣に合致しない場合である。例えば、ヤープ・イェルスマ（Jelsma 2006）の示しているように、食器洗浄機の使用者の多くは、洗浄機のサイクルをすすぎ機能から始められることに気づいていないため、食器を温水ですすいでから洗浄機に入れている。もう一つは、新しい断熱素材と機能的な換気システムを備えた省エネルギー住宅の例だ。それは新鮮な空気と保温に関して最適な状態を実現するためのものであるが、そこに住む人のほとんどが、そのシステムがあっても新鮮な空気を入れるために窓を開けることが分かっている。そうした住宅の設計では焦点が技術面のみに向けられているため、毎日毎晩実際にその家で暮らし、備わっている装置を扱わねばならない人間のことをほとんど考慮に入れていないのである。

技術と使用者の行動を統合的に捉えなければ、環境重視型の設計はうまくいかない。技術は人間行動に影響を与え、逆に人間行動の習慣的パターンは技術の使用法や、場合によっては機能性にも影響を与える。技術と行動を統合的に捉える手法を発展させることで、リバウンド効果の発生は避けることができるし、行動誘導型技術によって宣伝キャンペーンを強化することもできる。媒介アプローチは、そうした統合的手法を発展させるために有効な枠組みを提供してくれ、それは技術設計の倫理的側面を考える最初のステップとなる。

媒介理論と設計の倫理

本章の序でも述べたように、媒介の理論を技術設計の倫理に取り込むには二つの道がある。第一に、人間の活動や経験における技術の媒介的役割の質を評価したり、技術が道徳的行為や道徳的判断に与える影響を評価したりするという形で、技術の道徳的評価のために媒介分析を使うことができる。第二に、媒介を意図的に技術のなかに組み込んで設計することもできる。媒介的役割が技術に道徳的意義を付与すると結論付けることによって、倫理学の領域は観念の領域から物質の領域へと拡張される。人工物が道徳に関わるということになれば、倫理学は、道徳的反省の概念的枠組みを作っているだけでは十分でなく、道徳的行為や道徳的判断の形成に介入している物質的環境を現実に作っていくことに関与しなければならない。

媒介を倫理学に取り込む第一の道は、技術倫理における一般的な慣行とそれほど違わない。その方法は、結果的には、リスク評価や事故回避に焦点を当てる現在主流のやり方を拡大したものになる。ただ、そこでは、単に新しい技術の受容の是非や技術の導入による否定的な帰結の最小化だけが問題とされるのではなく、設計者は、媒介分析をすることによって、設計中の技術が使用された場面で果たす可能的な媒介の影響について判断することができるようになる。

本章で詳細に示すように、そうした判断を導くためには、様々な倫理的アプローチを使うことができる。行為倫理的アプローチなら、特定の技術的媒介によってもたらされる行為は道徳的に正当化できるか、という問題に道徳的反省が向けられるだろう。さらに、その道徳的反省は、応用倫理学において主流である義務論や功利主義のやり方に従ってもいいかも知れない。ただ、ほとんどの場合において、生倫理的アプローチ——例えば、フーコーの生存の倫理に沿ったアプローチ——にまさる有効性を持つものはないだろう。というのも、生倫理的アプローチは、技術の媒介によって導入された実践の質に注目し、我々がどのような生を営むのか、とか、我々がどのような主体になるのか、ということに対して技術的媒介が与える影響に焦点を当てているからである。つまり、重要なのは、人間の行為に対して技術が与える影響だけではなく、技術が、人間の主体の構成、人間が経験する世界の構成、人間の生活の営み方の構成などに介入する仕方も重要なのである。

技術的媒介のアプローチによって技術倫理を強化するための第二の道は、積極的に技術を形成することである。この場合、設計者はもう一歩踏み込み、技術的媒介の役割を考慮して技術を意図的に設計することになる。望ましい媒介的効果が技術に書き込まれたとき、それは意図的な行動誘導となり、それこそが、技術の「道徳化」なのである。技術倫理は、技術に対峙する立場に立って新しい技術を拒絶するか受容するかを考えようとするのではなく、媒介を試したり媒介を人間の生活に適合させるべく議論や判断をしたりすることで、技術の発展に同行することを目指すのである(2)(Hottois 1996)。

もちろん、技術的人工物のなかに意図的に媒介を作り出すことには反対意見もある。行動誘導型の技術のすべてが歓迎されているわけではない。例えば、道路の超過速度撮影カメラがいつも破壊されていることからもそれは分かる(3)。それでも、これまで見てきたように、すべての技術が避けがたく人間の行為や判断を媒介しているのだとしたら、そうした反抗があっても、設計者は人工物に媒介を組み込んで設計せざるをえないのである。技術的媒介は避けられないのだから、倫理学は責任を持って媒介を扱い、設計実践を誘導し、道徳的に正当な媒介能力を伴った技術の発展に寄与すべきなのである。

オランダでは、ハンス・アハターハイスという哲学者がこの立場を唱えている。一九九五年の論文「装置の道徳化」で彼は、ラトゥールの「非人間の道徳性」の分析を技術設計の領域に取り込む提案を

(2) 私の同行という概念の使い方は、オトワとは少し違っている。私が目指しているのは、技術発展への同行を象徴的に想像することではなく、技術と倫理という二つの領域の区別を超えていくことによって、倫理に、技術文明の発展を反省する役割を与えることであり、倫理が技術文明の発展とともに発展していけるようにすることである。

(3) 行動誘導型技術についてのさらなる分析については、Verbeek and Slob 2006 を参照せよ。

している（Achterhuis 1995; Achterhuis 1998）。アハターハイスは、技術には人間の行為の形成に介入する「スクリプト〔脚本〕」が刻まれているという考えに触発されて、意図的な「技術の道徳化」が必要だと主張する。人は他の人々を（例えば「シャワーを短い時間ですませなさい。」とか「地下鉄に乗るときには切符を買いなさい。」と言葉で伝えることで、）道徳化するだけでなく、その人々の物質的環境を道徳化する必要がある。我々は、シャワーに水を使い過ぎないように注意するという責務を、水節約型のシャワーヘッドに委任するし、切符を買った人だけが電車に乗れることを確認するという責務を、自動改札機に委任することもできる。そのように道徳性を物質的客体に委任すれば、人間は、増え続けていく判断の負担から、幾分かは解放されるだろう。誰しもがいいと認める道徳的判断を頻繁に下す必要がある場合には、我々が自分自身の行為の道徳的性質について反省を繰り返すかわりに、その判断を物質的環境のなかに移譲してしまえばいいのである。

第六章で中心的役割を果たすことになるが、近年発展している「説得型技術」が、そうした「道徳化された」技術（あるいは技術を「道徳化すること」）の好例となる。説得型技術では、製品は、使用者に特定の仕方での行動を促がすように設計される。例えば、自動車の速度を落とすようにとか、タバコを吸わないようにとか、家電製品の使用でエネルギーを浪費しないように使用者を促がすのである。

しかし、アハターハイスによる技術の道徳化の主張は、激しい批判を受けてきた（Achterhuis 1998, 28–31）。第一に、オランダにおけるこの問題を巡る議論では、彼への批判的な議論はいくつかのタイプに分けられる。第一に、人間の行為が意図的かつ自覚的に技術によって誘導されるようになったら、人間の自由がなくなってしまうという反論である。人間の自由を奪うことは、人間の尊厳への脅威だと受けとられることもある。そうした批判者は、もし人間の行為が意図的な判断の結果でなく技術の誘導の結果になったら、人間は、自身を人間たらしめている何かを失ってしまうことになるだろうと主張する。第二に、批判者によれば、もし人間が自由に行為していないのだとしたら、人間の行為を「道徳的」と呼ぶことはできなくなってしまう。つまり、人間はある仕方で行為することを意識的に選択しているのではなく、単に技術の設計者の望むような仕方で行為しているだけになってしまう。第三に、アハターハイスは我々の社会の民主主義という原則を脅かしていると非難される。つまり、行動誘導型の技術の発展は、隠密裏に実施される技術のプロパガンダだとみなされるのである。そのタイプの批判者によれば、もし道徳的問題が、政治家の民主的活動によって解決されるかわりに、設計者の技術的活動によって解決されることになったら、人間ではなく技術が道徳的問題の管理者になってしまうことになる。

しかし、こうした議論は反駁できる。設計の過程において技術の媒介的役割を予測し、望ましくない媒介の形に注意したり、意図的に技術を「道徳化」したりすることは、一見して思われるほど非道徳的なわけではない。第一に、自由の制限が必ずしも人間の尊厳を傷つけるわけではない。国家の憲法というものは、重大な自由の制限を含んでいるものだが、だからといって、それが人間の尊厳を傷つけているわけではない。人間の行動は様々な仕方で決定されるのだし、人間の自由も様々な仕方で制限されるのである。殺人の違法性に反対する人はほとんどいないだろう。だったら、なぜ、子供がたくさん遊んでいる歩道の付近で自動車のスピードを出すことができなくなるという、スピードバンプが実現している物質的規制には反対するのだろうか。第二に、人間の行為や判断の形成に技術が常に参加していることが分かった今、技術の媒介的役割に意図的に注意を向けるということは、実は、技術的媒介の分析によって明らかにされた責任を受け容れることに他ならない。技術が常に人間の行為や判断に影響しているとしたら、その影響を望ましいものや道徳的に正当なものにすることを目指したほうがいいのである。

もちろん、こうした行動誘導型の技術への反対意見からも分かるように、「道徳性の物質化」を、設計者という個人の責任に委ねるわけにはいかない。設計者の行為や判断が避けがたい公共的結果を持っているならば、設計者の仕事は公共の判断に従うべきである。つまり、技術的発展の民主化を促進するような方策が考えられなくてはならない。人間の自由を規制するという点において、技術は法律と同じであることは確かである。それなのに、法律は民主的な方法で議論されて作られるのに対し、技術の道徳化はそうなってはいない。技術的媒介の責任は設計者のみに課されるべきではない。もしそうなったら、それはテクノクラシーになってしまう。続く議論で、「技術の道徳化」を望ましいかたちで展開するための民主的方法をどのように見つけたらよいかを示す。つまり、技術設計をより民主的な活動にしていく可能性を開くような仕方で、技術の持つ媒介的役割を予見し、設計し、評価する方法をいくつか提案する。

媒介を予見する

倫理学が技術の道徳的意義を取り込もうとするなら必ず重視しなければならないことがある。それは、技術的媒介の予見である。技術の倫理的評価が適切であるためには、その技術が人間の行動や知覚の形成にどのように介入するかが考慮されている必要がある。意識的な技術の「道徳化」においても、むろん、意図された媒介が結果的にどのような効果をひき起こすかを予見することが必要となる。いずれにせよ、設計の倫理にとっては、設計中の技術が将来的に果たす媒介的役割の予見をすることは不可欠である。
しかし、この予見というのは複雑な仕事である。設計者の活動と設計された技術の媒介的役割の間に決定的で一義的な関係は存在しない。それは、第一章で論じたように、技術が複数安定性を持っているからである。技術の媒介的役割は、技術と使用者との間の複雑な相互作用のなかで登場してくるのである。人間が人工物を使用するまさにその瞬間に、人工物は、単なる「傍らにある客体」から、何かをするための人工物へと変化する。そしてこの「何かをするために」は、技術自体の持つ属性によってすべて決定されるわけではなく、使用者の扱い方もその決定に参加している。技術には、固定したアイデンティティはない。技術はその使用の文脈のなかで規定され、常に使用者によって「解釈」され「専有化」されている。例えば、電話機はもともとは聴覚補助のために開発されたのだし、タイプライターは目の不自由な人が文章を書くのを補助するために開発された。もし解釈的過程が存在していなかったら、技術的媒介という考えを認めることは、そのまま技術決定論へと我々を連れ戻すことになる。というのも、その場合、技術は、使用者の行動を決定するだけであり、存在者同士がお互いの関係のなかで自分の役割やアイデンティティを見つけ出していくような社会と技術のネットワークの一部としては捉えられないからである。

技術の複数安定性は、ある技術が人間の行為に与える影響を予想したり、その影響を倫理的観点から評価したりすることを困難にする。前章で扱った「リバウンド効果」の例のように、技術は予期せぬ仕方で使われたり、その結果、予期せぬ影響を人間の行為に与えたりする。省エネルギー型の電球もいい例となる。すでに示したように、それは前途有望な技術革新であったが、実際の導入によって、エネルギー消費を減らすどころか増やすという結果をもたらしたのである（Steg 1999; Weegink 1996）。回転ドアも好例となる。それは、冷たい外気を建物から閉め出したままで、人々が出入りすることを可能にするために設計された。しかし、導入されてみると、それは、冷たい外気と一緒に、車椅子使用者も建物から閉め出してしまうことが分かった。このように、ある技術的媒介は、その技術に固有の内在的な性質ではなく、設計者と使用者と技術そのものの間の複雑な相互作用のなかで登場してくるものである。つまり、ある形態の媒介が現実化するとき、そこで設計者が中心的役割を果たしているのは確かであるが、設計者だけがその媒介の源泉ではないのである。

そうなると、アクリシュやラトゥールがいうように、「刻印〔書き込み〕inscription」(Akrich 1992)や「委任 delegation」(Latour 1992b)というかたちで技術にスクリプトが書き込まれるという考えでは、媒介の登場する複雑な過程は正当に扱えない。ラトゥールの出す例では、主に人間から非人間への委任に焦点が当てられる。当局は、人々に遅い速度で運転してもらいたいからスピードバンプを設置するのであり、家主は、すきま風を防ぎたいからドアにスプリングを設置するのであり、ホテルの所有者は、宿泊客がホテルから外出するときに部屋の鍵をフロントに返してもらいたいから鍵を重くするのである。しかし、このように一つの方向のみに焦点を当てる姿勢においては、非人間的存在者が人間に仕事を委任する場合もあることや、使用者が技術を特定の形態で専有化した結果として技術的媒介が登場する場合もあることが見逃されている。

ラトゥールが「刻印〔書き込み〕inscription」という言葉を使うことが、こうした人間的存在者と非人間的存在者の非対称的な捉え方に拍車をかけている。もし、技術の持つスクリプトが、「刻印〔書き込み〕」の産物だとしたら、その源には人間の活動があるということで、つまりは、ラトゥール自身が提唱しようとする人間と非人間の対称的な捉え方には沿っていないことになる。アクリシュが「スクリプト」の概念を導入した場面にも似たような限界を見ることができる。「こうして設計者は、特定の嗜好、能力、動機、願望、政治的立場などによってアクターを規定する。〔…〕技術開発者の仕事の大部分は、新しい客体の技術的内容のなかに、その世界像を『書き込むこと *inscribing*』である。そうした仕事の結果生じる産物を『スクリプト』あるいは『シナリオ』と呼ぶことにしよう」（Akrich 1992, 208. 強調は引用元のもの）。この文章では、スクリプトは、単に書き込みの産物とされているが、本当は、最終的なスクリプトというのは、ある媒介を書き込むという設計者の仕事と、それを解釈し専有化する使用者の仕事と、ときに予期せぬ使用法や媒介のあり方をもたらす技術的人工物そのものの仕事という三者の相互作用の結果出来上がるものである。(4)

（4） もちろん、この非対称性は意図されたものではない。それとなくではあるが、ラトゥールは、非人間から人間へという別の道の委任についても論じている。例えば彼は、水圧によるドア閉鎖装置が、ドアを開ける人から速やかにエネルギーを吸収し、保持し、そして、そのエネルギーを「洗練された執事のような冷静で頑固な巧妙さでもって」ゆっくりと返却することを賛嘆している（Latour 1992b, 233）。このドア閉鎖装置は、ドアが開けられてはじめてドアを閉めるためのエネルギーを放出できる。つまり、エネルギーの放出を人間に委任しているのである。それでも、ラトゥールの委任と刻印に対する注目は他からは際立っている。人工物が媒介をする仕方を理解したいのであれば、どのような経緯でその人工物が媒介するようになったのかはどうでもいいことなのだ。〔彼にとって〕大事なのは、その人工物が媒介という役割を果たしているということであり、技術的媒介の分析にとって最も重要な問題は、人工物がどのような媒介をするかということである。事物の媒介的役割の起源に注目するのは、「事実」や「技術」が多くのアクターの相互作用という構成過程の偶然の結果であることを示そうと躍起になっていた、初期の科学技術社会論（ＳＴＳ）時代の名残だと考えてもいいだろう。そのころの脱構築主義的アプローチは、存在者が、それがそうであるようなものにいかにしてなるのかを解き明かすことを目的としていた。しかし、人工物の媒介的役割の分析では、その役割が

図１：行為者性と媒介の源泉

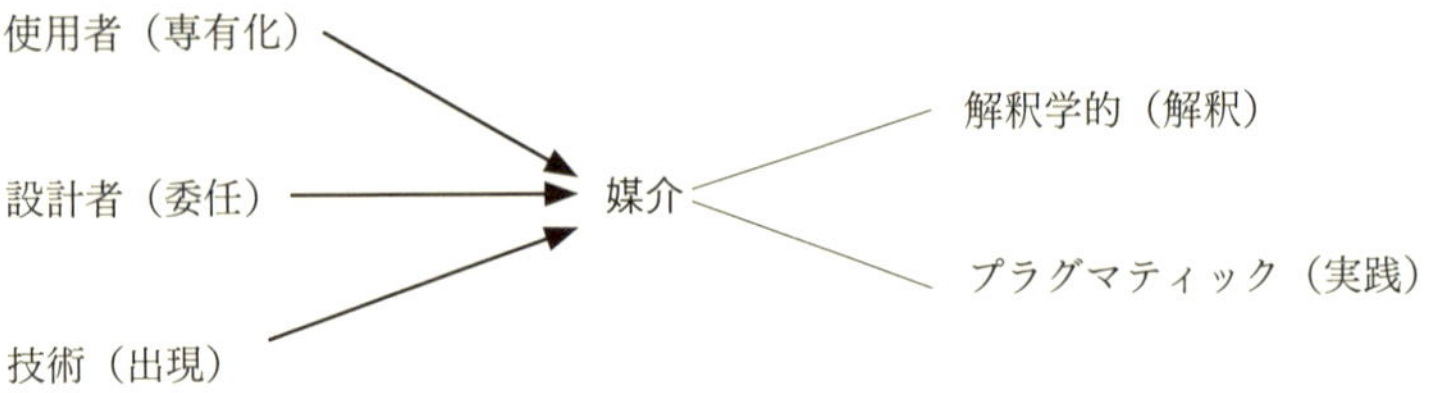

媒介の発生源となる、技術そのもの、設計者、使用者の三者の間の複雑な関係性を図1に示す。この図は、すべての媒介された人間の行為や解釈において、次の三つの行為者性が働いていることを示している。（1）技術との相互作用のなかで技術的人工物を特定の仕方で専有化し、行為を遂行し、道徳的判断を下す人間〔使用者〕の行為者性、（2）意図しての委任であるなしに関わらず、技術に形を与え、技術の持つ結果的な媒介的役割の形成に介入する設計者の行為者性、（3）人間の行為や判断を、ときに予期せぬ仕方で媒介する技術の行為者性。

こうして、技術の持つ媒介的役割が根本的に予測不可能であることが帰結されるが、だからといって、設計者が全く技術的媒介を扱うことができないというわけではない。技術的媒介の複雑さに対応するために設計者が目指さねばならないのは、設計の文脈と使用の文脈の間のつながりを明確にすることである。それによって設計者は、望ましい製品の機能性やありうる派生的効果だけでなく、将来的な媒介的役割についても、しっかりと予測したうえで、製品の仕様や道徳的評価を定式化することができる。

設計と使用の文脈をつなぐためには、三つの方法があり、それらの方法は、興味深い仕方でお互いに補強し合っている。第一の方法は、単純に、設計者の想像力による予測である。設計者は、自分の設計している技術が使用者の行動のなかでどのような媒介的役割を果たすことになるかを想像することによって、自分が予見していることを設計過程に反映させることができる。この方法の一例が、オランダの工業設計者集団エターナリー・ユアーズ Eternally Yours の仕事である。これについては次節で論じる。第二の方法は、技術の持つ将来的な媒介的役割を情報に基づいて予測するもので、構成的技術アセスメント Constructive Technology Assessment の方法論を拡張して、民主的に技術を道徳化するための道具に仕立て上げたものである。第三の可能性は、いわゆるシナリオ手法と呼ばれるもので、仮想現実的環境を使って、設計中の製品の仮想現実版についての実験を行なうというものだ。

道徳的想像力

当たり前のように聞こえるかもしれないが、設計の文脈と使用の文脈をつなぐ鍵となる道具は、設計者の道徳的想像力である(5)。設計者は、設計中の技術がどのように使用されるか、そして、その使用のなかで、どのように使用者の操作や解釈が形成されるかを想像することによって、設計過程における自身の道徳的評価のなかに、製品の媒介的役割を組み入れられる。媒介分析はそれをするための基盤を提供

構成されたものであるということは当然としていい。技術的媒介の理解のためには、刻印の過程や人間から非人間への委任については、ブラックボックスにしておいてもいい。そこでは、媒介的役割それ自体だけが問題なのであり、その役割がどこからきたかは問題ではない。

(5) 道徳的推論における想像力の役割の可能性についてのさらなる分析は、Coeckelbergh 2007 を参照せよ。

できる。つまり、設計中の技術の将来的役割を、第一章で紹介したような媒介の理論を使って分析するのである。設計者は、設計中の技術が役割を果たす使用の場面を様々に想像し、その技術が特定の行動や特定の実在との付き合い方を形成したり、経験を形成したり、実在を解釈する仕方を形成したりするさまを注意深く調べることになる。確かに、設計者がすべての関連する媒介を予見できるかどうかは分からないが、それでも、この方法は、設計者が製品の媒介的役割に責任を持つためには重要である。

想像力による媒介の予見についての興味深い例として、オランダの工業設計者集団エターナリー・ユアーズの仕事がある。[6] エターナリー・ユアーズはエコ設計に携わっているが、彼らの仕事の手法は標準的な手法とは違う (Van Hinte 1997; Van Hinte 2004; Muis 2006)。彼らは、持続可能性の問題を論じる際に、製品の製造、消費、廃棄における環境汚染の軽減という普通の問題点だけで終わらせようとはしない。エターナリー・ユアーズによれば、本当の問題は、製品のほとんどが本当に使い尽くされるよりずっと前に捨てられてしまうことなのである。この問題に対処することによって、多様な製品各々のライフサイクル〔生産から廃棄まで〕の様々な過程に関して環境汚染を軽減することよりも、ずっと大きな効果が期待できる。というわけで、エターナリー・ユアーズは、製品の寿命を延ばす方法に焦点を当てる。そのために彼らは、どうしたら製品と使用者の関係を刺激し強化することができるかを探求する。

エターナリー・ユアーズは、製品の寿命を延ばすために、人間に、なるべく長い期間にわたって大事に使ってもらえるような魅力を持った設計を目指す。「いまや、工業製品は新しい時代を迎えた。ゆっくりと威厳を持って歳をとり、我々の人生のパートナーとなり、我々の思い出を作っていくことができるような製品の時代である。」というイタリアの設計者エツィオ・マンツィーニの言葉が、エターナリー・ユアーズの便箋のレターヘッドには誇らしげに記載されている。エターナリー・ユアーズが探求するのは、製品がどのような性質を持っていれば使用者と固いつながりを持つようになるのかということである。彼らによれば、製品の寿命には、技術的、経済的、心理的の三つの次元がある。製品は、単純に壊れて修理ができないという理由で捨てられることもあるし、市場に登場した新しいモデルによって時代遅れになったという理由で捨てられることもあるし、人間の趣味や好みに合わなくなったという理由で捨てられることもある。エターナリー・ユアーズによれば、最も重要なのは心理的寿命である。つまり、持続可能な設計にとっての決定的な問題は、いかにして製品の心理的寿命を延ばせるかということなのである。

この問いに対する答えとしてエターナリー・ユアーズは、たくさんのアイデアを提案している。例えば、彼らは製品の寿命を延ばすような形態や素材について探求している。年月を経ても魅力を失わないで「使い古された良さ」を持つような素材が何かを考えるのである。例として、皮という素材は、ほとんどの場合、ある程度使われた後のほうが美しくなるとされる一方で、きれいに磨かれたクロムめっきの表面は、一つ傷がつくだけで古びて見えてしまう。この文脈において、設計に関連して興味深い事例は、シグリット・スミットによってデザインされたソファの布カバーである。カバーに使われるビロードには、新品のときには見えない模様が縫いこまれていて、ソファをしばらく使うと、その模様がだんだん見えてくる。そのソファは、使い古されることで魅力を失うのではなく、古くなるにしたがって自

(6) エターナリー・ユアーズの仕事についてのさらに詳細な議論は、Verbeek and Kockelkoren 1998; Verbeek 2005b, 203-236 を参照せよ。

分自身を更新していくのである。エターナリー・ユアーズが注目するのは、製品の外観や素材だけではない。製品の寿命を延ばすような修理法についても探求されている。修理やアップグレードのサービスが手軽に利用できれば、人々が製品を早めに捨ててしまうことは防ぐことができる。

本章の文脈において取り上げるべき、最も重要な製品寿命を延ばす方法は、製品の機能に使用者を参加させることによって、使用者と製品の間に絆が生まれるように製品を設計することである。ほとんどの技術において、技術は、使用されるときになるべく技術自体に注意が向かないように作られる。というのも、技術は人間の負担をなるべく軽くするように設計されるのが普通だからだ。セントラルヒーティングのシステムによって、我々は、木を集めて、割って、暖炉にくべて、暖炉を掃除して、といった仕事から解放される。ボタンを押してレバーを引けば家は温まるのである。しかし、こうした負担軽減という性質を製品が持つことによって、技術的製品に参加しているという感覚は失われる。技術を使うために必要な技術との相互作用はどんどん少なくなっている（Borgmann 1992）。そうした変化のもたらすマイナス面の一つが、使用される技術と人間との間の絆が弱くなるということである。製品が果たす機能に比べれば、製品という物質的存在者自体は重要ではなくなってしまっている。ほとんどの場合、人間は使用している技術的人工物と相互作用したいなどとは思わず、それがもたらす利便性だけを享受したいと考えるのである。

エターナリー・ユアーズの製品は、そうした参加感の喪失が、遊戯的な方法によって防げることを教えてくれる。もちろん、製品からの要求が多ければ誰もその製品を使いたがらなくなってしまうだろうが、そうならないように、使用者が技術的製品と相互作用するように仕向けることは可能である。この方向性における興味深い事例が、スヴェン・アドルフによって設計された参加型の電気セラミックヒーターである。そのヒーターの発熱体は、高さの違う何本かの円筒型のセラミックの覆いによって囲まれていて、すべての覆いは、それぞれ異なった縦長の隙間を持っている。そして、覆いの配置は変えられ、それによって、様々な方向に熱を放射できるようになっている。〔訳注〕窓枠の下に設置されオンとオフのスイッチしか持たない普通のヒーターが純粋な機能性へと縮約されているのに対し、アドルフのヒーターはそうではない。そのヒーターは、キャンプファイヤーのように、その機能への注目と関心を使用者に要求する、参加型の製品なのである。そのヒーターは窓枠の下に隠して置くことはできず、部屋の真ん中に置かねばならない。もし暖をとりたいなら、そのヒーターから逃げることはできず、その近くに座らねばならない。ヒーターをうまく使いたいのであれば、自分で覆いの配置を換えなければならない。スイッチをオンにしたりオフにしたりするだけではだめである。それをうまく機能させたかったら、人はその機能に実際に参加しなければならないのである。

エターナリー・ユアーズの活動は、「想像による媒介の予見」の一種と考えることができる。スミットのソファやアドルフのヒーターは、それらの製品が使用者との相互作用や感情的関係のなかで果たす可能性のある媒介的役割を考慮して設計されたものである。二つの製品は、使用者が、他のソファやヒーターよりもその人工物とより強くつながるように、使用者の行動を媒介している。製品は機能的客体として設計されるだけでなく、使用者の行動を能動的に媒介する人工物としても設計されているのであ

〔訳注〕アドルフのヒーターの画像は、フェルベーク氏の著作 *What Things Do* (Verbeek 2005b) の表紙にも使用されている。

る。つまり、エターナリー・ユアーズの製品は、ある「環境倫理」を具現化しているのである。その製品は、自分を寿命の来る前に捨てたりしないで大事にするように、使用者を誘導する。それらの製品が使用者の経験や実践の形成にどのように介入するかを予見することで、設計者は製品の機能性だけではなく媒介的役割にも責任を持ったのである。

構成的技術アセスメントの方法の拡張

第二の道は、設計中の技術の媒介的役割について「情報に基づいた予見」をするためのもので、もう少し体系的なものである。設計者は、使用の文脈と設計の文脈をつなぐために、まさにそのつながりを作るために開発された一つの方法を採用することができる。その方法とは、構成的技術アセスメントConstructive Technology Assessment: CTA〔以下では、CTAと略記する〕のことである(Schot 1992; Rip, Misa, and Schot 1995)。CTAは設計と使用の文脈のつながりを実践的な方法で創り出す。その方法では、すべての関係するステークホルダー〔利害関係者〕の技術設計への参加が目指される。ただ、CTAの方法論は、技術的媒介の文脈に適用するためには拡張される必要がある。

CTAは、技術発展についての進化論的観点に基づいている。技術発展という過程は、生成された「変異」が、市場や公的規制といった構成要素によって形成される「淘汰環境」にさらされる過程と捉えられる。その淘汰環境のなかで「最適の」変異のみが生き残るのだ。しかし、技術の発生と生物種の発生の間には、大きな違いがある。生物的進化と違って技術発展では、変異と淘汰の間に、つながり、あるいは「結束」が存在する。なぜならば、設計者は、技術をやみくもに開発するわけではなく、仕事のなかで淘汰環境がどのようなものになるかを予見し、開発している技術が、消費者や政府関係者の許容範囲を超える重大な効果を持たないようにするからである。

　CTAという方法は、関連するすべてのアクター――使用者、圧力団体、設計者、企業など――の評価を設計の過程にフィードバックすることで、変異と淘汰のつながりを体系的に取り込もうとする。そのために、すべてのアクターを集めた会議が開かれ、そこで技術設計は「構成的に評価」され、その設計についてのコンセンサスの形成が目指される。この種の技術アセスメントは、開発された後に技術を評価するのではなく、開発中に評価して、その評価によって当初の設計を変えていくということから、「構成的」アセスメントと呼ばれる。CTAは、設計過程の民主化と捉えることもできる。CTA的な設計方法論では、設計者だけに限られない、すべての関連する社会的アクターが、技術がどのようなものになっていくべきかを決定する。このような仕組みのなかで、道徳性が技術に「刻印〔書き込み〕」されるのであれば、先に論じたテクノクラシーの脅威は避けることができるだろう。

　ただ、技術的媒介という観点から見た場合、CTAは超えられるべき限界を持っている。CTAでは、主に人間的アクターに焦点が当てられ、媒介という活動の中心となる非人間的な存在者、つまり設計中の技術そのものの能動的な媒介的役割については全く考慮されない。CTAでは、技術開発の複雑な動的構造の分析によって、技術というブラックボックスを開くことが要求される。それを実現するために採用されるのが、構成主義的な技術の捉え方であり、その捉え方では、技術は「与えられている」ものではなく、多くのアクターが参加する過程によって作り出されるものである。そして、アクター同士の相互作用が異なれば、異なる技術が結果として生み出される。しかし、技術開発の動的構造を分析するだけでは、技術というブラックボックスの半分しか開いたことにはならない。技術がどのように出現するのかを、設計の文脈から明らかにするだけでは、まだ使用の文脈における技術の役割はブラックボックスのまま残っている。関連するアクター同士が、民主的で公正な議論をするだけでは、技術が関連するすべての側面を扱ったことにはならない。設計中の技術がどのような媒介的役割を果たすかについての分析は、もし、それが明確かつ体系的に目的として設定されていなければ、CTAのプロセスのなかでは、ずっと隠れたままになってしまうだろう。

つまり、CTAの参加者は、使用者や社会組織からの評価を製品仕様に取り入れるためだけに招待されるのであってはならず、設計中の技術の媒介的役割の可能性を予見することも招待の目的としなければならない。それを実現するためには、先の「媒介を設計する」の節で提示した媒介分析のための用語が役に立つだろう。

このようにCTA手法を拡張することで、「想像力による予見」手法は、より体系的になることができる。設計中の技術の果たす媒介的役割の可能性を予見するという目的をもって、関係するステークホルダーを集めて議論の場を作れば、なるべく多くの媒介的役割を考慮に入れることができるようになるだろう。もちろん、CTA手法の拡張で、設計中の技術の果たす媒介的役割のすべてが予見できるかどうかは分からない。拡張版CTA手法によって設計の文脈での刻印〔書き込み〕と使用の文脈での解釈と専有化が接点を持つようになることは確かだが、技術の媒介的役割として発生しうるものすべてがそのなかで見出されるとは限らない。それでも、この手法は、設計者が自分の設計する製品の媒介的役割に責任を持つための一つの有効な形を提供することはできるだろう。

シナリオとシミュレーション

設計と使用の文脈をつなぐ第三の道は、シナリオに基づいた製品設計である。この手法では、製品の設計は、その製品に持たせたい機能という観点ではなく、その製品がどのように使用されるかという観点から行なわれる（Carroll 2000; Rosson and Carroll 2001; Wolters and Steenbekkers 2006; Tideman 2008）。もちろん、機能性と使用法を分離しては論じられない。しかし、製品の使用形態の多くが意図された機能性に沿ったものでないことも確かである。それが使用者の不満へとつながることもある。こうしたことが、シナリオに基づいた設計手法が開発された主要な動機であった。この手法において、シナリオとは、使用者が製品と様々な仕方で相互作用する具体的な状況のことである。[7] そうしたシナリオを予見することで、機能性に焦点を当てた通常の設計は強化されることになる。機能性のなかには、頻繁に起こる使用シナリオのなかで考えることであまり重要でないと分かるものもあるだろうし、シナリオによって、当初意図された機能性が改善を要するということが分かる場合もあるだろう。

つまり、シナリオに即して考えることによって、設計者は設計している製品の使用の文脈をよりよく

(7) シナリオのテーマとして設計活動が目指す特定の未来のイメージを示すこともできる。例えば、Klapwijk et. al. (2006) では、持続可能な未来の実践のイメージを定式化するときには「設計重視型シナリオ」という概念が使われており、現在の設計活動を導くためには過去描写型のアプローチが使われている。そうしたシナリオのなかでも、技術と人間の相互作用は重要な役割を演じている。

予見できるようになるのである。ただ、問題は、有効なシナリオをどうやって作るかである。想像力――そのなかで「媒介分析」を使ってもいい――によるというのは一つの手であるし、CTA手法のように、関係する使用者や他のステークホルダーをそこに参加させてもいいだろう。シナリオを作る、もう一つの有効な方法が、仮想現実〔ヴァーチャル・リアリティ〕の技術を使うものである。設計中の製品が登場する仮想現実的状況が、使用シナリオを考えるうえでの有効な要点をたくさん提供してくれることは、マルタイン・タイドマン（Tideman 2008）によって、自動車の車線変更補助システムの設計という例を使って示されている。

タイドマンのアプローチでは、可能的な使用者に対し、仮想的に提示されたシステムのなかで関連する変項を操作して、自分にあった車線変更補助ステムを設計する機会が与えられた。精巧な運転シミュレーション装置をそれに組み合わせることによって、設計中の製品と多様な使用シナリオとの間の関係を非常に詳しく知ることができるようになった。タイドマンのアプローチは、本来は顧客の満足のために導入されたものである。タイドマンの目的は、自分の手法を使って、なるべく多くの使用者の選好を明らかにし、なるべくそれを満たすような設計をすることだった。彼自身は、シナリオ・シミュレーション統合によって、設計中の製品が使用者の行為や判断に与える影響を予見しようとしたわけではない。しかし、そのために応用すれば、この手法は「技術の道徳化」にとって非常に有益な手法となる。仮想現実のなかの姿として、設計中の製品と、それが機能する文脈の要点を設計することによって、設計者は、自分の製品が使用されるシナリオについてより適切に考えることができる。仮想現実的提示においては、現実には完成していない製品を使用することが可能であり、実験的な設定での仮想現実を使うことによって、設計者は、製品の機能や効用だけでなく、その製品が使用者の行動や経験をどのように媒介するかということを調査することができる。つまり、タイドマン自身の手法では、シナリオ作成において使用者の選好に焦点が当てられていたのに対して、ここでは、使用者が製品を多様な仕方で専有化していくなかで、そして、技術が多様な媒介的役割を果たすなかで、使用者と技術がどのような相互作用をするのかに焦点が当てられる。シナリオに基づいた設計手法と仮想現実環境を組み合わせることによって、設計者は、設計中の技術の将来的な媒介的役割について多様な側面から予見することが可能となるだろう。

媒介を評価する

もちろん、媒介の予見は出発点に過ぎない。目的は責任ある技術設計である。意図的な技術の「道徳化」を目的にするにしても、望ましくない媒介を防ぐという穏当な方の目的を持つにしても、設計者は、予見された媒介の性質を評価しなければならない。技術的媒介の道徳的評価に関しては、いくつかの側面について議論の必要がある。まず、設計者は、予見される自身の設計の影響力を道徳的に評価するために、——応用倫理でよく使われる手法である——ステークホルダー分析をどのように使えばいいのかを説明しておきたい。ステークホルダー分析の手法では、関係するすべてのステークホルダーの視線を考慮に入れて、設計中の技術に関するすべての関連する道徳的意見が集約されて、調整が図られる。その際に、道徳的行為や道徳的判断の技術的媒介は、特に注目されねばならない。というのも、技術は、二重の意味で道徳的役割を果たしているからである。つまり、技術は、道徳的評価の対象となる社会的影響力を持っているだけではなく、人間の道徳的行為や道徳的判断を媒介してもいるのだから。

媒介分析によってステークホルダー手法を強化することに加えて、技術の応用倫理的分析で中心的な役割を果たすいくつかの論点については、個別に論じておく必要がある。ここで焦点を当てたいのは、責任、自由、民主主義に関する議論である。本書で展開する非近代的アプローチにおいて、それらの概念は、技術を評価する際に基準となる価値として取りあげられるわけではない。むしろ、それらの概念に関連する状況を、技術がどのように再組織化できるのかが議論されることになる。人間の行為や判断において役割を果たすことで、技術的媒介は使用者と設計者の責任に大きな影響を与えている。技術は、責任を、再組織化したり、移行したり、委任したりする。そして、それらすべてのこと自体が、責任を伴って遂行されるべきことなのである。自由と民主主義という論点については、まず、透明性を持った技術の「道徳化」という問題点がある。本章の序で示したように、技術の道徳化が、人間の自由と社会の民主主義的性質を害する脅威と捉えられることもある。しかし、自由と民主主義の捉え方を拡張することによって、設計実践における二つの論点の扱い方には、新しい可能性が開けてくることになる。

ステークホルダー分析の拡張

「技術の道徳化」を責任ある仕方で設計するためには、あるいは、もっと単純に、設計中の技術の潜在的な媒介的役割を道徳的に評価するためには、設計者は、自分の設計の質を道徳的に考察するための方法を持っていないといけない。そのような現実的な形態をとった倫理遂行のための一般的な手法の一つが、ステークホルダー分析である。この手法を技術的媒介の理論と統合することによって、設計倫理において技術的人工物の道徳的意義を正当に扱うための、一つの重要な道が開かれる。そのために、ステークホルダー分析の手法は拡張される必要がある。

ステークホルダー分析は、関係するすべての利害関係者をリストアップすることで、所与の倫理的問題に関連する道徳的議論のすべてを見つけ、さらに、各ステークホルダーの観点から重要な議論をすべて見つけるためのものである。例えば、ステークホルダーのなかには、設計された技術の使用によって否定的な影響をこうむる者もいるかもしれない。また、別のステークホルダーにとっては、ある媒介を導入することが我々の道徳的責務であったりもする。例えば、他の車を無理に追い越そうとしたときにアラームが鳴るような車線変更補助システムのように、いくつもの命を救う可能性があるものの場合がそうである。相互に対してなされる議論のすべてを考量することで、我々は、特定の判断の道徳的質について、情報に基づいた結論に至ることができる。

しかし、技術設計の文脈では、そのような分析が人間的なステークホルダーに限定されてはならず、設計中の技術そのものの道徳的意義も考慮に入れられる必要がある。ここで個別に道徳的考察を要するのは次のような側面である。[8] まず、技術に意図的に書き込まれた意図された媒介の道徳的性質である。

(8) ここで特定されている道徳的考察の使い方は、説得型技術の倫理のダニエル・バーディチェフスキーとエリック・ノイエンシュヴァンダーのアプローチから示唆を受けて、それを少し変更したものである (Berdichevsky and Neuenschwander 1999)。説得型技第二に、潜在的な媒介があり、これは、道徳的想像や構成的技術アセスメントやシナリオ・シミュレーション手法によって予見可能なものに限られる。第三に、媒介の形式が重要である。媒介の形式は様々なものがありうる。すでに示したように、路上のスピードバンプや地下鉄駅の自動改札のような場合には、技術は、実際に使用者に対しある仕方で行為することを強制する。しかし、別の場合、例えば、運転者に自分の運転スタイルの燃費効率を伝えるために自動車に付けられるエコノメーターのような場合には、技術は、使用者を説得している。さらに別の場合、先に論じたエターナリー・ユアーズの設計のような場合には、技術は、使用者に悟られないままで、ある行為をするように、あるいはしないように、使用者を誘引する。これらの媒介の形式は、どの程度まで、そして、どのような条件のもとで、道徳的に許されるのだろうか。第四に、技術が実際に社会に導入されたときの、技術的媒介の最終的な結果——最終的にもたらされる行為や判断——が道徳的に評価されねばならない。最終的な結果は、もちろん、元々意図された媒介とはまったく違うものとなる場合もある。

以上の四つのレベルすべてについて、ステークホルダー分析は、設計中の技術の道徳的関連性をはっきりさせるために有効な方法である。その分析のなかでは、技術が使用者の行動に与える影響は、意図されたものであれ、意図されていないものであれ、道徳的審議にさらされることになる。また、その影響をひき起こす媒介の形式も妥当で受容可能なものでなければならず、そうした効果の最終的な結果も正当化できるものでなければならない。これら四つの要素が一緒になって、設計者の活動や設計中の技術の道徳的質を決定しているのである。このようにステークホルダー分析の手法を拡張することで、リスク分析や警笛鳴らしに焦点を当てた技術倫理や工学倫理の主潮流を超えていくことができる。また、そうすることで、技術が我々の生活の質に与える影響や技術的装置の持つ潜在的道徳性に対して設計者の道徳的考察が果たす役割をより明確にすることもできる。第六章で、ステークホルダー分析の手法の「拡張版」を使い、いわゆる説得型技術の設計を扱う。

しかし、技術設計についての道徳的考察に含まれるのは、道徳的な判断形成のための方法の考察だけではない。我々の行為や判断に影響を与える技術をどのように設計するかという問題は、人間の責任、自由、民主主義に関わる、差し迫った倫理的問題をいくつも提起する。

責任

人間的存在者と非人間的存在者の両方に分布して配置される道徳的行為者性という考え方は、技術と責任の関係について重要な示唆を与える。媒介的技術の設計は、技術によって媒介され誘導された行為に対し人間はどの程度まで責任を持てるのか、という問題を提起する。例えば、ある人が、人工知能による速度制限装置によって強制的にスピードを落とさざるをえない状態のなかで制限速度内で運転している場合に、その人は責任を持って行為をしているのだろうか。また、防犯カメラの自動顔認識システムがある人を間違って容疑者だと特定してしまったときに、そして、そうしたことは、プログラムが若

術の倫理については第六章でより詳細に示す。また、B・J・フォッグ（Fogg 2003）が分類した説得型技術に関する三つの倫理的争点のカテゴリーである、意図、方法、結果の区別も反映している。

い白人をうまく識別するように調整されているために、現実に、黒人や高齢者において頻繁に起こるのであるが、その責任を誰が負うべきなのか（Introna 2005）。意図されていない媒介の形式に対し、設計者や使用者はどこまで責任を負うべきなのか。

この複雑な責任負担の問題を扱うためには、まず我々は、ここで関係している二つの種類の責任を区別しておく必要がある。その二つとは、因果的責任と道徳的責任である。ある人がある出来事や事態の因果的原因である場合、その人は因果的な意味で責任がある。しかし、その場合でも、その人に道徳的な意味では責任がない場合もある。例えば、その出来事や事態が偶然起きたことである場合や、圧力による強制によって起きた場合である。人は、目的をもって、自由に行為している場合に限って、自分の行為に対して道徳的責任を負うのである。この自由と志向性こそが、人間的行為者性の二つの条件的要素なのであるが、それらは、技術的に媒介された行為の場合、非常に複雑なものとなる。

技術が人間の行為に影響を与える——あるいは因果的責任に影響を与える——のであってみれば、技術も、人間と技術の相互作用のなかで発生する行為に対して人間が持つ道徳的責任に関与しているのである。しかし、すでに述べたように、そのことから、人間行動における技術の媒介的役割について、技術自身が道徳的に責任を負うべきであるということにはならない。技術を、人間が道徳的行為者であるというのと同じ意味で、正当な道徳的行為者とみなすことはナンセンスである[9]。ただ、それでもやはり、技術は単なる因果的役割以上の役割を果たしていることは確かである。人間の解釈や行為を媒介することで、技術は、道徳的責任の形成に参加しているのである。例えば、予防的な乳房切除についての道徳的判断は、遺伝子検査という技術から、単に「因果的に影響を受けている」だけではない。そうではなく、道徳的問題そのものが、そして、その問題に対する解答の選択肢が、技術の参加のなかで形成されているのである。そこで道徳的行為をしたり道徳的な責任を負ったりしているのは、人間と技術の融合体なのである。

責任が、道徳的行為者性と同様に、人間と技術の双方に配分されているからといって、設計実践や設計倫理における責任の問題を適切に扱うための糸口がないわけではない。人間と技術の境界線が曖昧であっても、人間の責任を軽減することにはならない。むしろ、そのことによって新しい責任の領域が開かれることになる。前章で論じられたように、最終的な使用者の判断や実践は、技術からの影響の結果であると同時に、使用という実践の結果でもある。加えて、技術の影響は、ある程度は、設計者の活動の結果である。だとすれば、技術を責任の領域に含めいれることによって見えてくるのは、使用者も設計者も、技術的に媒介された行為に対して道徳的責任を負う可能性があるということだ。

使用者の道徳的責任を解明するためには、第四章で扱った、技術的に媒介された道徳的主体性の分析を出発点にすることができる。第四章で、フーコーを彫琢して論じたように、技術的文脈での道徳的主体性とは、技術的に媒介された自身の道徳的主体性の形成に能動的に参加することである。人間は、技術によって決定されたり制御されたりしているだけではない。ほとんどの場合、人間は、技術が自身の行為や実在解釈を媒介する仕方との間に、自覚的に関係を築いていくことができる。そうした人間的主体の自由――フーコーの意味での自由――のなかに、我々は使用者の道徳的責任の基盤を見出すことができる。

（9）この点は、アーロン・スミスのアプローチ（Smith 2003）と逆である。

設計者の責任は本章のテーマである。技術的媒介が完全に予言できるものではないとしても、設計者に対して、自分の設計した技術の媒介的役割の責任を負わせられる可能性はいくつもある。設計者は、自分の製品の媒介的役割を予見したり評価したりすることが可能なのである。そして、後に示すように、設計者が責任を持って技術に道徳性を書き込むための方法はいくつもある。

自由

「技術の道徳化」や行動誘導型技術の設計を取り巻く問題点の次なるものは、そうした技術が持つ、人間の自由に対する意味である。人間の行為や解釈、時に道徳的判断に意図的に影響を与える技術は、技術が我々の生活を支配してしまうという怖れを惹起することもある。例えば、速度制限を守るように我々を強制する自動車は、人間の自由や責任のための余地を奪ってしまうようにも思われる。

しかし、本章の序でも述べたように、技術の道徳化が人間の自由の脅威になるという反論は、混乱した意見である。というのも、人間が意識的に自分の自由を制限しているような約束事は他にもたくさんあるのだから。法を遵守することについて、非道徳的だとか、人間の尊厳を損なうものだと考える人はほとんどいないだろう。それなら、なぜ、法律による殺人の禁止はよくて、子供がよく遊んでいる場所を猛スピードで走ることを禁止するためにスピードバンプを設置することはだめなのか。

さらに、もう一つ、技術の道徳化が必ずしも人間の自由を侵害するわけではない理由がある。それは、本章でこれまで見てきたように、技術的媒介が必ず強制や強要という性質を持つわけではないということである。誘引や説得という形式の媒介は、人間の行動を誘導したり決定したりするわけではなく、人間の行為に対し、情報を与えたり、示唆を与えたりするのである。交通の研究における「共有空間」の概念が示しているように、技術によっては、人間の自由を拡大することによって行動に影響を与える場合もある。共有空間のアプローチでは、道路使用者の道路標識や信号への依存を少なくし、道路使用者に対して意図的に大きな責任を委任することで、交通の安全性を増大させることが目指される。オランダのマッキンガという村では、自動車の運転者の行動への「干渉」(道路標識、信号、遊歩道、側道など) がすべて廃止された。その結果、右からの通行者が常に優先されるという状況が生まれ、さらに、様々な形態の道路使用者 (歩行者、自転車、自動車など) のグループが分離されるのではなく、むしろ融合するという状況が生まれた。[10] 結果的に、このアプローチは大成功であった。事故数は著しく減少した。というのも、人々は、すでに組織化されているシステムに従っていればいいという状態から、責任を持つことを「強制」されることになったからである。ここでの物質的環境は、人々の自由を削減するのではなく、拡大することによって影響力を作り出したのである。注目すべきことであるが、複雑の状況のなかでは、人々に、より多くの自由を与えることで、彼らが責任を持って行動する義務が発生することもある。[11]

第三に、これまでの技術的媒介の分析が示すように、技術を扱う人間の行為は常に媒介されている。このことが含意している責任の概念を受け入れること、それこそが意図的に技術を道徳化することに他な

(10) http://en.wikipedia.org/wiki/Makkinga (二〇一五年五月の時点で有効) を参照せよ。
(11) 他の交通安全への取り組みについての詳細な分析は、Popkema and Van Schagen 2006 を参照せよ。

らない。もし、技術が常に人間と世界の関係性を媒介しているとしたら、技術の道徳化というアイデアを頭ごなしに拒絶するのでなく、その媒介を予見して、それに望ましい形式を与えたほうが賢明であろう。

第四章で示したように、技術が使用されるときには常に技術的媒介がおこっているという事実は、人間の自由が永続的に技術の脅威にさらされているということを意味しているわけではない。それによって示されているのは、そもそも、絶対的な意味での――ここで絶対 *absolute* という語は字義通りの意味、つまり、「外的な」影響から「解放されて absolved」という意味である――自由などは存在しないということである。自由を強制や制限のないことと――あるいは、ジャニス・ジョップリンの歌詞を借りて「何も失うものがないということの同義語に過ぎない」などと――理解してはならない。自由は、人間が自分自身の実存を現実化していかねばならない場という意味での実存的空間と理解されねばならない。人間は、自分自身の実存との間に関係を築き、そして、自分の住む物質文明のなかで実存が遭遇する諸々の制限との間に関係を築いている。先にフーコーの業績に基づいて論じたように、人間の実存の状況依存性は、自由の邪魔をしているのではなく、特定の形態の自由を創造している。自由というものは、自分が住み、そして、つなぎとめられている環境との間に関係を築ける可能性が開かれているところにしかありえない。

フィリップ・ブレイ（Brey 2006）は、アイザイア・バーリン（Berlin 1979）を踏襲して、自由には二つの区別すべき形式があると述べている。一つめは、バーリンが「消極的自由」と呼ぶものであり、限界や制限がないことを意味する。それに対立するのは「積極的自由」であり、人間の自律性、つまり、自分の生に対する支配権を持つことを指している。道徳性を帯びた技術が――特に意図的に行動に影響を与える技術が――影響を与えるのは、ほとんどの場合、消極的自由である。というのも、そうした技術は、使用者が特定の仕方で行為することを不可能にしたり、特定の行為を遂行するように要請したりするからである。もちろん、すでに見たように、人間の自由は他にも様々な仕方で、つまり、法律や規則や欲求などによって制限されているのだから、このこと自体は必ずしも問題にはならない。私有の建造物への侵入禁止を強制的に遂行するために鍵を取り付けることが反対されるなどということは考えにくいだろう。

ただ、技術が積極的自由に介入するとなると、そのことについては、詳しく確かめておく必要がある。つまり、技術が「外的に」我々の行為の自由を制限するのではなく、我々の意図に「内的に」参加してくる場合のことである。ブレイは「コンピュータやトースターや洗濯機や冷蔵庫や電子機器のような機械が、〔…〕我々の選択を代理するようにプログラムされ」、我々はそれ以外の選択ができなくなる可能性について論じている。技術が、「より包括的な行動目的を決定しようとするとき」、ブレイによれば、「自律性は著しく侵害されることになる」(Brey 2006, 361)。

しかし、第四章で見たように、自律性の概念は、技術的文脈においては、そのままでは使うことができないものである。我々の行為や決断は技術的に媒介されている。そして、だからといって、我々が自分のなすことの「作者」ではないというわけではない。ただ、我々は、自分のなすことのたった一人の作者ではないのである。例えば、妊娠中絶や自動車の運転速度の決定や電子メールでのコミュニケーションに関する道徳的議論は、それを可能にしている技術との密接な相互作用のなかで形成されるものである。だから、フーコーが論じた自由の概念が、自律性の概念に対するとてもいい代替概念になるのである。フーコー的な自由を、「積極的」でも「消極的」でもない、「関係的自由」と呼んでもいいだろう。

関係的自由とは、人間が自分の主体性の形成に介入するものとの間に築く関係のなかで登場する自由である。

自由についてのフーコー的捉え方は、技術的媒介の許容範囲を明らかにしてもいる。ある媒介の形式が、その媒介との間の関係を考察すること自体を不可能にするようなものであったら——つまり、その媒介が使用者を制圧的に支配していて、使用者が媒介による影響を適正化したり調整したりすることができないような場合には——、その媒介は批判的に扱われるべきである。技術が実際に特定の行動を強制することが許容されるのは、非常に限られた状況においてのみであり、もちろんそのためには民主的な正当化も必要となるだろう。もし、ある技術的媒介が、人間が自身の（道徳的）主体性を構成するための「関係的自由」の余地も与えないようなものであったなら、そのような媒介は、人間の主体を抑圧し制限しているのであり、そのような媒介が主体性の形成を創造する基盤として機能するのを許してはならないのである。

民主主義

技術的媒介の道徳的性質を評価するための最後の論点は、技術を道徳化することが、社会の民主性に対する脅威となるというものだ。技術のなかには、人間行動に影響を与え、使用者がその影響に気づかないうちに、そして、その影響から身を引くこともできることにすら気づかないうちに、善い生とは何かという見方を設定してしまうものもある。我々の自由民主主義のなかで、個人の自由というのは非常に重要な価値であり、善い生とは何かという問いに答えることは、公共の場ではなく私的な領域に属することである。我々は、政府に対し、善い生のために我々が望むことを促進するような法案を成立させてほしいと期待しているが、善い生とは何かという問いへの詳細な答えを宣伝してほしいとは思っていない。同様に、選挙で民主的に選ばれたわけでもない技術者によって設計された技術が、我々の日常生活に干渉し過ぎることは、民主主義への直接的な脅威と考えられても仕方がない。

そうした脅威は決してSFの話ではない。第六章で論じることになるが、フィリップスなどの会社が、いわゆる「説得型技術」に注目するようになってきており、人々に自分の行動を変えるように説得しようとする装置がますます増えていく可能性もある。例えば、最近開発された「説得型鏡」は、もし今のままの生活スタイルを続けると将来どのような姿になるかを使用者に見せることにより、使用者が健康的な生活スタイルに向かうように誘導しようとする（Knight 2005）。もし、国家が法律によって健康的な生活スタイルへの変更を強要したとしたら、それは大きな混乱をひき起こすことだろう。しかし、説得型鏡のような技術を使えば、「背後からこっそりと」同じような効果を我々の生活に導入することができるのである。

ここでも、そうした技術の道徳化が、それ自体として間違っていたり、望ましくないというわけではない。ただ、もっと民主的な構造を持つべきなのである。そのためには、道徳化された技術の評価と設計の両方について、民主的な手続きを考えることが大切になってくる。設計過程の民主化のための非常に興味深い手法の一つが、先にも論じた構成的技術アセスメント（CTA）である。CTA設計手法では、技術がどのようなもので何をするようになるかを決めるのは、設計者だけではない。関係する全ての社会的アクターが参加して決めるのである。この手法を採用すれば、右で出たようなテクノクラシーの脅威は避けることができ、技術設計の過程に討議民主主義の場を開くことができるだろう。このことは、設計が意図的な「道徳化」や「行動への影響」という側面を持つ場合には特に重要である。

先にも述べたが、関係するアクター間で民主的で公平な議論をするだけでは、問題となる技術が関係するすべての側面を提示するためには不十分であり、設計中の技術の媒介的役割が、明示的かつ体系的に検討議題として設定されている必要がある。技術が機能という観点からのみ設計されるにしても、意図的な「道徳化」という観点で設計されるにしても、その技術の働き方は常に、設計者に配慮を要求するような媒介のプロセスを含むようになるのである。そのために、CTAへの参加者は、製品仕様に使用者や関連する社会団体からの要望を入れるという目的だけのために招かれるのであってはならず、設計中の技術の潜在的な媒介的役割を予見することも目的としなければならない。

ラトゥールの「公共物」の概念は――彼はそれを *res publica*〔公共物、共和国〕というラテン語の直訳として使用しているのだが――、こうした物質性と民主主義の不可欠のつながりを捉えたものである(Latour 2005)。ラテン語の *res* は「物」を意味する語であるが、「集まる場所」や「集まっているもの」を意味することもあり、特定の形態の議会を意味することもある。つまり、「物」とは、人々や他の物を周りに集め、それらを統一したり、差異化したりする存在者と解釈することができる。そう考えると、技術的人工物は、我々の生活や主体性の形成に介入しているというだけではなく、一つの結束点として、つまり、人間を周りに集め、その人工物(ラトゥールの言う「物」)が人間の実存にどのように寄与するのかを議論させ評価させるような結束点として捉えられるべきである。まさに技術こそが、設計の道徳性が位置づけられる場であり、民主主義が本当に立ち上がってくる場なのである。

道徳化の方法

これまで道徳的媒介の予見や評価についての諸相を論じてきたが、まだ、設計者が自分の設計を「道徳化」するためにどのような道具を使ったらいいのかという問題が残されている。この問題に答えるために、まずは既存の二つの方法について論じる。ヤープ・イェルスマ（Jelsma 1999; 2006）の提案による「スクリプト書き込み手法 inscription method」とバチヤ・フリードマン（Friedman 1997）による「価値感応型設計 value-sensitive design」である。その後、二つを統合した手法として、媒介の予見、評価、設計の諸相が融合するような手法を提案したい。

道徳の書き込み

ヤープ・イェルスマ（Jelsma 1999; 2006）は技術的客体に道徳性を「書き込む」ための手法について、主に環境への影響に焦点を当てて、考察している。彼の手法が基づいているのは、人間の行動は「態度、価値、意図」の結果であると同時に「習慣と習性」に、彼の解釈では「物質的設備に導かれた無意識的な行為パターン」に、根ざしているという考えである（Jelsma 2006, 222）。物質的設備を調整することによって、設計者は行為のパターンを望ましい方向に誘導することができる。つまり、アクリシュとラトゥールの「スクリプト」アプローチを使うのである。スクリプトという概念は、イェルスマの示すところでは、設計と使用の文脈をつなぐものである。すでに見たように、設計によって、技術のなかに、スクリプトを書き込むことができ、書き込まれたスクリプトは、行動パターンの形成に介入する。

イェルスマは「使用者の論理」と「スクリプトの論理」を区別する。技術のなかのスクリプトは特定の行動に影響する効果を目指すが、もしそれが使用者の習慣や解釈に適合しなかったら、意図せぬ結果をもたらすことになる。つまり、「書き込み」を設計する技能には、技術と使用者の双方がどのくらいの比率で使用者の行動を作り出すことになるのかを予見する能力も含まれる。イェルスマはそのために、主に器具や装置の再設計に焦点を当てて、八段階の設計手法を考えた。この方法では、すでにあるスクリプトが分析され、再設計後に装置がどのように使用者によって専有化されるかを考慮しながら、スクリプトが「書き換え」られる。

この手法は、特に、食器洗浄機の再設計において使用された。そこで、使用者の論理とスクリプトの論理の間の興味深いずれがいくつも明らかになった。先にも述べたが、ほとんどの人が食器を温水ですすいでから食器洗浄機に入れるのだが、設計の論理のなかではそれは機械の仕事の一つだったのである。[12]このずれを修正するために、「すすぎスクリプト」の書き換えについてのアイデアがいくつか出された。機械がすすぎもできるということを強調するためにすすぎボタンを付け加えるとか、機械がすすぎをしているときにメッセージを発するようにするとか、機械の前面のパネルを透明にしてすすぎの過程がよく見えるようにするといったものである。

イェルスマの手法は、設計の領域におけるスクリプト理論の応用として興味深い。しかしそこには限界もある。本書の中心主題である媒介アプローチは、技術による解釈や道徳的判断の形成への介入をも考慮に入れているという点で、スクリプトアプローチよりもより広い射程を持っている。さらに、イェルスマの手法は、明確に意図されたものであれ、潜在的に作用するものであれ、そのスクリプトの性質や望ましさに関する道徳的考察を含んでいない。イェルスマの観点を取り上げ強化するためには、これまで論じてきたように、もう少し広い射程をもったアプローチが必要である。

価値感応型設計

「技術の道徳化」に対するもう一つの既存のアプローチは、価値感応型設計 value-sensitive design（VSD）である。この方法は、バチヤ・フリードマンら（Friedman 1997; Friedman, Kahn, and Borning 2002）によって開発されたもので、設計過程において、一貫して人間的価値を考慮するというものである。VSDアプローチでは、技術的機能性ではなく、設計中の技術によって補助されるべき道徳的価値が、設計活動の主な焦点とされる。この手法は、例えば、クッキー（インターネットをする人の個人情報を含む小さなファイル）を保存するさいに通知して承認を求めるウェブ・ブラウザの設計で使われた。プライバシーと自律性という価値を出発点として行われた設計の結果、インターネットをするための機能性を持つと同時に、他のブラウザでは脅威にさらされている重要な価値を尊重するようなブラウザが作られた。

（12） 事前にすすぎが必要なのは、例えば、食器洗浄機が一杯になってから動かしたいときなどのように、食器を入れてから二、三日後に機械を動かす場合だけである。

ＶＳＤは、概念的考察、経験的考察、技術的考察を統合した反復的な方法を使う。概念的レベルでは、装備されるべき価値があらゆる面から慎重に分析される。先のウェブ・ブラウザの場合では、研究者によって、「通知」や「承認」にはどのような要素が必要とされるかが分析され、必要な情報の適切な「開示」、その情報の「理解」、承認するものへと「同意」する「自発性」とそれをする「能力」などがあげられ、それらの概念から、「承認か拒絶かを選ぶ機会の明示性」、承認か拒絶かの選択が現実的に自由であること、「通知を受けて承認するために必要な能力」などの要素が導き出された（Friedman, Kahn, and Borning 2002, 4）。

続いて経験的レベルでは、「技術的人工物が状況付けられる人間的文脈」（ibid., 3）が扱われる。そこで考察されるのは、例えば、ステークホルダーたちは様々に異なる価値についてどう考えているか、また、ステークホルダーたちは競合する価値にどのように優先順位をつけるのか、それらの価値がステークホルダーたちの行動にどのくらい影響を与えるか、といったことである。プライバシー重視型ウェブ・ブラウザの場合では、このレベルの作業は、第三のレベル、つまり技術的レベルの作業が終わってから実施される。技術的レベルで考察されるのは、「技術の性能に由来する特定の価値適合性」（ibid., 3）である。そこで中心となるアイデアは、媒介理論においてと同様、技術が、ある特定の活動や価値を奨励し、他の活動や価値を禁止するということである。ＶＳＤ手法では、技術的考察によって、既存の技術の「価値への影響」を調べることもできるし、特定の価値を実現しようとする技術の設計を吟味することもできる。

プライバシー重視型ウェブ・ブラウザの場合、技術的考察が注目するのは、ブラウザの技術的性能の開発がプライバシーに与える影響である。クッキー使用の初期設定はどうなっているか。クッキーの利点と難点について使用者にはどれだけ情報が与えられているか。特に、使用者のインターネット上の行動に関してクッキーが提供する特定の情報について使用者に知らされているか。こうした分析に基づいて、ウェブ・ブラウザ（Mozilla Firefox）の再設計がなされた。そのブラウザでは、個々のクッキーやクッキー全般についての情報の「周辺認知」が導入され、使用者によるクッキーの管理が導入された。続いて、さらに望ましい設計にするために、再設計されたブラウザのどこが使用者に評価されたかに注目する経験的考察がなされた。

VSD手法は、「技術の道徳化」の予見と設計に関して、興味深い可能性を持っている。技術設計の社会的、技術的、倫理概念的側面に焦点を当てるその手法は、技術の道徳化に幅広い基盤を提供する。ただ、この手法においても、人間と技術との間の関係や道徳性の媒介という重要な要素については開拓が遅れている。例えば、VSDのなかで実施される技術的考察は、媒介分析によって提供される、人間の実践と価値への技術からの影響を分析する枠組みによってよりよいものにすることができるだろう。さらに、経験的考察は、シナリオ手法やシミュレーションによって、また、CTA手法のように使用者を参加させることによって、将来の使用の文脈についてより明確に考察できるようになるだろう。最後に、概念的レベルは、関係する価値すべてを詳細に分析してはいるが、最終的に（再）設計されたものの道徳的評価のための十分な基盤は提供できていない。そのためには、ステークホルダー分析のような応用倫理的手法を出発点として、それを自由、責任、民主性といった技術による意図的な行動誘導と関係する争点についての道徳的考察で強化すればいい。加えて、我々は、より包括的な問い、つまり、我々はいかなる被媒介的主体になりたいのかという問いを、公共的かつ民主的に問う仕方を見つけねばならない。

最も重要なことは、ＶＳＤ手法にも道徳的スクリプト書き込み手法にも、その手法によって出来たものの自体の持つ媒介的役割について明確な言及が欠けていることである。道徳性が書き込まれた技術も、特定の価値を支持する技術も、技術であればすべて、想定できない新しい仕方で、人間の行為や判断を媒介することがある。つまり、設計の方法論が適切に機能するためには、反復的反省という段階が必要である。例えば、先に例として出した、エコノメーターは、より燃費効率のいい運転スタイルを発生させるだろうが、それによって今度は、車の運転は環境にやさしい活動になったという印象を使用者が持つことになるかもしれない。そうなると、使用者は、公共交通機関を使う回数を減らし、以前よりも自動車を使う頻度を増やすように誘導される可能性もある。そのような、組み込まれた媒介のメタレベルの効果にも、設計倫理では注意が向けられなくてはならない。

統合へ向けて

本書で展開している道徳的媒介のアプローチを取り入れれば、設計倫理のこれまでの手法をとても豊かなものにすることができる。媒介という観点から見た場合、技術設計とは必然的に、人間・技術・世界の三者関係への干渉を意味している。その関係のなかで、人間の特定の「主体性」が存在するに至り、世界の特定の「客体性」が存在するに至るのである。さらに、媒介を設計しようという試みは、必ず、それ自体として媒介的役割を果たし始め、人間の実践や解釈のなかに取り込まれる仕方に応じて、自分の影響力を派生させる。だから、媒介の設計は、人間的主体が、技術的客体に道徳性を「書き込む」ことによって、人間の行動に「影響を与える」というような近代主義的な捉え方では理解することができない。技術設計とは、人間と技術の関係の動的構造のなかに参加していくことであり、その関係に対しては、常に予期されたのと違う影響を技術が持ってしまうリスクを見据えた慎重な干渉が必要なのである。責任を伴った干渉の実施のために、本章で論じられた様々なステップを設計過程に取り入れることができるだろう。

1. 技術を設計するとき、最初に設計者は、二つの選択肢を持っている。設計に意図的に道徳性を組み込むか、あるいは、技術の定着が進んだ場合にその設計が果たすかもしれない潜在的な道徳的役割を評価するだけにするか、の選択である。

2. 意図的に技術を道徳化することを目指すなら、設計によって技術に「組み込まれる」価値や規範について、概念的分析をすることになるが、それは、価値感応型設計手法の概念的考察の部分に沿って行なうことができる。設計中の技術に装備されるのはどのような種類の規範や価値なのか。それらの規範や価値は相互にどのような関係にあるのか。それらの規範や価値は、何か別の規範や価値を含意したり排除したりはしないか。そうした分析に基づけば、設計は、規範や価値を「物質化」する術を探すことに焦点を当てることができ、その技術が目的とする規範や価値を支持するように人間の実践や経験の形成に介入するような、技術の原型を開発することができる。

3. 次に、設計中の製品の媒介分析が必要である。そこでは、設計中の技術の将来的な媒介的役割を予見することが目指される。本章で論じたように、設計者の道徳的想像力は、シナリオ重視型アプローチや仮想現実技術で補足されることによって、ここで重要な役割を果たすことができるし、製品の使用者や他のステークホルダーを（CTA手法にならって）そこに参加させることも可能だろう。イェルスマの手法の用語を使えば、このような媒介分析によって、設計中の技術に関わる実践に含まれる「スクリプトの論理」と「使用者の論理」の双方について明らかにすることができる。「スクリプトの論理」とは、技術が使用者の行動に与える影響に焦点を当てるもので、「使用者の論理」とは、使用者による技術の解釈や専有化に焦点を当てるものである。VSD手法の用語を使えば、「スクリプトの論理」の分析には、「技術的考察」が有効で、「使用者の論理」の分析には、「経験的考察」を使うことができる。「メタレベルの媒介」と呼びうる媒介、すなわち、「意図された媒介」が結果的にもたらす〔意図とは異なる可能性もある〕媒介的効果、に関しては特別な注意が必要である。

4. 予見の段階を終えたら、関係する媒介すべてについて道徳的評価をする必要がある。ここでは、先に示した、ステークホルダー分析のような応用倫理の手法が使える。その際に、次の四つの点が重要となる。技術に意図的に書き込まれる意図された媒介。設計されたものによってもたらされる潜在的媒介、これは予見可能なものに限られる。使用される媒介の形式。その技術的媒介の最終的な結果。「技術の道徳化」に関するこれら四つの道徳的質のそれぞれに設計者は注意を払うべきである。さらに、技術による人間行動への影響と関連するいくつかの道徳的争点、例えば、自由、責任、民主性などについての考察によって議論をより強固にすべきである。意図された媒介によって生ずる媒介された主体がどのようなものになるかという問題、そして、自分の主体性に影響する媒介の設計に人間が関与できる可能性がどれくらいあるかという問題には、特別に注意が払われねばならない。技術を評価するときには、既存の基準にそって道徳的争点を使用する必要はない。技術が道徳的役割を果たすときに、自由や責任や民主性を脅かすのではないか、と考えるのではなくむしろ、技術が、自由や責任や民主性を媒介するという次元で捉えるべきである。

5. 以上の道徳的評価に基づいて特定の設計が選択される。それでもあくまで、その選択は、一つの実験と捉えられるべきである。その設計の「道徳的内容」が実際に予期したとおりに働くかどうかは保証されない。社会に対する技術的干渉は、「誘導」や決定という性格を持ってはならない。予期せぬ相互作用や解釈や専有化は常に起こりうる。だから、最初の設計を修正していくことが必要となる。操作可能性という近代主義的理想は、慎重な実験的調査と参加型取り組みに場所を譲らねばならない。技術の道徳化は、穏健で臆病な活動である。それは決して、人間行動を誘導しようなどという高圧的な企みではない。

結論

設計の倫理において、技術的人工物の道徳的意義は深刻に捉えられねばならない。人間の日常生活や社会において技術の果たしている重大な役割を正当に扱うためには、技術を、単に道徳的人間に使われる道具として扱うのではなく、それ自体として道徳的に重要な存在者として扱うべきである。物質の領域へと倫理を拡張することによって、倫理的活動の場所は拡大される。倫理学の活動領域は、文章の領域から物質と設計の領域へと移行するのである。倫理学が、いかに行為すべきかという問いを扱うもので、その問いへの答え方に技術が介入しているのだとしたら、技術設計というのは、物質的形式において倫理を行なうことなのである。設計者は、自分の設計する技術によって、人間の行為や判断の形成に介入せざるをえない。だとしたら、設計の過程は、その介入を望ましく、道徳的に正当化でき、民主的なものにするための方策を含んでいるべきである。設計者は、技術の機能性だけを考えていればよいわけではなく、技術の媒介的役割についても考えなければいけない。技術が常に人間の行為を媒介しているという事実によって、設計者には、その媒介的役割を予見する責務が課されることになる。

確かに、技術の媒介的役割を完全に予想することが不可能であってみれば、技術的媒介の予見は簡単なことではない。しかし、未来が完全なる確実性において予言できなくても、十分な情報に基づいた合理的な予想をする方法は存在する。使用の文脈における将来的な技術の役割の不確実性に対処するために、設計の過程に取り入れることができるような、使用の文脈と設計の文脈の間のギャップを埋める方策はいくつもある。設計者は、自分の（道徳的）想像力、シナリオ手法、仮想現実技術を使うこともできるし、設計の過程に使用者を実際に参加させることもできるだろう。それらの手法すべては、設計中の製品の媒介分析に使える。もちろん、それらの手法に拠ったからといって、設計者が、自分の設計しているる技術が現実にどのように使用されるかを完全に予見できるという保証はない。それでも、設計者が、実際の使用の可能性やそれに付随して発生するかもしれない媒介の形式を特定するための助けにはなるだろう。

むろん、技術的媒介の予見は、設計の過程に新しい複雑さを持ち込むことになる。例えば、設計者は、新しいトレードオフを考えなければならなくなる。場合によっては、特定の望ましい媒介的性質を持つ製品を設計することが、製品の使用効率や魅力を減ずることになるかもしれない。自動的な速度制限機能を持つ自動車は、確実に運転者に速度制限を守らせてくれるが、同時にそのことは運転の自由が奪われることを意味している。自由が奪われるというコストを重視する運転者もいて、その人は、速度制限装置に激しく反対することになるだろう。また、設計者が技術の媒介的役割を予見するなかで、開発された原型が、よくない媒介をもたらすという理由によって却下されることもあるだろう。そのようなトレードオフをしたり、よくない結果を弾くためには、特別な道徳的判断が必要となる。さらに、一般的に、行動影響型技術の設計に関する道徳的問題については、次のような慎重な注意を払う必要がある。意図された媒介、媒介の形式、意図された媒介のもたらす結果的な効果、それらはすべて道徳的に正当化できるものだろうか。また、設計中の技術が人間の自由や責任にどのような意味を持つことになるだろうか。

最後に、いくつかの形式の行動誘導型技術が問題となっていることからも分かるように、「道徳性の物質化」のすべての責任を、設計者個人に負わせることはできない。設計者の行為と判断は常に公共的な帰結を持っている。それゆえ、設計者の判断とその帰結は、公共的な判断にさらされるべきである。設計作業の結果である生産物は、文字通り「公共物」であり、ラトゥール的な意味のレス・プブリカ *res publica* (Latour 2005)、つまり、人間を自分の周りに集め自分に関連することがらを議論させる事物なのである。

第六章　道徳的環境——具体的応用事例

序

これまで展開された技術の道徳的意義の捉え方をさらに彫琢するために、本章では、それを、近年急速に社会的影響力を強めている、ある技術分野に応用してみたい。[1] その技術分野とは、環境知能 Ambient Intelligence と説得型技術 Persuasive Technology である。どちらの技術も、行動科学の成果と情報技術の最先端の可能性の融合によってできたものである。電子機器がどんどん小型化し、機械間通信のワイヤレス化がどんどん進むことにより、いわゆる賢い環境の開発が始まっている。賢い環境は、ある場所で何が起こったかを記録し、それに基づいて、その後、知能的な反応をする。ほとんどの場合、そこで働いている技術は目に見えないようになっていて、人間の認知過程に沿うように緻密に調整されている。そうした技術は、知能的な環境を作り出すということから、環境知能と言われるのである。環境

（1）　本章は、Verbeek forthcoming a を加筆修正したものに基づいている。

知能に、使用者の行動を特定の方向に誘導する能力を付け加えたものが、説得型技術である。

こうした技術が、技術の道徳的意義、道徳の媒介的性格、行為者性と道徳性のハイブリッドな性質などといった、本書で取りあげた論点をいくつも内に含んでいることは明らかである。本章では、これらの技術について詳しく論じた後に、それを倫理的に設計し使用するということに焦点を当てて、これまでに展開してきた理論や概念を応用してみたい。

環境知能と説得型技術

環境知能

環境知能は、コンピュータ技術の発展の最先端の姿と言える（Wehrens 2007）。それは、電子機器の小型化、通信のワイヤレス化、コンピュータとその環境世界との知能的な相互作用の増加が進行することで生まれた技術である。環境知能とは、「ユビキタスコンピューティング」と知能的なユーザーインターフェースの結合の産物である（Brey 2005）。一九九一年にマーク・ワイザーによって導入されたユビキタスコンピューティングという概念は、未来において、情報技術やコミュニケーション技術が、至るところで、意識されないまま、我々の存在の背景で、機能するようになることを表現している（Weiser 1991; Bohn et al. 2004）。そうした背景的機能は、温度調節機器や電子時計といった個々の装置によって実現されるのではなく、様々な種類の装置が相互に通信する統合的ネットワークによって実現される。

環境知能 *Ambient Intelligence* という言葉は、フィリップス社によって導入された用語であるが、ブランド名というよりは一般的な用語として定着している。ヨーロッパのルクサフラックス Luxaflax、アメリカで絆創膏の意味で使われるバンドエイド（Band-Aid）のようなものである。それは、いたるところに存在する技術に、知能的なユーザーインターフェース、例えば、会話やジェスチャーや人間の行動パターンを認識するような機能、を付加して、環境への高度な反応ができるようにしたものである（Aarts and Marzano 2003; Aarts et al. 2001）。例えば、環境知能によって、誰かが玄関を入ってくるときに、自動的にドアベルが鳴ったり、電灯がついたりするようにできる。その人が家に入る必要があることをシステムが認識すれば、自動的にドアが開くようにすることもできるだろう。公共交通の予約や支払いを自動化するために使うこともできそうである。通行人を認識してその人に合ったディスプレイをするスマート・ショップ・ウィンドウであれば、賢い販売戦略が可能だろう。環境知能がある場所は、「スマート・ホーム〔賢い家〕」とか「スマート・エンバイロンメント〔賢い環境〕」などと呼ばれることもある。

こうした環境知能は決してＳＦの話ではなく、現実に急速に重要性を増してきている。我々はすでに自動ドアや自動消火装置を使っているし、タイヤがスリップしたときに自動的にＡＢＳ（アンチロックブレーキシステム）をオンにする自動車に乗っている。そうしたシステムをさらに網羅的なものにしただけの話である。ＲＦＩＤ技術の急速な発展によってそれは可能となる。ＲＦＩＤチップとは、内臓の電力供給なしでデータを無線で送信することができる安価な電子的「シール」のことである。ＲＦＩＤタグは、商品のパッケージやＩＤカードにつけたりすることもできるし、また、ペットの皮下に埋め込むことよってペットが迷子になったときに追跡することができるようにもなる。

環境知能の具体例は、想像力を刺激する。例えば、高齢者の介護において、誰かがベッドから落ちたり、不自然な時間に家を出ようとしたときなどに知らせるような感知器を設置することもできる。壁に「耳」を持たせ、助けを求める叫びのような部屋のなかの音に反応するようにもできる。部屋の鍵をなくしたという絶望的な状況も救済可能になるかもしれない（Schuurman et al. 2007）。トイレは排便と尿を自動的に分析してくれ、病気を早期発見してくれるかもしれない。ライフ・シャツ・システムという、知性的ベストを着ていれば、身体機能のすべてをそのベストが監視してくれ、データを病院に送信してくれる（Wehrens 2007）。

健康管理以外の領域でも、非常に多くの応用可能性がある。ＲＦＩＤチップを食品につけておけば、冷蔵庫は自分のなかに保存されている食品を認識して、人間のために買い物リストを作成することができる。人の食事パターンをフィードバックして、推奨メニューを提案することもできるだろう。最近開発された防犯カメラは、公共秩序を守るために、逸脱行動を自動的に感知して警察に報告することで迅速な対応を可能にしている。携帯電話のＧＰＳシステムを使えば、親は、子供が迷子になったり帰りが遅いときに、どこにいるかが分かるようになる。家電製品は、室内に人間がいるかどうか、場合によってはその人の機嫌までも察知して、例えば、電灯の明るさを調節したり、電話をつなぐか否かを判断したり、目覚めたときにコーヒーをいれたりもできる。

こうした知性的環境の影響力は、行動科学の成果を取り入れて、使用者と環境の相互作用を設計することでさらに効果を増す。現在、説得型技術と呼ばれているものにおいて起こっているのがまさにそれである。説得型技術とは、人間がある仕方で行動するように能動的に「説得する」技術である。スタンフォード大学には、B・J・フォッグがリーダーを務める説得型技術の研究室があるし、フィリップスのような大企業も、行動科学や情報科学の研究者との密接な協同研究を組織化し、説得型技術に投資をするようになっている。

説得の技術には長い歴史がある。古代ギリシアの修辞学者やソフィストに始まり、現代のスピンドクター〔情報操作の専門家〕や企業の宣伝部に至るまで、これまで常に人間は、他の人間が、ある特定の意見を持つように、ある特定のことをしたいと思うように、あるいは、ある特定のことをやめようと思うように、説得するための技術を作ろうとしてきた。二十世紀の終盤に、そうした説得の技術は行動科学の対象領域となった。人間行動に影響を与えるためには、受容者の持つ特性とメッセージの持つ形式の双方を使うことができる。人間行動に影響を与える方法についての知見と情報技術と通信技術のもたらす可能性が結合することによって、我々の日常生活に深く干渉して、我々に特定の仕方で行為させたり、特定の判断を下させたりする技術を設計し応用する新しい可能性が発見された（Fogg 2003）。

この領域を理解するためにいくつかの具体例をみてみよう。すでにあげたが、説得型鏡 Persuasive Mirror は、人の顔を変容して映し出す。その人の生活スタイルが未来にどのように影響するかを推測し、その人の外見にどのような影響を及ぼすかを示すのである。そうして、その人の生活様式が健康に与えるリスクを視覚的にフィードバックする。ハイジーンガード Hygiene Guard は、子供がトイレの後に手を洗うのを忘れたときに注意するシステムである。もちろん、説得型技術がすべて環境知能に関係しているわけではない。例えば、フードフォン Food Phone は、内臓カメラ付きの携帯電話を使って人が体重を減らすように促がす。食べたものすべてを写真に撮り、それをセンターに送信することで、人は摂取したカロリーの値の詳細なフィードバックを受けることができる。ベイビー・シンク・イット・オーバー Baby Think It Over は、十代の若者の妊娠を減らすための教育プログラムに使われる人形である。その人形は、新生児が必要とする世話のイメージを極めてリアルに再現する。昼間と夜間の両方についてである。それにより、赤ちゃんのために自分の人生を使うにはまだ早いと考えた若者は、子供を作ることを思いとどまるかもしれない。

倫理

環境知能や説得型技術の持つ倫理的意味をどう考えたらいいだろうか。フードフォン（肥満の予防）、ハイジーンガード（トイレの後に手を洗うことの促進）、エコノメーター（車をより経済的に運転するよう促す）などは、背後の意図が明らかに善なるものである。とはいえ、倫理的問題は山ほどある。人間の行動を特定の方向へと意図的に促進することは道徳的に正当化されうるのか。どのような説得の方法ならば許容可能なのか。説得型技術が望ましくない帰結をもたらしたり、使用者を道徳的に正当化できない行動へと導くことはないのか。技術による説得は人間の自律性に対してどのような意味を持つのか。説得型技術は道徳的な怠惰へとつながるのではないか。最終的に、人間は道徳的判断のすべてを機械や非民主的な社会組織に委任してしまうことになり、議会や議員によって設定される法律は、技術者によって設計される技術に取って代わられるのではないか。

こうした倫理的問題は、安全性リスクや信頼性やプライバシー関連の通常の議論よりもずっと広い射程を持っている。それらの問題ももちろん重要ではあるが、こうした説得型の技術は、同時に、我々自身が道徳的存在であり、自分の人生の主体であるという考え方を脅かすものでもある。というのも、そうした技術は人間と技術の相互作用を根本的に新しいものにするからである。説得型技術や環境知能によって我々は、人間行動に影響を与える方法を目立たないかたちで調整することが可能になる。ということは、こうした技術は、他のどんな技術よりも、本書でこれまで論じられてきた倫理的問題を内に含んでいることになる。行為者性、責任、自由といった概念は、これまでの章では理論的役割しか持っていなかったが、ここでは切迫した現実的問題となる。背後で人間を誘導しているものがあるときに、どのような誘導が受容可能でどのような誘導はそうでないかをどうやって決めるべきなのだろうか。そして、誰がそれを決めるべきなのだろうか。もし、人間の行為が、かなりの程度において、技術による誘導の結果であるとしたら、その行為の責任を、どうやって人間に負わせることができるのだろうか。そうした技術を開発したり使用したりするための民主的な形式はあるのだろうか。そうした技術の影響を拒絶するという選択肢を人間は持つべきなのだろうか。そもそも、そんな選択肢を人間は持てるのだろうか。人間の実存は、環境知能や説得型技術の影響によって変化するのか。そして、その影響の形成に介入することはどのようにしたら可能となるのか。

環境知能と説得型技術は、技術の影響力や道徳的意義を理解するためには、我々が人間と技術の分離を——たとえ、その分離が通常の倫理的問題を扱うためには何の問題もなく普通のことであるとしても——克服しなければならないことを、非常に具体的なかたちで教えてくれる。これらの技術は、目的を実現するための手段として使われるというよりも、ほとんど気づかれない背景として人間行動に能動的に干渉するという形態をとっている。ここでは、行為者性は、人間的な概念だけで理解することはできず、人間‐技術関係のなかで理解しなければならない。

したがって、他のどんな技術にもまして、環境知能と説得型技術は、我々が非近代的に倫理を捉えなければならないことを、つまり、主体と客体の分離という支配的な考えを超えて、主体も客体も重要な役割を果たすハイブリッドな事象として倫理を扱わねばならないことを教えてくれる。人間の行動を予測して影響を与えるという意味で、これらの技術は、本書の中心的テーマである道徳的媒介の好例となる。これらの技術は、人間がどのように行為するかとか、どのような判断をするかといったことに、能動的に介入する文脈を創り出す。エコノメーターによって誘導される効率的な運転や、フードフォンを使うことによって変化する食事のパターンは、人間だけで決めた行為として理解することができないものであると同時に、完全に技術によって決定された行動であるわけでもない。もし技術がなかったら、人間はそのようには行為していないだろう。そもそも、そのように行為するかどうかを選択するという状況すらなかっただろう。しかし同時に、それらの技術に人間が完全に決定されているというわけでもなく、人間は、能動的に自分の生活にそれらの技術を組み込んでいるのである。つまり、道徳的な行為や判断は、人間と技術の結合的事象となっているのである。

このように目に見えるかたちで人間の行為や判断に介入しているという点で、環境知能と説得型技術は、設計の倫理と使用の倫理という本書のテーマに対して非常に興味深い知見を与えてくれる。以下では、まず、説得型技術の設計において、道徳的考察が登場すべき最も重要な場所はどこかを特定する。道徳的媒介という観点から説得型技術を捉えることにより、重要な場所として三つの場所を特定する。第二に、その場所での道徳的考察自体を扱う。つまり、説得型技術の設計において道徳的判断を促進するような方法を提案する。第三に、説得型技術の設計実践の外部にある倫理的問題をいくつか取りあげる。主な問題は、特定の説得型技術の道徳的許容可能性と、説得型技術そのものの道徳的許容可能性に関わる問題である。最後に、第四章で展開したフーコー的な技術倫理のアプローチを使って、環境知能や説得型技術における技術使用の倫理について論じる。

道徳的考察の場所

一九九九年に、ダニエル・バーディチェフスキーとエリック・ノイエンシュヴァンダーが、説得型技術の倫理的側面を考察するための枠組みを提案している。彼らの枠組みで中心となるのは、説得者、説得型技術、被説得者という三者間の相互作用である。三者それぞれがすべて、道徳的考察が登場する場所となる。つまり、我々は、設計者の動機、技術において採用される説得方法、その説得の結果起こること、について考えなければならない。バーディチェフスキーとノイエンシュヴァンダーのモデルでは、「動機を持った設計者」が説得型技術を作り出し、その技術は人間に影響を与えるために特定の「説得の方法」を採用し、最終的に「意図された、自然に予測できる説得の結果と、予測不可能な説得の結果」が現れるとされる(Berdichevsky and Neuenschwander 1999, 54)。

説得型技術に関連する倫理的問題をすべてカバーするためには、この枠組みは少し変化させたほうがいい。第一に、本書のポスト現象学的観点から見ると、技術的説得は、より広い射程を持った技術的媒介という現象の一部として捉えられるべきである。私が主張したいのは、技術的媒介の理論からの知見で、バーディチェフスキーとノイエンシュヴァンダーの枠組みを強化することである。それによって、説得型技術の効果について、「意図された説得」と「それ以外の意図されていない説得」の対立構造よりも、もっと深い理解が可能なはずである。

第二に、「説得」から「媒介」へと範囲を拡げることで、倫理的考察や倫理的判断のなかに意図せぬ技術の影響を含め入れるためには、より多くのことが必要になる。これは、第五章で論じたことである。バーディチェフスキーとノイエンシュヴァンダーのモデルでは、意図されていない結果に対して設計者が負うべき責任についてはしっかりと論じられていない。しかし、常に、そして不可避的に意図されていない結果は起こるのだとすれば、意図されていない結果について考えることは非常に重要である。だとすれば、バーディチェフスキーとノイエンシュヴァンダーのモデルは、意図されていない結果を予測する方法、さらに、そうした結果を設計過程での道徳的判断のあり方に組み入れるための方法によって補われなくてはならない。

説得と媒介

説得型技術の道徳的側面を分析するためには、まず、そうした技術が人間に与える影響をしっかり把握しなければならない。すでに述べたように、技術の影響によって、その技術で意図された説得的効果の結果以外の行動が引き起こされることもある。すべてとは言わないが、ほとんどの説得型技術は意図せぬ効果を持っている。こうした意図されていない効果については、媒介のアプローチを使って分析できる。

技術的説得は、より広い射程を持った技術的媒介という現象の一形態と考えることができる。実際に、ほとんどの説得型技術は、行動を誘導するための経験や解釈を形成するというかたちで、解釈学的形式の媒介を遂行している。例えば、フードフォンは、食べ物についてそれまでと違った解釈を作り出すことに介入し、それによって、人の食事習慣を誘導する。それに対し、行為の技術的媒介のなかには説得ではないものもある。第五章で論じたように、行動を誘導する媒介は、少なくとも三つの型に分類することができる。

第一に、技術は人間に特定の行動をするように強制することができる。例えば、スピードバンプは、自動車の運転手に対して、速度に関する選択の自由をほとんど与えない。第二に、技術は使用者に対し特定の行為をするように説得することもできる。例えば、自動車についているエコノメーターは、運転者に自分の運転スタイルのエネルギー効率がどれくらいになるかをフィードバックする。そして第三に、技術は使用者を特定の行動へと誘引することもできる。例えば、道路の設計（カーブや路面のマークなど）を工夫して、特定の速度で走行することを魅力的にしている場合などがある。

説得型技術と媒介には、もう一つの関係性もあり、こちらも同様に重要である。つまり、技術的説得を媒介の一形態として見ることができるだけでなく、技術が持つ説得するという機能が、それ自体として、媒介的効果を持っている場合もある。再びフードフォンの例をあげると、フードフォンは、使用者がより健康的な食事習慣を営むように説得し、このことは、解釈学的形式の媒介の一つと見ることができる。つまり、ある人が食べているものについてのその人の解釈を形成するという媒介である。しかし、この説得という効果そのものが、人間と食物と社会的環境との間の関係に対して媒介的役割を果たすこともある。例えば、フードフォンは、より健康的な食生活へと向かわせるという望まれた効果を持つと同時に、食事という行為をストレスの原因にする。フードフォンにより、人は、健康についてもっぱら食事習慣という観点から考えるようになり、他の要因、例えば十分な運動のような要因の重要性について考えなくなるかもしれない。また、食事をする人が消費される食物すべての写真を撮ることになれば、それは、食卓という場の社会的関係性を大きく変化させることは間違いない。他の例として、エコノメーターは、より経済的な運転をするように人を仕向けるかもしれないが、それによって、人は、そのように運転することが本当に環境にやさしいと誤解するようになるかもしれない。これらの例に見られる技術的説得の媒介的効果は、説得型技術が関わる道徳的判断を考えるときには考慮しておく必要がある。

設計者の責任を拡張する

技術的媒介の一形態として技術的説得を分析してみると、バーディチェフスキーとノイエンシュヴァンダーのモデルは、説得型技術の倫理としては不十分だと分かる。次に考えるべきことは、説得型技術が結果的にもたらす効果が不確実だという点である。第五章で見たように、設計者の活動と設計された技術の媒介的役割との間の関係は一義的ではない。技術はいわゆる複数安定性を持つため、技術が人間の行為に与える影響を完全に予測したり、その影響を倫理的に評価したりすることは困難である。技術の媒介的役割は、スクリプトを書き込んだり責任を委任したりといった設計者の活動の結果であるだけでなく、技術を解釈し専有化する使用者にも依存しているし、創発的に媒介を発生させることもある技術そのものにも依存している。

こうしたことは、設計者がどのように自分の設計に責任を負うかという問題に対して重要な示唆を与える。つまり、使用者の解釈や行為のなかで発現する媒介的役割も使用者の行動の構成に参加しているとしたら、そこでの技術の媒介的役割は、仕様設計に還元することはできないことになる。技術の媒介的役割は、設計された技術についての使用者の解釈にも依存しているし、設計された技術そのものの特性にも依存しているのである。

媒介理論を使えば、説得型技術が「意図された」効果と「意図されていない」効果を持つという単純な結論を超えた考察が可能である。第五章でみたように、媒介分析をすることによって、技術の将来的な媒介的役割を情報に基づいて予測するための基盤を作ることができる。もちろん、そこでされた予測が完全であることを要求したり、確実に当たることを要求してはいけない。このようにすれば、設計者の道徳的責任の範囲を、少なくとも自然に予見できるものに関しては、技術がもたらす意図せぬ結果も含むように拡張することができる。媒介の概念によって、新しい技術は、(技術と関連するリスクや技術がもたらす意図せぬ結果も含む)機能性の質という観点からだけでなく、その技術が新しい実践や新しい経験の形成にどのように介入するかという観点からも評価できるようになる。技術的説得は、その介入の仕方の一つである。つまり、設計されている技術が持つかもしれない媒介的役割について慎重に考察するということは、設計者の道徳的責任の一つとされるべきである。加えて、技術が機能する場の社会制度的文脈においては、そのような考察や責任のあり方のために十分な場所が確保されているべきである（Coeckelbergh 2006）。

説得型技術の倫理的評価のための枠組みの拡張

説得型技術と技術的媒介のつながりを整理したことによって、バーディチェフスキーとノイエンシュヴァンダーの枠組みを拡張し、少しだけ変化させることができるようになる。明らかになったことは、説得型技術は、人間に行動や態度を変化させるように説得するだけでなく、その説得自体も、人間の行動を様々な仕方で媒介するということだ。そうだとすると、そこで問題となるのは、説得の結果だけでなく、技術の使用のなかで起こるあらゆる媒介の結果ということになる。したがって、説得型技術と説得される人間が説得方法を介して関係する、とするのではなく、説得型技術と行動が媒介を介して関係する、としたほうがよい。

先に述べたように、技術的媒介は様々なかたちで人間の行動に影響し、その影響のすべてを設計者の意図に還元することはできない。それでも、設計者の側での道徳的予見や道徳的反省は必要である。道徳的反省を要する三つの場所を次のように特定することができる。第一は、意識的に技術に「組み入れ」られる意図された説得、第二は、その技術によって実現される媒介の形式、ここにはどのような説得方法を採用するかということが含まれる。第三は、技術的媒介がもたらす結果であり、ここには意図された説得効果と付随的な媒介効果が含まれる。

ここで挙げた道徳的反省の場所のリストを出発点として、次節では、説得型技術のこれら三つの側面についての道徳的考察を導けるような道徳的判断形成の方法論を提示する。

設計の倫理

技術的媒介の理論は、技術設計に固有の道徳的次元を明らかにする。媒介の理論によれば、技術は人間の行為の形成や、(道徳的)判断の基盤となる解釈の形成に常に介入している。第五章で論じたように、技術が常に行為や判断を媒介し、その行為や判断によって道徳的行動が構成されるのであってみれば、設計とは、道徳性の物質化の一つの形態なのである。使用される技術的客体はすべて、人間の行為を媒介する。したがって、設計という行為はすべて、人間の特定の実践を構成することに介入しているのである。

第五章で、設計者は、自分の設計の持つ道徳的媒介の役割について、少なくとも三つのことをしなければならないと示した。設計者は、媒介を予見し、評価し、必要ならば(再)設計しなければならない。道徳的に責任を持って説得型技術を設計するためには、設計者は関連する媒介を予見し、自分の設計している説得や媒介について、その性質や方法や結果を道徳的に評価しなければならない。説得型技術を倫理的に適切に扱うためには、設計者は、バーディチェフスキーとノイエンシュヴァンダーのモデルに潜在的に含まれていた道具的な技術へのアプローチを超えていかねばならない。設計者の意図、採用される説得方法、説得の結果を問題にするだけでなく、説得型技術が人間の行為や経験をどのように媒介するか、について、その媒介が意図された媒介か意図されていない媒介かに関わらず、問題にしなければならない。第五章で見たように、そうした方向に向かうための出発点となるのは、前節で示した道筋に従って媒介分析を遂行することである。

ステークホルダー分析

説得型技術や環境知能の設計には、設計中の技術が使用されたときに起こると予見される技術的媒介についての道徳的考察が必要である。すでに見たように、応用倫理における一般的な方法の一つとして、ステークホルダー分析という方法がある。[2] この方法の目的は、関連する様々なステークホルダーの観点から、重要な道徳的論点を明らかにすることである。例えば、ステークホルダーのなかには、説得型装置を使用することで好ましくない経験をするものがいるかもしれない。例えば、摂食障害によって肥満となった人が、フードフォンの使用によって逆に拒食症になってしまうかもしれない。また、別のステークホルダーは、例えば、説得型鏡が人間を健康なライフスタイルに向かわせる場合のように、説得型技術が我々の生命を救うことに貢献する場合には、その説得型技術の導入は我々の道徳的責務だと考えるかもしれない。

ステークホルダー分析を媒介分析で補えば、バーディチェフスキーとノイエンシュヴァンダーのモデルの改善だけでなく、一般的なステークホルダー分析の改善にもなる。ステークホルダー分析においても、技術への道具的アプローチを踏襲するのをやめて、設計者の意図、採用される説得方法、説得の結果だけを問題とするのでなく、す﹅べ﹅ての媒介的効果について、つまり、説得そのものや（意図されたものであれ、意図されてないものであれ）説得の結果に還元できないような効果も含めて、問題にしなければならない。

説得型技術の媒介的役割についての道徳的考察を、義務論や功利主義に沿ったかたちで展開することも可能である。義務論的に説得型技術を捉えれば、意図された説得、採用される媒介の形式、媒介の結果が、道徳的原理に沿うものであるかどうかが探求されることになるだろう。功利主義なら、意図された説得、採用される媒介の形式、媒介の結果に関して、よい帰結と悪い帰結のリストを作ることになるだろう。そして、その帰結は、幸福のような特定の本質的善、あるいは、複数の本質的善の組み合わせ、あるいは、関係する行為者の選好を最大限に満足させるかどうかといった観点から評価されることになるだろう。

説得型技術を評価する

説得型技術の道徳的評価をするためには、先に特定した三つの項目すべてについて分析がされねばな

（2）　この手法については、Fogg 2003, 233-235 でも議論されている。

らない。つまり、意図された説得、媒介の形式（説得方法を含む）、媒介の結果の三つである。最後の項目については、媒介分析もされねばならない。三つそれぞれの項目について、典型的な論点は次のようなものになるだろう。

1. 設計中の技術によって意図される説得。功利主義的観点から、すべての関係するステークホルダーについて、意図された行動の望ましさとそれにかかるコストや否定的効果を天秤にかけて比較せねばならない。義務論的観点からは、意図された説得が、道徳的原則にかなっている必要がある。おそらくここで最も重要なのは次の三つの原則となるだろう。すなわち、無害原則（意図された説得が、技術の使用者や使用によって影響を受ける人々に対する危害の原因とならないか）、与益原則（意図された説得が、技術の使用者や使用によって影響を受ける人々に恩恵を与えるか）、正義原則（意図された説得は、公正なもので、平等な状況において平等に人々を扱っているか）。

2. 使われる説得の方法と媒介の発生形式。功利主義的観点からは、人々に望ましい行動に向かうよう説得することの便益が、様々な説得方法や他の媒介形式の（社会的かつ個人的な）コストと比較して分析されるべきである。義務論的観点からは、次のような道徳原則を問題とする必要がある。つまり、自律性の尊重（人々は自分達が説得されていることを知っているか）、無害性（人々のプライバシーは尊重されているか）、正義（その技術は、特定の社会集団を排除するバイアスを持っていないか）。

3. 媒介の結果。この項目では、媒介分析が登場する。道徳的想像力を駆使して、問題となる技術によって人間の経験と行為に対して及ぼされる媒介的影響が、可能なかぎりリストアップされるべきである。その後、それらの媒介は、功利主義と義務論の両方の観点から、道徳的に評価されるべきである。

例えば、フードフォンのような製品の設計に関する道徳的分析では、フードフォンが人間の行為と経験に及ぼす媒介的影響を創造的にリストアップしなければならない。製品が使用される様々な実際的文脈を可能なかぎり多く想像して、技術の使用者やステークホルダーの実践や経験に及ぼす影響を問題としなければならない。行為の領域に関して、例えばフードフォンであれば、使用者は自分の食べるすべての食物の写真を撮らねばならない。このことは複雑な社会的相互作用をもたらす。もし、あなたが食べるもののすべての写真を撮っていたら、あなたがダイエット中であることは、あなた自身としては隠しておきたくても、他の人に分かってしまう。もっとやっかいなことに、社交的な食事において、他の人があなたのために提供してくれた食事を、あなたはもっぱら栄養という観点のみで判断しているということが分かってしまう。それを失礼だと感じる人もいるだろう。こうした媒介の効果を考えると、フードフォンを使いたくないと考える人もいるかもしれない。

経験の領域に関して、フードフォンによって、使用者は、実際に食べているものについてより多くを知ることになり、このことはおそらく、体重の減少やバランスの取れた食事摂取を結果としてもたらすであろうが、何を食べているかを常に示されていることによって、食物に対する病的な拒絶反応という結果をもたらすかもしれないし、ストレスという、それ自体としては非健康的な結果をもたらすかもしれない。さらに、フードフォンは、使用者を、自身の食行動の「監視者」になるように促し、それによって、使用者を、その直接的環境から引き離す。

フードフォンが道徳的に許容できる技術かどうかを判断するためには、こうした論点をすべて考慮し、相互に関連づけてみなければならない。そこで中心問題となるのは、人の食習慣によい効果を与える見込みと、人の社会生活や食事一般との接し方に悪い効果を与える可能性の、どちらが上回るのかというものになるだろう。

道徳的争点

説得型技術の設計において道徳的考察が必要な場所が特定され、そこで道徳的考察を実践する方法が提示された今の段階で、設計プロセスとは少し離れた道徳的論点を挙げておきたい。これらの論点は、設計者の観点からというよりも、使用者の観点から主に発生してくるものである。そうした論点として次のようなものがある。信用（説得型技術の製作者について消費者はどのくらい信用することができるか）、責任（結果として生ずる使用者の行動について誰に責任を問うことができるか）、信頼性（説得が望ましくない効果を起こさないことを我々は確信できるか）、そして、すべての前提となる、技術的説得の望ましさと合法性といった論点である。

大規模に人間の行動に影響を与えることを目的とする技術が導入されるとき、その技術が道徳的に許容可能であるためには、いくつもの条件を満たさねばならない。最も重要な条件は、使用者が自分の使っている技術を信用できるということである。ここで信用とは、その技術が、それがすると想定されていることを実際にする、ということを人々が期待することができるということを意味しており、また、使用の結果生ずることが、使用者に事前に適切に説明されないままで、使用者の害になったり望ましくなかったりすることはないということを意味している。ここから分かることは、説得型技術の信用には、その技術の信頼性と設計者の側の責任が含まれているということである。

信用の二つの条件が現実にどれだけ実現されるかは、技術の使用の最終的結果と、設計者の意図や使用者の活動との間に、どれだけ密接な結びつきがあるかに依存している。というのも、結局、その関係について考えることこそが、技術の将来的な影響を予想するための唯一の方法だからである。もし、自動車にエコノメーターを設置することによる影響と、設計者が意図してその技術に遂行させようとしたことや使用者がそれをどう使うかを関連付けられないとしたら、その技術は「信頼できる」とはいえないし、責任を伴って設計されたものだと確信することもできない。

第五章で述べたように、影響を予見するということは困難な挑戦である。技術的媒介の因果的責任は、必然的に、設計者、使用者、技術そのもの、の三者に分散されている。さらに、想定外の媒介は常に起こる。例えば、省エネルギー型の電球が現実にはエネルギー使用を増加させたり、携帯電話が社会的交流のあり方を変化させたりといったように。それでも、技術の媒介的影響を完全に予測できないからといって、説得型技術について、信用、信頼性、責任の話ができないというわけではない。媒介について、特定できる因果的責任もいくつかはあるだろうし、特定された因果的責任に基づいて、道徳的責任を負うことができる行為者——つまり、説得型技術の設計者と使用者——に責任を配分することもできるだろう。設計者は、自分の設計の媒介的効果について、道徳的想像力を駆使して媒介分析を遂行したり、その媒介分析を道徳的判断に反映させたりすることによって、可能な限り予見しておく必要がある。使用者は使用者で、自分が技術を専有化したり解釈したりすることによって生じる媒介については、予見しておく必要がある。

使用者と設計者が道徳的に責任を持って振る舞えば、つまり、技術を単なる道具として設計したり使用したりするのでなく、自分の持つ道徳的想像力を駆使して、技術を媒介項と捉えていれば、技術が設計されたとおりのことを実際に遂行すると信用したり、使用のなかで許容不可能な結果は稀にしかもたらされないと信用することは、十分理に適っている。ただ、ここで我々が語ることができるのは、あくまで信用についてであって、確実性についてではない。というのも、技術が不確実性やリスクに囲まれているということ、そして、技術が人間との間に作り出す気まぐれな関係性に依存しているということは避けがたいことだからである。

次なる重要な論点は、「技術的説得」あるいは「行動影響型技術」というもの自体の合法性についてである。ここでは、第五章で示されたアイデアにそって、二つの論点を挙げることができる。第一の論点は、技術を使って人間の行為を意図的に誘導することは、人間の自由を脅かすことにならないか、ということである。そのように人間から自由を奪うことが、人間の尊厳への脅威として捉えられることもある。人間の行為が意図的な決断の結果生じるのでなく、技術による誘導によって生じるようになったら、人間を人間たらしめているものを人間から奪うことになってしまわないだろうか。第二の論点は、行動影響型技術がテクノクラシーへとつながる可能性はないか、ということである。道徳的争点が、政治家による民主的活動ではなく、設計者による技術的活動によって解決されるとしたら、そこでは人間ではなく技術が最終的な支配者であることになってしまう。

　こうした議論が間違っていることは、すでに明らかにした。技術が、常に人間の行為の形成に介入しているとしたら、我々は、技術の影響力に抵抗するなどという無意味なことをやめて、媒介をうまく形成することを目指したほうがいいのである。人間的自由とは技術から独立した完全な自律性であるなどという考えにしがみついているよりも、自由とはその人を規定したりその人に影響を与えているものとの間に関係を築く能力のことである、と再解釈したほうが賢明である。ただそれでも、我々の環境が意図的に「道徳化」されてしまったとしたら、そこにテクノクラシーが実現されるのではないかという危惧は残されたままである。というのも、もし、技術が公共的かつ民主的に「道徳化」されないとしたら、技術的媒介の責任は設計者のみに課されることになり、それは結果的にテクノクラシーという形態に至るからである。そうなると、説得型技術（や他の媒介的技術）の設計を民主的に行なう方法を見出すことが重要になってくる。ここで、第五章で示した「構成的技術アセスメント（CTA）」の手法を役立てることができる。CTAでは、設計中の技術の影響を予見し評価するために、あらゆるステークホルダーとの間で党派性を超えた自由な議論がなされ、その結果が設計過程に反映されることになる。

使用の倫理

環境知能や説得型技術には、設計の倫理に加えて、使用の倫理も必要である。先述した「自由」という論点で示されたように、環境知能や説得型技術は、人間の主体性に影響を与え、使用の実践に影響を与える。第四章で示したように、このことは、技術から主体を「守る」倫理にはつながらない。媒介アプローチは次のような考えから出発する。人間の行為や判断は常に媒介されている、そうであってみれば、倫理学のなすべきことは、技術的媒介を慎重に評価し、実験的に調査して、技術文明のなかで、人間の実存に対する技術的媒介の形成に参加していくことである。技術の使用者は、単なる技術的媒介の受動的な客体ではなく、媒介との間に関係を築くことができる能動的な主体である。日常生活における技術の影響を完全にコントロールすることはできないかもしれないが、使用者は、技術を専有化することができるし、技術が自分の実存を形成する仕方を調整することができる。

　フーコーの言葉を使えば、技術を使用し、技術と付き合っていくことは、自己実践の一つである。つまり、自己が、介入してくる権力との間に関係を築きながら形成される、という実践の一つである(O'Leary 2002, 2–3)。すでに見たように、フーコーは、人間が自分自身を道徳的主体として構成する過程について四つの側面を区別した。倫理的実体（自分のなかの道徳的規範に従属する部分）、従属の様式（主体という相が形成される基となる「権威」）、自己の実践（道徳的主体が形成されるという活動）、自己実践の目的論（特定の規範に従属することによって主体が目指す存在の仕方）。

　道徳的主体性のこれら四つの側面は、環境知能や説得型技術の使用に関わる道徳的な側面を考察するための枠組みとなる。環境知能や説得型技術を、主体性の形成に介入する権力と捉え、その権力が人間の実存に及ぼす影響力の形成に参加するためには、能動的な専有化と実験的調査が必要であると捉えれば、フーコー流の「四層モデル」を使って、それらの技術に含まれる主体構成の様々な側面を解明することができる。

倫理的実体となるのは、人間の意図や行動である。それが、環境知能や説得型技術といった媒介的技術が道徳的影響力を振るう「場所」である。一方で、我々の行動はそうした技術によって直接的に影響される。そこで我々に要求されるのは、行動影響型の効果との間に関係を見出すことである。特に、環境知能の場合がそうである。例えば、知性的速度調節システムは、能動的に我々の行動と相互作用し、我々の行動に深く影響を与える。他方で、説得型鏡のような説得型技術は、良い生活スタイルについての規範的考え方を推奨し、意図的に我々を「教育」する。そこで我々に要求されるのは、注意深く慎重にそれに反応することである。そうした技術の責任を人に負わせることができるのは、その人が、技術が自分自身の道徳的実体の形成に介入する仕方に関して、意識的に一つの立場をとっている場合に限られる。しかし、そのためには、その人は、その技術の媒介的役割について分かっている必要がある。環境知能や説得型技術などの技術は、新しくて面白そうな小道具というだけでは終わらない。それらの技術は、我々の実存に干渉してくるのである。そのことが分かるようになったときはじめて、我々は、そうした技術の影響を我々自身の日常生活のなかに組み入れ、技術的に媒介された我々自身の実存の形成の「設計に参加」できるようになる。

環境知能と説得型技術は、特定の従属化の様式を持っている。つまり、特定の道徳的規範が働いていることを人が認識するように誘導したり刺激したりする特定のやり方を持っている。これらの新しい技術の文脈においては、特定の道徳的規範に権威を与えているのは、神の法や普遍的に妥当する原理などではない。ここでは、従属化は、技術が人間に及ぼす影響力がその人の注文通りのものであるから従われる、という様式で起こる。ある意味では、環境知能や説得型技術は、人間の良心の外在化と考えることもできる。行動の規範や原理は、潜在的にであれ、顕在的にであれ、ある技術的人工物として物質化され、その技術的人工物によって人間は、自分の行動を予めプログラムされたガイドラインに沿うように調整しようという道徳化の試みに、恒久的にさらされることになる。

　環境知能や説得型技術の領域では、従属化の様式は、様々に異なった形態をとる。先にも述べたが、環境知能のなかには、自動車の速度をＧＰＳシステムと連動して制限速度内に調整する知性的速度調整システムのように、人間に特定の行動を強制するものもある。説得型技術は、また違った従属化の様式を持ち、説得型鏡やフードフォンが使用者にその人の行動をフィードバックするように、説得という力を使うこともある。別の環境知能では、ある行為を別の行為よりも魅力的にすることによって、人間を特定の行動へと誘引することもある。オランダの下町の教会では、外壁に誰かが近づくと自動的に電灯が灯るようになっていることがある。場合によっては、連動して、小便器が自動的に出てくることすらある。それは、人が壁に立小便をする気をなくさせるためのものである（Dorrestijn 2006）。

　フーコー的アプローチの道徳的自己構成の第三の側面である自己実践にあたるのは、技術の使い方や技術からの影響の受け方を、意識的に形成することである。フーコーは、そのような自己設計活動を「自己鍛錬」と呼んだ。広い意味で解釈された自己鍛錬という言葉は、自分自身の形成に介入する強制力との間に関係を築くことを意味している。説得型技術と環境知能において、自己鍛錬とは、技術の使用実践はすべて自分の主体性を形成するということを自覚しながら、技術を意識的に使用することを意味する。

自己実践がとりうる形態として重要なのは、特定の仕方で日常生活のなかに環境知能や説得型技術を取り入れてみて、その媒介について実験的に調べてみることである。スティーブン・ドレスタインは、環境知能の領域で、興味深い事例について論じている。オランダのティルバーグの街で知性的速度調整システムが実験的に使用された。その結果は、技術文明における自己実践とは何かを理解するための興味深い論点を提供してくれる（Dorrestijn 2004, 100–101）。知性的速度調整システムは、自動車の速度を、その自動車がいる場所で決められている最高速度以下に自動的に制限するようなシステムであり、使用者の自由を大きく奪うものである。しかし、想定されていたのとは逆に、導入当初に少し反対があったものの、その後、使用者はそのシステムを評価し始めた。主な理由は、そのシステムが快適な運転スタイルを実現したからだった。急いで運転することは単純に不可能となり、結果的にそのことが多くの人にとって、邪魔くさいというよりも快適だったのである（Adviesdienst Verkeer en Vervoer 2001）。このシステムの使用者は、ある種の自律性を、つまり、主体に影響を及ぼす要因がないという意味での自律性を、放棄し、その代わりに、主体に影響を及ぼす要因との間に関係を築き、その要因が使用者の主体性をどのように形成するかを決めることによって、ある種の自由を手に入れたのである。ここで自由とは、実存の技術的インフラによって組織化された一つの実践のことであり、それは、技術を克服したり技術に対抗するものではなく、技術との相互作用の中にある。そのような実践においてならば、技術的に媒介された自分自身の実存に対しても責任を持つことが可能となるだろう。

　もう一つの好例となるのは電子メールである。私的な対話も職業的な対話も、電子メールの導入によって劇的に変化した。電子メールは他人との接触を容易にし、素早い質問と応答の連鎖を可能にしたが、そのコミュニケーションは同時的ではなく、電話での会話や面と向かって話す会話に比べれば、メッセージに反応するまでの時間を多くとることができる。しかし、電子メールは、コミュニケーションを促進するための中立的道具に過ぎないわけではない。電子メールという技術は、人間のコミュニケーションの仕方を媒介している。例えば、電子メールのコミュニケーションでよく知られている現象の一つに「フレーミング」というものがある。フレーミングというコミュニケーションのパターンにおいて、ある人は自分に対して非友好的に思える発言を含んだ電子メールを受け取るのだが、ほとんどの場合、それが非友好的に思えるのは、当該のメッセージを解釈するために補助となりうる言語的かつ非言語的な文脈を受け手側が持っていないことが原因である。そして、いらいらして早急な返答がされると、最終的に激高した反駁へと至ることになり、誰も明確に意図していないにも関わらず、一つの論争が勃発してしまう（Turnage 2007）。電子メールのコミュニケーションで問題となるもう一つの現象は、メッセージのデジタルコピーが主たる宛先以外の人々にも送付される、いわゆるcc（「カーボン・コピー」）の無思慮な使用である。メッセージを作成する際に、宛先に他のメールアドレスを挿入するのは非常に簡単であり、なるべく多くの人にメッセージを送付しておけば（私は知らなかったと文句を言う人もいなくなり）問題はないだろうということから、ccという伝染病は仕事場に蔓延しつつある。それが原因で、従業員に対して電子メール使用法の研修会を実施する企業も出てきている。(3) このような研修会は、技術によって自分の主体性が形成される仕方に対して一つの関係性を築くことを目的としているという意味で、自己実践の一つと捉えることができるだろう。我々は、フレーミングやcc過多という現象を電子メールという技術に付随する不可避的な現象と捉えるのではなく、それらの現象を、主体が存在に至るのを助ける権力と捉え、その権力と相互作用するなかで、電子メール使用者としての自分自身の主体性を「流儀として洗練する」こともできるのである。

最後に、目的論は、我々が道徳的に振る舞っているときに我々はいかなる主体になろうとしているのかという問題に関わっている。環境知能と説得型技術の文脈で、この問いは、物質的環境が我々の日常生活や道徳的選択にまで直接的に介入してくるような未来を想像したときに人々が感じる不安を表現している。我々はそんな人間になりたいのだろうか。例えば、人間が転んだり空腹だったり困っていることを感知する壁を作ることによって、文字通り耳を持った壁の環境を作り、お年寄りに対して、助けが必要なときは文字通り壁に向かって話して下さいと頼み、そうすることによって、高齢者介護の大切な部分を賢い環境に委任する。そのような人間になりたいのだろうか。我々は、技術から受け取るフィードバックに反応して道徳的判断を下すような人間になりたいのだろうか。説得型技術のもたらす「即席の道徳性」によって、我々は、ある種の道徳的怠惰へと堕落してしまうのではないだろうか。

アメリカの技術哲学者アルバート・ボルグマンの言葉を使えば、説得型技術は「道徳性の商品化」という側面を持っている。ボルグマンによれば、商品化とは、現代技術文明の鍵となる特徴の一つである。かつては努力を伴って獲得されていた事物が、ボタンを押すだけで手に入るようになった (Borgmann 1984)。かつては水を得るためには泉まで歩かねばならなかったのが、今では蛇口をひねるだけでいい。かつては火を維持するというのは大変な仕事であったのが、我々は寒いと感じたときには、暖房機の設

(3) 「e-mail overload」でウェブを検索してみれば、誰でも無数の例を見つけられるはずである。

定温度を少し上げればいい。暖かさや水は、近代技術によって商品、つまり、消費物となり、便利な既製品となった。

ボルグマンの分析が全面的に正しいかという問題（Verbeek 2005f）はここでは脇に置いても、説得型技術が、彼の言う商品化の新しい一歩であるか否かという問題は問われるべきである。道徳的に反省する能力は、人間の持つかなり重要な能力である。説得型技術において、その能力は、技術の持つ権力や影響力に身を委ねることと交換されてしまうのではないだろうか。精神が勇むのに肉体が弱いとき[訳注1]、人は、（「技術の道徳化」のほとんどの事例でそうであるように）肉体を影響力にさらす［ことによって強くする］という選択をするが、環境知能や説得型技術の場合、それと同時に、人は精神をも影響力にさらしてしまっている。実存の背景的設定だった物質的環境を能動的な教育者に変えてしまうことで、我々の良心の一部は、意図的に物質的環境のなかに移されることになる。はたして、我々は、技術から受け取るフィードバックに反応して道徳的判断を下すような人間になりたいのだろうか。

こうした問題に対しては、我々の生の質と我々が使用する技術との関係について、開かれた道徳的議論が必要とされる。環境知能や説得型技術についての道徳的議論が、リスクと責任に関するもののみで終わってしまったら、本当の問題点は論じられない。本当の問題は、我々の倫理的主体性についての問題なのである。環境知能や説得型技術は、巧妙に我々の日常生活に忍び込み、時には気づかれないままに我々の行為や判断に影響を及ぼす。まさにそうであるがゆえに、それらの技術は、我々はいかなる道徳的主体になりたいのかという問いを誘発するのである。

しかし、環境知能や説得型技術にしても、それらを社会や日常生活に慎重に導入しさえすれば、ビッグ・ブラザー〔訳注2〕的筋書きに怯える必要はない。というのも、本当のところ、これらの技術は、他の技術においてこれまでも常に存在してきた影響力を見えるようにしてくれただけなのであり、いまやその影響力は、これまでよりはっきりと見えるようになっているのだから。我々の物質的世界は、これまでも常に我々の生に干渉していた。今や、それが以前より公然と干渉するようになっただけである。そして、我々の実存が技術によって媒介されていることがより見えやすくなっている今だからこそ、技術的媒介を議論することができる。使用の倫理という観点でも、設計の倫理という観点でも、技術的媒介について議論すること、そして、その議論を安全性や信頼性やプライバシーに関する普通の心配事の議論で終わらせないことが何より重要である。問題になっているのは、他ならぬ、我々の生の質であり、我々の道徳的主体性の性質なのである。

〔訳注1〕本書の三頁の訳注参照。
〔訳注2〕ジョージ・オーウェルの小説『一九八四年』より。

第七章　媒介を超えた道徳

序

技術の道徳的意義を正当に扱うために、本書では、倫理学のほとんどの立場が持っている「ヒューマニズム的バイアス」を超克しようとしてきた[1]。ヒューマニズム的枠組みは、現代社会において広く浸透している技術の道徳的役割を正当に扱うためには狭すぎる。これまで見てきたように、倫理や道徳をヒューマニズム的に捉えると、自律性も志向性も持たない人工物は、道徳的行為者性の領域からは排除されることになる（Illies and Meijers 2009）。それに対し、ポスト現象学的に捉えれば、技術とは、人間の実在解釈を助け、特定の実践を組織化するものであり、そうした技術との密接な相互作用のなかで人間は道徳的判断を下すというように、道徳性をハイブリッドな事象として把握することが可能となる。そして、道徳的媒介という概念によって、技術の道徳的意義の詳細を理解し、技術の使用や設計の実践において

（1）　本章は、Verbeek 2008 b を加筆修正したものに基づいている。

責任を負うことも可能となる。

ただ、倫理におけるヒューマニズム的バイアスを道徳的媒介のアプローチで克服しても、技術の道徳的意義のすべての側面をカバーしたことにはならない。そのことを理解するためには、第二章でされた区別、すなわち、技術への「ポストヒューマニズム的」アプローチと「トランスヒューマニズム的」アプローチの違いについて考える必要がある。本書で展開されるのはポストヒューマニズム的アプローチであると述べて来た。それは、主体の自律性に焦点を当てるヒューマニズムを超えていくものであるが、人間を超えていくトランスヒューマニズムを唱えるわけではない。道徳的媒介という考え方が明らかにしたことを考えてみれば、我々はもう、自分達がヒューマニズムの言うところの自律的存在であるなどと言うことはできない。我々の生活は、それほど技術と一体化してしまっている。しかし、実は、ポストヒューマニズムでも、すべての技術が扱えるわけではない。本章では、技術的媒介という考え方の限界を示すために、現代の技術開発から二つを取りあげて論じてみたい。その技術は、まさに、「超人間的」あるいは「非人間的」な形態の志向性へと向かっている。

第六章で示したように、「技術的志向性」を組み込む形で開発される技術はますます多くなってきている。第一に、知性的速度調節システムやＭＲＩ画像化技術などは、人間の行為や判断を媒介するというよりも、使用する人間の志向性に、技術自体の「志向性」を付加している。第二に、近年の技術においては、ナノテクノロジー、バイオテクノロジー、情報テクノロジーが結合し、「人間の本性」に干渉することが可能となっている。脳インプラントによって、聴覚のない人が音を聴くことができるようになる。「脳深部刺激療法 deep brain stimulation」によって、鬱病やパーキンソン病の症状を和らげることができる。向精神薬によって、人間の気分を劇的に変化させることができる。遺伝子工学の分野では、人間の遺伝物質の操作をますます洗練化していくことが計画されている。これらすべてにおいて、技術は人間の行為や判断を媒介しているというよりは、むしろ、人間の主体に融合している。その結果生ずるのは、「サイボーグ」と呼ばれてきたようなハイブリッドな存在者である（Haraway 1991; Hayles 1999; De Mul 2002; Irrgang 2005）。

この二つの形態の人間と技術との関係が、我々をポストヒューマニズムとトランスヒューマニズムの境界線へと連れて行く。というのも、これらの技術は、非人間的な形態の志向性を含んでいるからである。非人間的行為者との相互作用は、媒介的技術が使用されるときとは違ったかたちで人間的志向性の形成に介入する。そして、人間が非人間的存在者と融合して新しいハイブリッドな存在者になることによって、人間を超えた志向性の形態が登場することになる。こうした「人工的志向性を持つ」技術やサイボーグ的技術の道徳的意義は、本書の展開の軸となってきた道徳的媒介の現象とどのように関係してくるのだろうか。

この問いに答えるために、媒介関係を補足するような、人間と技術の間の二つの関係性について論じてみたい。まず分析するのは、合成関係と名付けられる関係である。この関係においては、技術は人間と実在との間の関係を媒介するのではなく、人工的な、あるいは「人工物による」志向性を人間の志向性に付加する。例えば、エキスパートシステム、知性的速度調節システム、特定の形式の画像化技術などである。次に、サイボーグ関係と名付けられる関係を分析する。この関係においては、技術と人間との境界線が物質的に曖昧にされている。例えば、向精神薬や脳神経インプラントの技術などである。これらの人間と技術との新しい関係性が技術倫理にいかなる意味を持つかを考察することが本章の目的である。

道徳的媒介とその向こうにあるもの

道徳的媒介のアプローチによって、人間の実践における技術の媒介的役割と、人間の道徳的判断の基盤となる経験や解釈における技術の媒介的役割という二つの点で、技術の道徳的意義が理解できるようになった。第一に、このアプローチによって、倫理学における客体には、道徳的行為者性における媒介的役割という新しい地位が与えられる。第二に、このアプローチは、道徳的主体についての再考を我々に迫る。技術がこれほどに根源的なかたちで我々の道徳的行為や道徳的判断の形成に介入しているのだとしたら、道徳的行為者性の条件として最も頻繁に挙げられる、主体の自律性という条件は、大きく緩和されることになる。

そのため、道徳的媒介アプローチにおいて、私は、ヒューマニズム的な自律性の概念の代わりに、フーコー的な自由の概念を使った。フーコーの自由の概念は、外部からの影響がないということではなく、外部からの影響との間に自由な関係性を築くことに焦点を当てている。人間の志向性は、ほとんどの場合、技術的に媒介されているが、だからといって人間は、受動的な技術的媒介の生産物に過ぎないわけではない。技術が我々の道徳的行為に介入する仕方は、決定的なものではない。技術は人間と実在の間の関係性の組織化に介入する。その関係性は、特定の道徳的行為や道徳的判断の基盤となり、媒介する技術そのものの性質と、人間による技術の専有化の性質によって決まる。人間は反省する能力を持っているため、こうした媒介との間に能動的に関係を築くことができるし、その関係を調整して自分自身の道徳的主体性を「流儀として洗練」したり、その設計に参加したりすることができる。

道徳的媒介の概念は、技術の道徳的意義のかなりの範囲をカバーする概念であるが、先に示したように、それに含まれないような形態の「物質的道徳性」もある。技術のなかには、人間－世界関係の媒介として単純に説明することができないような道徳的役割を果たすものもある。そうした形態の道徳的意義を扱うために、ここで再び志向性の概念を取り上げたい。技術のなかには、単に人間の志向性を媒介するというのではなく、「人工的」な志向性を登場させるものもある。また、人間と融合し、「合成」志向性をもたらす技術もある。こうした非人間的志向性や、その背後にある様々なタイプの人間と技術との関係性を理解するために、ここで、ドン・アイディによる人間－技術関係性の説明に、さらに二つのタイプの関係性を付加して拡張し、付加された二つの関係性が関わる様々なタイプの志向性を分析してみたい。

第一章で見たように、アイディは、人間－世界関係を理解するという現象学の伝統に、技術という次元を持ち込んだ。現代の技術文明において、我々が周囲の世界と持つ関係のほとんどは、技術的装置によって媒介されているか、技術的装置自体に向けられている。メガネで見たり、温度計を読んだり、銀行のATMでお金を下ろしたり、電話で会話したり、エアコンの音を聞いたり、MRIスキャンの検査を受けたり。アイディの分析は、志向性が「真正」でも「直接的」でもなく、媒介されているような様々な事例を提示する。その意味で、それは、人間の志向性についての「ポストヒューマニズム的」説明の一つである。

よく知られた人間－技術関係の分析で、アイディは、四つのタイプの関係性を区別している。第一に、技術は使用者によって身体化されることがある。メガネや歯科医の探針〔プローブ〕などがそうである。第二に、技術は我々の経験の目的物となることもある。ATM機でお金を引き出す場合などがそうである。第三に、技術が実在の代理表象を与えることもある。例えば温度計は、実際の暖かさや冷たさの経験を作り出すわけではないが、我々にある値を提供し、その値が、温度についての何かを伝えるためには、「読まれる」ことを必要とする。第四に、技術は、我々の知覚のための文脈を形成し、我々の経験の背景として役割を果たすことがある。エアコンの機械音や冷蔵庫の自動オンオフ機能などがそうである。これら四つのタイプの人間－技術関係に基づいて、技術は媒介という役割を果たしている。四つの関係性については、表2で図式的に示す。表中の矢印は志向性を表している。

表2から、志向性と技術との間にはいくつかの関係性があることが分かる。志向性は技術的人工物を介して働くこともあるし、人工物に対して向けられることもあるし、人工物のなす背景に対峙していることもある。他者関係を除いたすべての関係性において、人間の志向性は技術的装置に媒介されている。そこでは、人間は世界を直接的に経験するのでなく、人間と世界とのつながりの形成に介入している媒介的人工物を通じて経験する。双眼鏡は実在にアクセスする新しい方法を提供することで、温度計は実在を開示する新しい方法を提供することで、エアコンは経験の新しい文脈を作り出すことで、それぞれ新しい経験の形成に介入している。その新しい経験は媒介されており、全面的に「人間的」なわけではない。人間は、それらの媒介装置がなければ、そのような経験を持つことすらできない。温度計を読む

表２：人間と技術の関係性（Ihde 1990）

身体化関係：	（人間－技術）→ 世界
解釈学的関係：	人間 →（技術－世界）
他者関係：	人間 → 技術（－世界）
背景関係：	人間（－技術－世界）

ことや電話で会話することなどの経験について考えるためには、部分的に技術によって構成されている志向性という「ポストヒューマニズム的」な志向性の理解が必要である。

しかし、「人工的な志向性を持つ」技術や本章の冒頭で論じたようなサイボーグが持っている志向性についてはどのように理解したらいいのだろうか。これらの技術は、ヒューマニズムを超える、よりラディカルな変化を必要としているのではないだろうか。以下で論じるように、媒介された志向性の他にも、さらに二つの形態の志向性が区別されなければならない。その志向性は、アイディが区別した四つの関係性に付加される二つの種類の人間－技術関係に由来する。第一に、サイボーグ志向性という概念を導入しておきたい。それは、人間的なものと技術的なものが一つの新しい存在者として融合しているような、人間と技術のハイブリッド――つまりサイボーグ――の持つ志向性を意味している。それは、アイディの人間－技術関係のように二つが相互関連しているというのとは異なる関係性である。第二に、合成志向性の概念について論じたい。使用されている技術的人工物が人間と同じように志向性を持っているという状況が存在するのである。

アイディは、もっぱら人間と技術の関係性そのものに焦点を当てており、その関係性に含まれる志向性には焦点を当てていない。そのため、彼の分析では、関係性のなかに含まれる志向性の多様な形態がブラックボックス化されてしまう傾向がある。ブラックボックスのなかの諸々の志向性に注目することによって、本当の意味で彼の分析を発展させることが可能となる。アイディによる人間－技術関係の図式的表示には、志向性を意味する矢印のほかに、ダッシュ〔－〕があり、それは存在者同士の関係という以外には詳しい意味を規定されていない。身体化関係と解釈学的関係――この二つの関係は、結果的に世界との関係を含んでいるため、志向性を語るときにことさらに重要な関係である――に限って言えば、ダッシュ記号は、人間と技術の間の関係と技術と世界の間の関係を表している。これらのダッシュ記号の意味を考えてみることによって、我々は、志向性についてのポストヒューマニズム的な説明、さらにトランスヒューマニズム的な説明がどのような性質を持つのかを、より詳細に考察することができる。

第一に、身体化関係の表示《(人間－技術)→世界》において、人間と技術の間のダッシュ記号は、人間と技術の間にありうる様々な関係の性質、とりわけ「サイボーグ志向性」を考える際に重要となる関係の性質をブラックボックス化している。このダッシュ記号の陰に多くのタイプの関係性が隠れているはずであり、それらすべての関係性は身体化関係の性質に影響を与えるはずである。第二に、解釈学的関係の表示《人間→(技術－世界)》において、技術と世界の間のダッシュ記号は、媒介をする技術と世界との間にありうる関係性をブラックボックス化しているが、非人間的で技術的な志向性の存在を考慮するために十分な場所を作り出していはない。この関係性は「合成志向性」を論じるために非常に重要となる。以上の事前準備的考察をふまえて、以下で、アイディによる身体化関係と解釈学的関係の理解について、よりラディカルな解釈を示してみたい。そこで、身体化関係は「サイボーグ」関係に、解釈学的関係は「合成」関係に拡張されることになる。

サイボーグ志向性

身体化関係における人間と技術の関係を調べてみて分かるのは、人間‐技術関係についてのアイディの図式には、実は、第五の関係が加えられるということである。アイディの関係の並べ方では、技術はだんだんと人間から遠ざかっている。「身体化されている」状態から「解釈されている」状態へ、さらに「相互作用している」状態へ、そして、単なる「背景」という状態へ。しかし、身体化関係のなかには、技術が人間にもっと近づいているような極端な場合がある。その関係において、技術は、単に身体化されているというよりも、実際に人間の身体に融合している。そうした人間と技術の関係から普通に連想されるのは、「生体工学的」存在、あるいは、半有機体的かつ半技術的なもの、つまり、サイボーグである。視覚障害者の視覚を増強するためにマイクロチップが埋め込まれている場合や、抗うつ剤で人の気分が良くなる場合や、人工心臓弁やペースメーカーが人の心臓の鼓動を補助しているような場合、そこにあるのはすでに身体化関係ではない。少なくとも、そこでの関係は、メガネをかけたり電話で話したりすることと類比できるものではない。三つの例において、実在を経験しているものとして存在しているのは、確かに、人間と技術的人工物の連合体である。しかし、「生体工学的」つまり「サイボーグ的」連合体というのは、本当の意味で、新しい存在者なのである。そこでの連合は、人間と非人間的存在者の相互作用を作り出すというよりは、人間を物理的に変えてしまっている。その結果生じる「サイボーグ関係」は次のように図式化することができるだろう。

サイボーグ関係：（人間／技術）→世界

この第五の技術的関係に基づく志向性をサイボーグ志向性と呼んでもいいだろう。その志向性のあり方は、本書の導入で少し触れた、「超人間的なもの」の領域へと我々を連れて行く。サイボーグ志向性においては、人間の志向性が技術的に媒介されているというよりは、志向性が人間を超えたところにある。薬物の影響下で実在を経験する「存在」や、埋め込まれたマイクロチップの補助のもとに事物を見る「存在」を、完全に人間的な存在だとは言えない。同様に、そのような存在の持つ志向性も、完全に人間的な志向性とは言えない。もちろん、「普通の」身体化関係に含まれる志向性も完全に人間的な志向性であるわけではない。人間同士が携帯電話を通じて向き合ったり、補聴器を使って何かを聞いたりといったことは、人間と技術的人工物の緊密な連合があって始めて可能である。しかし、身体化関係においては、まだ、媒介された経験のうちで人間的な要素と技術的な要素を区別することができるが、サイボーグ関係においてはそれがもう不可能なのである。

アイディの四つの種類の人間‐技術関係は、技術によって媒介された志向性を扱っている。その媒介された志向性において、（媒介された）人間と（複数安定性を持つ）技術的人工物の双方が構成されるのである。それに対し、サイボーグ志向性の概念は、人間‐技術関係が、人間的なものと技術的なものの本当の混成物を形成するというかたちで、一つの物理的存在者という姿をとる場合もあることを表している。例えば、技術的部品が本当に人間の身体に融合している場合がそうである。望遠鏡や補聴器のような使用される技術は、我々を別の人間として構成することに介入している。それに対し、内蔵される技術は、新しいハイブリッドな存在を構成する。さらにその新しい存在はそれとして、当然、別の媒介的技術を使用することもある。

合成志向性

媒介された志向性とハイブリッドな志向性に加えて、技術によって形成された志向性の第三の形態についても詳しく分析しなければならない。その志向性は、合成志向性と名付けることができる。この志向性では、中心的役割を果たすのは、技術的人工物とそれを使用する人間の志向性の相互作用において、技術的人工物そのものが持つ「志向性」、あるいは方向付けである。「技術的志向性」という言葉はここでは、経験と行為の二つの側面から理解される必要がある。それが意味しているのは、技術が実在の特定の側面に方向付けられる仕方や、技術によって具現化されうる「向目的性」のことである。例えば、経験の文脈においてアイディが出す例は、特定の状況下で自分に意味のある音のみに焦点を当てる人間に対し、録音機は背景の雑音を人間に知覚されるより大きな音量で録音するという例で、録音機は人間とは違った志向性を音に対して持っているというものだ（Ihde 1979, 77–78; Ihde 1983, 56; Ihde 1990, 102–103）。このような技術的装置が持つ「方向付け」が人間の志向性に付加されることで、合成志向性ができあがる。つまり、人間の志向性に技術の志向性が付加された結果生じる志向性のことである。

もちろん、合成志向性はアイディの示す解釈学的関係においても役割を果たしている。というのも、解釈学的関係には常に技術的に生成された世界の代理表象が含まれていて、それは、技術が世界に対するときに必然的に持つ方向付けの結果生じるものなのだから。温度計は温度に焦点を当て、分光写真機は光の波長に焦点を当て、超音波検査機は物質的対象の超音波の反射の仕方に焦点を当てる。ただ、「非人間的」知覚者の持つこのような代理表象的志向性は、合成志向性の一つの形態に、それもかなり特殊な形態に過ぎない。すべての技術的志向性が、世界内の現象を本当の意味で代理表象するように方向付けられているわけではない。なかには、実在を構築する志向性もある。例えば、電波望遠鏡は、人間の眼には見えない電波から、「見る」という形態に即して、ある星の視覚可能な像を作り出す。この場合、人間的志向性と技術的志向性の合成物が向かっているのは、技術が世界を「経験」する仕方をアクセス可能にすることである。電波望遠鏡で星の像を見るということは、技術がどのようにその星を「知覚」しているかを、そして、どのようにしてその星を見えるようにしているかを、つまり、その仕方を、知覚していることに他ならない。

　合成志向性という概念は、アイディの解釈学的関係の分析を拡張するように我々に迫っている。技術の使用の状況において、二重の志向性が働いている場合がある。一つの志向性は、技術が「それ自身にとっての」世界に向かっている志向性であり、もう一つの志向性は、技術の持つ志向性の結果生じるものに向かっている人間の志向性である。つまり、そこでは、人間の志向性は、技術が世界に向かっている仕方へと向かっているのである。そうなると、合成志向性の基本構造を示すときには、人間→（技術―世界）というアイディの解釈学的関係の図式におけるダッシュ記号は矢印にしなければならない。その結果が次の図式である。

合成関係：人間→（技術→世界）

合成志向性をより明確に理解するための好例として、芸術家による技術的志向性を使った実験的試みがある（Kockelkoren 2003）。例として以下で論じる二人のオランダ人芸術家は、技術の助けを借りて、新しい知覚の型を模索している。彼らの作品は、人間的志向性と関わりを持つ技術的人工物の志向性についての探求であり実演である。ただ、彼らは、アイディの解釈学的関係とは違って、技術的人工物の志向性を人間と世界の関係に寄与する志向性とは捉えない。彼らは、技術的志向性を、それ自体として重要なものとして分析するのである。技術的志向性を人間的志向性に対してアクセス可能にすることで彼らが目指すのは、技術だけが経験することができるような実在を顕現させることである。

増強された志向性

オランダ人写真家ヴァウター・ホーイマンスの夜の写真は、「とても穏やかな」合成志向性の例である。ホーイマンスは、数時間というシャッター速度で風景写真を撮る。それによって、写真への感光に星明かりを使うことができ、魅惑的な効果がもたらされる。撮影場所を横切る動物、木々の葉の動き、湖の水面のさざめきといった短時間の偶然的出来事は重要でなくなる。写真に写るのは、持続する事物のみである。ホーイマンスの写真は、我々がまばたきをせずにずっと見ていられるとしたら世界はどのように見えるかを見せてくれる。彼の写真は、ある意味では、フッサールの「本質直観」という方法論の現実化と考えることもできる。一つの現象を想像上で色々と変化させることによって、フッサールは、その現象のどの側面が本質的でどの側面が本質的でないかを見てとろうとした。ホーイマンスの写真は、本質直観を、観念の領域においてではなく、写された写真という物質性において実践していると言える。

ホーイマンスの写真は、人間の視野の持つ志向性を機械的に大改変した例とも言える。最も一般的なカメラの使用法とは逆に、ホーイマンスが創造するのは、瞬間的な感光像ではなく、「持続的な感光像」である。彼の写真は、無限の視覚的印象を、世界についての一つの表象へと融合する。それは、人間の眼では絶対作ることのできないような表象である。このような形態の合成志向性は、人間の志向性の増強として機能する人工的な志向性を人間の眼にアクセス可能なものにするということから、増強された志向性と呼んでもいいだろう。

構築的志向性

合成志向性のもう一つの具体例は、芸術家集団デ・レアリステンの立体写真である。彼らの作品のなかに、木や銅といった純粋な素材で出来ている同じ形の対象の群の立体写真がある。3Dメガネを使ってその写真を見ると、そこには非常に現実的な三次元の表象が出現するのだが、その表象は、日常的経験において存在しえないような現実の表象なのである。

彼らの写真が目指しているのは、いかなる意味においても、現実の代理表象を作ることではなく、技術的志向性によって補われたときにしか人間の志向性に対して存在することのできないような、新しい現実を創造することである。出来上がった三次元的合成物は、写真のなかでは現実的であるが、その「元となる」対応物は日常的な現実のなかには存在しない。デ・レアリステンが立体写真用カメラに与えた「志向性」は、実在する現実を見せることに向けられているのではなく、新しい現実を構築することに向けられている。それゆえ、そこに含まれる志向性のことを、構築的志向性と呼ぶことが出来るだろう。

合成道徳性

合成志向性も道徳と関係している。技術が「志向的」であれば、それは、道徳的行為や道徳的判断において決定的な役割を果たすことができる。本書で論じられた技術のなかには、構築的志向性の領域に属するものもある。例えば、産科における超音波検査機は、妊娠中絶に関係する道徳的実践を媒介しているが、超音波検査機は、自分自身の志向性（つまり、反射される超音波を検知しそれを視覚可能な像に変換すること）を、将来の両親や医療従事者の志向性に付加することによってそれを行なっているのである。説得型技術のなかにも、合成志向性の一形態として見ることができる志向性を含んでいるものがある。説得型技術では、技術的志向性は、解釈学的な性質や知覚的な性質ではなく、実践的な性質を持っている。説得型技術には、ある「意図〔志向〕」が内蔵されていて、それによって人間の行動に影響を及ぼし、態度や見方や実践を変化させるように我々を説得する。第六章で論じた例でいえば、人がフードフォンを使ったり、説得型鏡を見ているときには、装置の意図〔志向〕が使用者の意図〔志向〕に付加されて出来上がった新しい志向性がそこにある。

超音波検査機やフードフォンのような例から分かるように、合成志向性の持ちうる性質は非常に多彩であり、合成志向性に含まれる技術的志向性が設計者によってどの程度の「向目的性」を持たされているかも様々である。産科の超音波検査機が道徳的実践や道徳的判断の形成に介入するために設計されたのでないことは明らかであるが、説得型技術などは、人間の行動を変化させようという意図のもとで設計されている。さらに、超音波検査機は、胎児の解釈を形成することによって、主に、人間の志向性に解釈学的志向性を付加するのに対し、フードフォンは、使用者の行動を変えようという意図〔志向〕を具現化している。どちらの場合も、技術は、技術の存在なしではあり得なかっただろう選択の状況を作り出す。このように、合成志向性は、技術が、潜在的にであれ顕在的にであれ、自分自身の持つ志向性を使用者の意図や志向性に付加する仕方に応じて、様々な形態をとりうる。

自己構成の限界と道徳的意図

前節での例から分かるように、ハイブリッドや合成という形態をとる志向性は、媒介された志向性と同じように、道徳的に重要な意味を持っている。例えば、「サイボーグ関係」で登場する志向性において、人間的要素は非人間的要素と分離することができない。強い鬱症状を和らげるための脳深部刺激療法で脳神経インプラントをつけた人がある仕方で行為しようと判断したとする。そのとき、インプラント〔埋め込み型装置〕がその判断に寄与していることは間違いない。しかし、そこでされた判断を、技術によって媒介された判断とみなすことはできない。その判断は、人間的要素と非人間的要素の連合体によってなされた判断というよりも、むしろ、二つの要素の融合体によってなされた判断、つまり、「人間を超えた」行為者によってなされた判断である。媒介された道徳の場合と同様に、この場合でも、人間と技術を分離することは不可能である。しかし、さらに、この場合では、人間と技術を区別することすら不可能なのである。第二章で導入した用語を使えば、脳神経インプラントのような技術は、ポストヒューマニズムとトランスヒューマニズムの間の境界線を超えていくのである。

合成関係は、本書で中心的に扱っているポストヒューマニズム的倫理の限界点を示している。例えば、ある人が、車線変更補助システムを使って自動車を運転していて、システムに危険な状況を警告されたとする。結果として生じる運転行動は、技術によって媒介された志向性の結果というよりは、補助システムの志向性と運転者の志向性という二つの志向性の合成物の結果である。実は、産科の超音波検査機の例も、「境界事例」としてではあるが、ここに含められるべきである。超音波検査機は、アイディが「解釈学的」関係と呼ぶ関係と、私が「合成」関係と呼ぶ関係の境界線に位置している。実在の代理表象を作り出すということが解釈学的関係の特徴であるが、超音波検査機は、その代理表象の作り方のなかに、プログラムされた「方向付け」を持ち込む。例えば、胎児の後頸部を調べるということは、「欠陥」を見つけることへと方向付けられている。この志向性が、妊娠中絶についての判断が下されるときに、将来の両親の意図〔志向〕に付加されるのである。ただ、サイボーグ関係の場合と違って、この場合は、志向性における人間的構成要素と技術的構成要素の区別をすることはまだ可能である。それでも、ここでの技術の役割は、人間と実在の関係を媒介するというだけでは済まないものになっている。超音波検査機は、それ自体の志向的性質を持っており、その性質は、それが位置づけられている人間－技術－世界関係から離れても、存在するのである。

サイボーグ関係と合成関係において現れる志向性は、人間と非人間に配分されるような形態の志向性というよりは、明確に非人間的な志向性である。そのため、それらの関係によって技術の道徳的意義に何が付け加わるのかを明確にすることで、本書で展開された倫理的立場は、その限界に達することになる。というのも、私が擁護したい立場は、道徳的媒介の設計というかたちであれ、媒介された主体性の形成に能動的に参加していくというかたちであれ、技術的媒介に対して自由な関係性を築くための能力に焦点を当てる立場である。しかし、サイボーグ関係と合成関係における二つの新しい形態の技術的道徳性においては、技術に対して自由な関係性を築くことができる可能性は、かなり限定されている。というのも、〔サイボーグ関係では〕人間を超えたところで道徳的自己構成が起こっているからであり、〔合成関係では〕そこで起こっているのが、技術的に媒介された志向性という現象ではなく、人間的志向性と技術的志向性の密接な相互作用であるため、自由の余地がほとんど残されていないからである。

本書が焦点を当てる道徳的な自己構成――それは、道徳性の物質化と、技術に媒介された主体性を流儀として洗練することの二つを軸とするのであるが――は、ここで限界に達する。それは人間というもののの限界である。我々自身の道徳的主体性を構成しようという野望の究極的な結末は、我々自身を物理的に技術に融合させることか、我々自身を非人間的志向性に従属させることになってしまうのかもしれない。このことは、これまでの章で論じてきた技術の道徳的意義の理解に対し何を意味しているのだろうか。

この問いに答えるためには、合成志向性とサイボーグ志向性のそれぞれについて個別に分析しなければならない。見てきたように、合成関係は、解釈学的関係と他者関係の発展的拡張と捉えることもできる。ただ、合成関係では、技術によって与えられる世界の代理表象や、技術が我々の行為との間で起こす相互作用は、特別な技術的志向性を含んでいる。まず、経験的領域に関して、このことが意味しているのは、技術が実在に向かうときの方向づけを人間にアクセス可能な代理表象に翻訳する必要があるということだ。例えば、超音波スキャナが「知覚」する反射音波は、視覚可能な像に翻訳される必要がある。そして、行為の領域に関して、このことが意味しているのは、人間が技術に埋め込まれた「意図」――例えば、説得型鏡には人間の行動を健康的な方向に導こうという意図が明示的に埋め込まれている――に付き合う必要があるということだ。

これまでの章で論じた分析はすべて、右のような合成関係にも通用する。合成関係における技術は、実在について特定の代理表象を提示したり、我々との間に特定の形態の相互作用を起こしたりすることによって、人間の実践や経験の形成に介入している。このことは、媒介する技術の場合と同じである。なぜなら、人間的要素と非人間的要素の相互作用は合成関係においても存在するし、その相互作用が結果として道徳的行為や道徳的判断を生み出すことに変わりはないのだから。ということは、これらの志向的な技術についても、それを責任を持って設計したり、それについての責任を伴った使用法を考えたり、その影響のなかで発生する自分の主体性の形成に参加したりできる可能性は残されているわけである。これまでと違っているのは、技術の側に明示的に志向性があり、そのことによって、技術的媒介のときよりもより深い影響力が発現するということだけである。環境知能や説得型技術の場合には特に、技術が、はっきりとした知的な相互作用を人間行動との間に築いている。しかし、そのように深い影響力を技術が行使している場合でも、先に示した知性的速度調節システムの例（Dorrestijn 2004）のように、技術との関係のなかで自己構成をする余地は残されている。その影響力を避けることがほとんど不可能な技術でも、それを人間の日常生活に統合していくやり方はいくつもあるのだ。

サイボーグ関係に関しては、それとは異なる分析が必要である。我々は、道徳的媒介の場合より、かなり先にまで行かなければならない。そこにあるのは、技術との相互作用ではなく、人間と技術の現実的融合により発生した新しい道徳的存在者の形成である。そうなると、技術との間に自由な関係性を築くということは複雑な問題となる。自由を持つ存在者自体が、技術との関係のなかで変容しているのである。サイボーグ技術は、媒介的技術より根源的な仕方で、人間が技術との間に持つ関係性の形成に介入する。サイボーグ関係は、我々が自分の主体性を構成するための新しい方法を開く。しかし、その新しい方法は、物理的で有機的な方法であり、技術設計の影響力の不可逆性は増している。そのことによって、多くの複雑な倫理的問題が新たに発生する。そうした問題は、近年「人間の増強〔エンハンスメント〕」の倫理という領域で研究されており、人間の尊厳、社会的正義、人間（あるいはポストヒューマン）の自律性の尊重といった論点が問題とされている。

そのような技術の興味深い具体例の一つが、脳深部刺激療法（DBS: Deep Brain Stimulation）である。この技術は、脳神経インプラントを使用して、人の脳に直接電気信号を送り、脳の特定の部位を活性化させたり非活性化させたりする。現在この技術は、パーキンソン病、鬱病、強迫神経症といった様々な病気の治療に使われている。オランダの医学ジャーナル *Tijdschrift voor Geneeskunde* で記述されている有名な事例では、DBSによってパーキンソン病の患者の症状が著しく改善したことが詳しく語られている（Leentjens et al. 2004）。その事例では、パーキンソン病の症状が改善するとともに、患者の行動全体も変化した。しかも、その変化は、彼の家族や友人が非常に奇妙に感じるくらいに節制を欠いた変化であった。彼は既婚の女性と親しい関係になり、彼女にセカンドハウスや海外の別荘を買い与え、自動車を数台購入し、何度も交通事故を起こし、最終的に自動車免許を取り消された。彼は、DBSのスイッチをオフにするまでは、自分の行動が変化したことには気づかなかった。DBSをオフにしたとき、彼のパーキンソン病の症状は、非常に悪化しており、彼は完全に寝たきりで要介護の状態になってしまった。つまり、適度な中間の状態というのはないことが分かったのである。彼は、パーキンソン病で寝たきりの人生か、症状は出ないが節制を欠き常に問題を起こすような人生かのどちらかを選択しなければならなかったのだ。最終的に彼は、精神科の病院に入院することを、DBSのスイッチをオフにした状態において、選んだ。その病院のなかで彼はDBSをオンにして病気の症状を和らげることができると同時に、変化した自分から自分を防御することもできるということからである。

この事例は、自由や責任が関わる様々な問題を提起している。その男は、二つの人格を平行して生きていて、一方の人格でいる間だけその事実に気づくことができる。しかも、彼の最終的な選択は、その事実に気づかない方の人格で生きることだった。このような状況においては、はたして自由な選択が可能なのか判断するのも、そして、この件に関して選択する権限を誰が持つのかということを決めるのも、簡単ではない。本書で中心的役割を果たしている、慎重に技術を設計し使用することによる自己構成というポストヒューマニズム的野望が、ここでは根本的に新しい姿を見せている。

環境知能やDBSの例から、人間の限界というのは、思われているほどはっきりと決められるものではないことが分かる。なぜなら、人間としての我々が何であるかということは、常に、我々が使用する技術との関係のなかで決まるからである。近年のバイオテクノロジーの発展における主要関心事は、すでに、我々自身を改変することができるかどうかといった問題ではない。本当に新しい話題は、我々の技術的な自己構成のために使用可能な新媒体の開発であり、その媒体の持つ甚大な影響力である。しかし、同時に、それらの新しい技術的媒体が主体の形成のためのものであることから、その使用者には技術との間に能動的な関係性を築くことが要求される。そして、それらの新媒体は、媒介の媒体とは違った仕方で人間の主体を形成する。それゆえ、それらの新媒体が人間の主体性を構成する役割をどのように理解すべきか、そして、人間はそうした技術との間に、どのようにして自由な関係性を築けるのか、といった問題は改めて分析されなければならないだろう[2](Verbeek 2009b)。

(2) 私が現在進めている、人間と技術の関係性と哲学的人類学に関する研究プロジェクトでは、この問題が中心的役割を担っている。

第八章　結論——技術に同行する

序

本書で論じられた道徳的媒介のアプローチは、技術倫理に対して何を意味しているのだろうか[1]。これまで、技術の道徳的意義を理解し、そのことが技術の設計や使用の倫理に対して持つ意味を理解し、媒介を超えた技術の道徳的役割を論じてきたわけだが、この最終章において、より広い視野で、技術倫理や技術哲学という領域における媒介アプローチの位置づけについて考えてみたい。

第一章で示したように、技術倫理の議論の多くが、技術に関わるリスクや危険に焦点を当て、技術を制限する基準作りを目指しているのに対して、本書では、技術倫理の出発点として、人間と技術的人工物の相互浸透性を取りあげた。技術的媒介についてのポスト現象学的アプローチを参照しながら、技術と道徳が様々な仕方で密接に絡みあっていることを解明し、それぞれの関係性が、技術の設計と使用の

(1)　本章は、Verbeek 2010; Verbeek forthcoming b を加筆修正したものに基づいている。

倫理に対して何を意味しているかを考察してきた。媒介という観点から見ると、技術を侵略的権力として捉え、それに倫理的規制が必要だとするだけでは十分でない。技術は、道徳的に重要な存在者として、そして、人間の実存に与える影響の質という観点から評価される存在者として捉えられるべきである。技術は、我々の世界解釈を媒介し、我々が営む実践を媒介することによって、人間の行為や判断の形成に介入している。つまり、技術は人間の道徳性において重要な役割を果たしているのである。

技術を道徳に関係する存在者と捉えることは、道徳的行為者性や責任といった倫理学の中心概念の理解の仕方に対して重要な意味を持つ。行為者性と責任を人間的存在者と非人間的存在者の双方に配分されている現象として捉えることにより、倫理学は、ほとんどの行為や実践の持つ性質であるハイブリッド性を正当に扱うことができるようになる。実際のところ、技術的人工物と人間の行為や判断との間の密接なつながりに関して責任を持って対処しようとするならば、これまで倫理学の本質的特性とされてきたヒューマニズム的バイアスは、棄却されなくてはいけないのである。本書で提案された倫理のアプローチでは、近代主義的倫理学が唱える自律的主体なるものは、技術によって媒介された主体に取って代わられる。そして、時折見られる技術の道具主義的アプローチは、人間の行為や知覚を能動的に媒介するという技術の役割に焦点を当てたアプローチに取って代わられる。

ただ、一方で、道徳的行為者性と責任をこのように再解釈してしまうと、倫理的行為の可能性が制限されてしまうようにも思われる。道徳的行為において、技術的人工物がそれほどの決定的役割を演じているとしたら、人間が遂行する善とは何なのだろうかということになってしまう。しかし、他方で、別の見方をすれば、倫理学の領域を物質性にまで拡張することで、倫理学の活動領域は拡がることになる。

倫理学は文章と観念の領域から、物質と設計の領域へと移行するのである。そして、技術設計は、「他の手段をもってする倫理」の一つの形態と見なされることになる。設計者は、自分の設計する技術を通じて、人間の行為や経験の形成に介入せざるをえない。そうだとしたら、設計の過程は、設計が、望ましく、道徳的に正当化可能な形で、民主的になされるようになっている必要がある。さらに、道徳的媒介という現象によって、技術の使用も道徳に関わる行為の一つであることになる。というのも、人間は、受動的に技術的媒介に従属しているだけでなく、自分の日常生活における技術の役割を実験的に調べたり、流儀として洗練したりすることによって、技術的に媒介される主体性の形成に能動的に参加することもできるのだから。

道徳的媒介のアプローチを技術への他のアプローチも含めた文脈に位置づけるために、本章では二つの道筋にそって論じてみたい。第一に、本書で展開したアプローチの結果としてどのような倫理学が生じるかを論じ、その倫理学が、技術発展や技術使用の実践を導いていく可能性について考察する。これまで私は、倫理と技術が様々な仕方で絡みあう様子を示し、そのように絡みあったものに対してどのように責任を引き受けたらいいのかについて、設計の倫理と使用の倫理というかたちで論じてきた。しかし、その責任自体がどのような道徳的枠組みにおいて形成されうるのかという点については論じてこなかった。本章では、暫定的ではあるが、「善い生の倫理」が、その枠組みとなりうることを示してみたい。その後、ここ二、三十年の展開に即して、技術哲学と技術倫理における技術の道徳的側面の分析の位置づけについて論じる。

技術の道徳的意義を深刻に捉えることは、近年の倫理学の状況のなかで、非常に混乱した事態をもたらしてきた。人間と技術の境界線をぼかし、自律的な道徳的主体の代わりに技術によって媒介された主体を据えるというと、一見したところでは、我々に残された選択肢は、自分達は技術の奴隷であることを単純に受け容れることのみであるようにも思える。そして、自由といっても、せいぜいのところ、時に応じて破壊的活動を起こす自由くらいしか残されていないように思える。道徳的媒介のアプローチの結果として、他にどのような倫理学がありうるのだろうか。そこでも、倫理学は技術発展に対してノーと言える可能性を持っているのだろうか。我々自身の心や身体が完全に技術に媒介され技術に導かれているとしても、我々は技術の倫理的規制について語ることができるのだろうか。

無批判に技術に身を委ねるということだけは絶対に避けねばならない、というのが本書の鍵となるメッセージである。我々が目指すのは、そうした態度とはまったく逆のことである。技術と人間性が相互に浸透していることを正当に評価できていなければ、その相互浸透の質に対する責任を引き受けることもできない。人間と技術との間には複雑な相互作用があり、そのなかでは、技術発展も人間も自律性など持っていない。技術が人間の生産物であるのと同様に、人間は技術の生産物なのである。

しかし、このことは、我々は技術の不運な犠牲者だということを意味しているのではないし、さらに、我々は技術の影響から逃れねばならないということを意味しているのでもない。第四章で結論付けたように、我々に必要なのは、人間と技術の関係性を抑圧と解放という観点から捉える弁証法的アプローチではなく、解釈学的アプローチである。解釈学的アプローチにおいて——解釈学とは意味と解釈の研究のことである——、技術とは、我々の実存が形成される場を構成している要素の一つなのである。技術との関係における我々の自律性は、言語や酸素や重力などとの関係における自律性と同じである。これらのものへの依存から逃れようと考えることは馬鹿げている。というのも、依存から逃れる過程において我々は自分自身を失ってしまうだろうから。技術とは人間の条件の一つである。あらゆる意味で、我々は技術とともに生きていくことを学ばねばならないのである。換言すれば、我々は自分自身の実存を技術との関係のなかで形成しなければならないのである。人間と技術との間の境界線を見直すということは、「何でもあり」ということを意味しているのではない。逆に、技術倫理が、健全かつ責任ある仕方で人間と技術の関係性を形成することを目指さねばならないことを意味しているのだ。

　もちろん、本書で明らかになったように、それは簡単なことではない。技術倫理のほとんどの議論は、技術に対する「外在主義的」アプローチに支配されている。その基本的構図においては、二つの領域があり、一方が人間性の領域、もう一方が技術の領域とされる。そこでの倫理学の仕事は、技術が人間の領域にあまり深く侵入しないようにしておくことである。この構図においては、倫理学というのは境界警備員 border guard であり、その仕事は、望ましくない侵入者を追い払うことである。本書で提示してきた人間と技術の関係の分析の光をあててみれば、このような構図は適切ではありえない。そもそも、その構図の「人間的」領域と「技術的」領域の区別というのが、まったく受け容れられないものなのである。

　倫理学は、技術的客体がどこまで人間的主体の世界に侵入していいのかを決める境界警備員であることをやめて、人間と技術の相互作用の質に目を向けるべきである。このことは、人間と技術の相互作用がすべて望ましいものだということを意味しているわけではないし、我々は技術の発展を放置しておけばいいということを意味しているわけでもない。ここでの問題は、——人間にとってであれ、技術にとってであれ——どこに境界線を引くかということではなくて、これまでも常に人間の最も重要な条件であり続けてきた、人間と技術の相互関係を、なるべくいい形に形成することである。特定の技術が道徳的に許容できるか否かという争点に執拗に執着する倫理はもう必要ない。必要なのは、技術とともに営まれる生の質に目を向ける倫理である。

しかし、どのようにすれば我々は適切に問いを立てられるのだろうか。どのような倫理的枠組みを基礎として、使用実践や設計実践において、人間と技術的人工物のつながりの質を評価したらいいのだろうか。媒介される主体性や媒介する技術の意図的な形成は、どのような方向付けを持つべきなのだろうか。ここでは、本書で論じてきた非近代主義的な技術倫理のアプローチに沿って、そして、ミシェル・フーコーの古典的倫理の解釈を参考にして、善い生の倫理、それも古代哲学における形態のそれと関連付けて考えてみたい。その倫理的アプローチは、定義からして当然、非近代主義的である。古典的倫理の中核には、客体のなす世界のなかでどのように行為すべきかを自問する自律的主体は存在しない。善い生の倫理の中心的問いは、「いかに生きるか」である。ヘラルト・ド・ヴリース（de Vries 1999）が論じているように、現代の技術文明においてこの問いは、人間によって答えられるだけでなく、技術によっても答えられる。人間の実存は技術との関係のなかで形成され、それゆえ、善い生の問題は、我々が技術とともに営む生の質に関わっている。

古典的なアリストテレス倫理学における善い生は、アレテー *aretè*——多くの場合「徳 virtue」と訳されるが、優秀さ *excellence* という語の方が適切である——に向けられていた。つまり、倫理学は、生き方の優秀さを問題としており、生という技芸を習得することを問題としていた。技術文明において、善い生の倫理は、技術を伴う生における優秀さの形を作り出すことを問題とする。そして、第四章で論じたように、非近代主義的な技術倫理に特に豊かな基盤を提供してくれるのは、善い生の倫理に関するフーコーの読解である。フーコーは、人間が「媒介されている」という理解を一つの倫理学的立場につなげることに成功している。フーコーの倫理学的業績は、特に性の倫理へと向けられている。そこで示されたことによれば、古代における性の倫理の目的は、要約すれば、戒律や禁制の遵守ではなく、欲望や衝動に対処する最良の方法の発見だった。衝動は、言ってみれば、強制的に我々に襲い掛かる。そして、倫理とは、その衝動に盲目的に従わずに、衝動との間に自由な関係性を築こうという選択に関するものだった。つまり、衝動との間に適切な関係を見出すということである。

スティーブン・ドレスタイン（Dorrestijn 2006）の業績を参照してすでに論じたように、技術倫理もそれと似た面を持っている。技術が人間の実存において深い役割を果たしているとしたら、技術文明における生の技芸というのは、技術の影響に制限をかけることではなく、責任ある技術設計や技術使用のかたちを築くことによって、我々自身の媒介された主体性を形成していくための技法のことである。善い生の倫理は、特定の技術が道徳的に許容可能かどうかを問題にするのではなく、技術とともに生きるための善い方法としてどのようなものがあるかを問題とする。実際のところ、技術の持つ社会的影響力を拒絶してしまえば、そもそもの発端から倫理を矮小化してしまうことになるだろう。技術発展は、それ自体として進行し続ける。そして、潔癖症の倫理学者たちが傍観者の立場からぶつぶつと小言だけを言っている限り、彼らは、責任を伴った技術発展や責任を伴った技術使用に寄与する機会を失うことになる。今こそ、倫理学は動き、新しい技術がはたして許容可能か否かなどと単純に考えているのをやめて、その技術を我々の社会に導入する最良の方法は何か、という論点を扱い始めねばならない。

こうしたアプローチは、二つの極端なものの中間に正しい場所を見出すという古代のアリストテレス的原理を反映している。例えば、臆病と無謀の中間の健全な場所に勇気があるようにである。技術倫理においては、避けるべき二つの極端な考えがある。一方の極には保守的な願望があり、人間性の境界線を我々の知っているとおりのまま維持し、技術的媒介や技術による変化を忌避すべき侵略と見なそうとする。他方の極には急進的願望があり、技術という手段によって人間性を出来る限り改善していこうとする。人間を超えていこうとするトランスヒューマニズム的願望さえある。二つの極はどちらも、近代主義的な主体・客体の区別、あるいは人間・技術の区別を反映している。保守的な極がもっぱら人間性に依拠しているのに対し、急進的な極は、技術に全面的な信頼をおいている。

本書で展開してきた倫理的立場は、慎重派の倫理的枠組みと技術に定位したその対抗物との中間の立場と考えることができる。その立場が関心を持つのは、技術に対して人間性の安全を守ることでもなく、人間性を技術に融合させることでもない。技術に媒介された我々の実存に対して責任を持つ方法を作り出すことである。その立場は、技術に人間性を規定させようとするのでもなく、人間性を技術から守ろうとするのでもない。目的は、技術の媒介的役割を理解するすべを学び、技術を設計したり、導入したり、使用したりするときにその媒介的役割に配慮するすべを学び、それによって技術との間に自由な関係性を築くことである。

つまり、技術への対処において適切な中道とは、責任を伴った媒介の形態を作り出すことである。そのような技術倫理の主要な問いは、技術とともに生きるための善い方法とは何かという問いである。技術を倫理に対立させるのでなく、技術と倫理的問いを同行させることによって、特定の技術によって影響を受ける人間的実存の諸相について問題を提起したり、どのような考察が重要であるかを決めたりすることも可能となる。そのような問題を問うためには、倫理学は、学説の詳細な研究にとどまってはいられず、技術的に媒介される人間の実存や技術の社会的かつ文化的影響力についての経験的説明を取り入れなければならない。技術文明における善い生の倫理は、特定の技術が人間の実存の特定の相に影響を与える特定のあり方を扱わねばならない。そのような分析に基くことで、使用や設計や政策立案の実践において、どの点を手がかりにして人間と技術の関係性の質を扱ったらいいのかが見えてくる。

第六章での環境知能と説得型技術の議論がそうした分析の好例である。そこで問われた問題は、善い生の倫理において扱われるべきタイプの問題である。そこで中心的に問われるのは、技術が人間の生活世界に侵入する可能性ではなく、次のような、技術と人間的実存との間で起こる新しい相互作用の性質についての問いである。新しい形態の環境知能は、人間の自由に、どのような新しい形を与えるのだろうか。説得型技術は、どのような影響を人間の道徳性に与えるのだろうか。人間の行為と技術的媒介が密接に絡みあっている状況において、責任というものをどのように理解したらいいのだろうか。人間と技術の相互作用の質について、どのように評価したらよいのだろうか。使用や設計や政策立案の実践において、我々はどのようにして技術の影響力の形成に介入していけるのだろうか。

このようにして善い生の倫理をさらに展開していくことは、技術倫理にとって非常に重要な挑戦の一つとなる。実は、現在すでに「善い生の倫理」は、様々な形態で技術との関係のなかで展開されている。最も有名な立場は、おそらくアルバート・ボルグマンの「関与の倫理 ethics of engagement」である。この倫理的立場では、関与型実践という観点で善が論じられる。関与型実践とは、技術によって失われた、とボルグマンが述べる、実在との深い絆を補塡するためのものである。第二の立場は、フィリップ・ブレイの展開しているもので、快適さという観点から善い生を理解し、技術が様々な人間の快適さを、どの程度に脅かしたり促進したりするかを評価することに焦点を当てる（Brey 2007）。この立場の他の道として、マーサ・ヌスバウムとアマルティア・センが定式化した潜在能力アプローチに焦点を当てるものもある。潜在能力アプローチでは、善い生を営むためには特定の潜在能力が必要であることが強調される。最近では、イルセ・オースターラーケンが、特定の状況での特定の潜在能力の発展に対する技術の役割に焦点を当てて、潜在能力アプローチと技術をつなぐ研究をしている（Oosterlaken 2009）。第三の立場は、古典的な徳倫理とつながっているものである。カティンカ・ウェールバースは、博士論文『事物とともに善をなす』（Waelbers 2010）で、アラスデア・マッキンタイアの業績に示唆を受けて、技術に対する徳倫理学的アプローチを展開し、善い生を営むために必要な諸々の基準を提案している。

以上の分析は、すべて豊かな成果を持つ重要なものである。しかし、それらの分析が、本書が乗り越えようとしている外在主義の一形態となることは避けられなければならない。人間の実存が完全に被媒介的性格を持つことを深刻に捉えるならば、善い生の倫理の目的は、技術発展や技術使用の実践を導けるような一群の基準を事前に決めることであってはならない。そうではなく、分析は、技術発展それ自体が善い生と呼びうるものに対してどのように貢献するのかを継続的に考慮していかねばならないし、善い生についての考え方やイメージ自体が、まさに善い生という観点から評価されている技術との相互作用のなかで変化していくことを認識していなければならない。

ここで重要となるのは、善い生についての実り多い議論をするための公共空間や対話の場所を作ることである。チャリング・スヴィールストラが論じているように、技術についての倫理的議論では、生倫理的な議論をすることが難しくなっている。自由な民主主義のなかでは、善い生の問題は個人的な問題になってしまうため、生倫理的な議論の場はほとんどない（Swierstra 2002）。公共的な領域においては、我々は、善い生についての自分達の理想を実現するための規則などは作らないように自制することに慣れてしまっている。その枠組みによって、善い生についての多様な考え方が可能となったのだが、その対価として、公共の議論では、善い生に立ち戻るような議論は、即座に重要でない議論として、場合によっては許容できない議論として、脇においやられてしまうようになり、貧弱な議論しかできなくなってしまった（Valkenburg 2009）。

善い生の問題について国家や教会が解答を与えるような状況に戻ろうと言っているのではない。ただ、本書で展開された道徳的媒介の分析に従えば、技術が善い生の問題を再び公共の領域に引き戻すということを我々は理解していなければならない。理由は単純である。技術は、善い生の理想像を具現化するものであり、善い生の理想像の形成に介入するものでもあるのだから。産科の超音波検査機が、出生前の子供を巡る規範や責任を変化させるのだとしたら、我々は、自分達が胎児の命をどのように扱いたいのかという問題を公共の場で議論しなければならない。高齢者向け住宅における環境知能が、看護師と高齢者のつながりの質を変化させるのだとしたら、我々は、自分達がケアの実践において人間的つながりをどのように評価しているのか考え直さねばならない。技術についての社会的議論を本格的にするためには、本当の問題である善い生の理想像について、その多様性を保ちつつ、考えなければならないのである。人間－技術連合体の善さについての様々な理想に関して広く議論することによって、人間は、自分達の選択や判断に従って自分達を正しく導くことができるようになるだろうし、政治的判断や技術的実践は、理想像の多様性を可能な限り正当に扱う道を模索することもできるようになるだろう。

次なる重要な問題は、技術や善い生について公共で論争するための適切な基盤を作ることである。そのためには、使用者、設計者、政策立案者といった論争の参加者は、技術発展を「読み取る」能力を持っていないといけない。つまり、技術が、その機能を満たすことを超えて、社会的かつ文化的に役割を果たしていることを理解できていないといけない。人間が技術との間に自由な関係性を築くためには、技術文明における市民は、技術が社会の形成に介入していることを、つまり、人間の実践や経験、社会的関係、規範的枠組みなどの形成に介入していることを理解できる能力を持っていないといけない。そして、そうした能力のためには、その目的に適った、教育、科学コミュニケーション、科学ジャーナリズムなども必要であるが、加えて、技術と社会の関係についての適切な研究、つまり、その関係が規範的次元を持つことから目を逸らさないような研究が必要である。次に提示するように、そうした研究を実現するために技術哲学がしなければならないのは、人間と技術の関係についての経験的分析と倫理的分析の統合である。私は、この統合は、技術哲学と技術倫理における最も重要な挑戦の一つだと考えている。

倫理的転回に続くもう一つの転回

道徳的媒介のアプローチを、技術哲学の歴史的展開のなかに位置づけて語ることもできる。ここ二、三十年を思い返してみると、技術哲学にはまず、「経験的転回」が起こり、その後に「倫理的転回」が起こった。一九九〇年代の経験的転回で、技術哲学は現実の技術と密接に関係するようになったが、そのなかで技術哲学のかつての特徴であった、社会的かつ政治的に関与していこうという姿勢は失われがちになった。その後、主に二〇〇〇年代に起こった倫理的転回はそれを補おうとするものであったが、その代償として、経験的転回が——少なくとも科学技術社会論（ＳＴＳ）分野におけるその擁護者達が——超克しようとしていたこと、つまり、技術と社会の分離を、再び導入してしまう場合もあった。次に述べるように、道徳的媒介のアプローチは二つの転回の統合と考えることができる。

経験的転回

一九七〇年代の技術哲学は、未だマルティン・ハイデガー、ジャック・エリュール、ハンス・ヨナスといった「創設の父達」の影響下にあったが、一九八〇年代と一九九〇年代に重要な路線変更があった。科学技術社会論という経験的分野との交流が増えたことを一つのきっかけとして、さらに、カール・ミッチャムが提唱した「工学的な技術哲学」（Mitcham 1994）への注目もきっかけとなり、技術哲学の焦点は、大きな社会的文化的現象としての「技術 Technology」から、実際的な諸技術 technologies へと移行した。抽象的で悲観主義的なアプローチは、それ以降「古典的な」技術哲学と呼ばれるようになり（Achterhuis 2001）、その立場に対抗して、分析哲学的伝統と大陸哲学的伝統の双方において、経験的な情報をより多く含んだスタイルの理論が登場してきた。こうした動きは、科学哲学における経験的転回になぞらえて、しばしば技術哲学の経験的転回と呼ばれる（Achterhuis 2001; Kroes and Meijers 2000）。その主な目的は、実際の技術について、その性質や構造という観点と、社会的、文化的、倫理的な意義という観点の双方から理解することだった。

以前に私は、この経験的転回が、技術の捉え方について抜本的な変革をもたらしたと論じた（Verbeek 2005b）。経験的転回は、技術の条件に注目するという、それまでの立場を規定していた支配的見方からの脱却であった。かつての古典的思考様式を「超越論主義」と呼んでもいいだろう。その思考様式は、現象について、それを可能にするための条件という観点から理解することを旨とする超越論的哲学につながっているからである。古典的立場は、技術的人工物そのものや技術的人工物の社会的文化的影響力には目を向けず、そうした人工物を、その存立の条件に還元してしまう傾向があった。その条件とは、例えば、技術的人工物が要求してくる実在の開示の仕方であったり（ハイデガー）、技術的人工物の由来である大量生産システムなどであり、それらが人間の真性な実存を抑圧するとされた（ヤスパース）。

経験的転回は、技術哲学の視線を技術そのものに向けかえることに成功した。その転回は分析哲学的伝統と大陸哲学的伝統の双方において起こった。一方で、工学的な技術哲学の動きが、――分析哲学者の強い主導のもとに――急速に拡大し、技術的活動や技術的人工物、工学的科学の性質や構造を詳細に分析することで、科学哲学と並ぶ一つの小分野へと発展した（Pitt 2000; Kroes and Meijers 2000）。他方で、大陸哲学的な方向性を持つ技術哲学は、サイエンス・スタディーズの勃興によって科学哲学で起こったことを反映して、技術と社会の関係についての経験的なアプローチに影響を受けることになった（Latour 1994; Bijker 1995）。それらの研究では、技術と社会の相互浸透的性質が中心的役割を演じており、このことが、技術という現象に対する技術哲学のアプローチの仕方に大きな影響を与えた（Ihde 1990; Feenberg 1999）。

しかし、経験的転回には代償が必要だった。経験的転回は、「古典的」立場の背後にあった批判的精神、あるいは運動家的とすらいえる精神を前線から後退させた。実際的な技術やその社会との関係を重視する姿勢は次第に強くなり、結果として「記述主義的」アプローチと呼ばれるものをもたらした（Light and Roberts 2000）。その結果、ＳＴＳに対しても、経験に定位した「大陸的」技術哲学に対しても、規範についての分析を放棄し過ぎているという非難がされることになった——数少ない例外の一つが、アンドリュー・フィーンバーグの業績である。一方で、当初は技術と社会との関係を経験的に研究することは、より広範な規範的問題に答えるための「経験的手段」だったはずなのに、経験的研究そのものが目的と化していった。他方で、技術と社会の相互浸透的性質を示せば示すほど、技術に対する批判的姿勢はとりにくくなってしまった。つまり、規範の枠組みを含めた社会そのものが、いずれにせよ技術の産物だとしたら、倫理を遂行するための場所はなくなってしまうのである。

倫理的転回

二十一世紀最初の十年において、技術に対する倫理的アプローチが激増し、それによって経験的転回の生み出した記述主義的傾向は補われることになった。ナノ倫理、情報技術の倫理、バイオテクノロジーの倫理、工学的設計の倫理、などといった多様性を極めた様々な下位領域が倫理学のなかに誕生した。技術に関する応用倫理的研究の激増は、部分的には経験的転回に起因すると考えることもできる。倫理的考察は、――古典的な技術哲学が、「技術」は「人間性」への潜在的脅威であると指摘したように――「技術」を批判するのをやめて、実際の諸技術や技術発展を扱い始めたのである。

興味深いことに、こうした経緯の派生的効果として、ますます多くの哲学者たちが哲学的分析の対象として技術に興味を持ち始めている。ただ、同時に、その結果としてありがちなのは、経験的転回で何をしたかったのか、特に、技術哲学がSTSに近づくことで何をしたかったのかという点についての「無頓着な忘却」である。技術に対する新しい倫理的興味は、「技術 Technology」から実際的な諸技術へと焦点を移してはいるものの、ほとんどの場合、話の始めに来るのは、倫理学説や倫理の枠組みや倫理的原理についてであって、技術と道徳の相互浸透的性質などの技術と社会の複雑な関係性の分析ではない。

STSに影響された技術哲学の観点から言えば、プライバシー、安全性、自律性といった価値に注目する技術倫理の分析のほとんどは、そういった価値の意味自体が、その価値を使って評価されている当の技術と窮屈に絡みあっているということを忘れている。特定の技術がプライバシーや安全性や自律性を脅かすその仕方自体が、当のプライバシー、安全性、自律性などの意味や重要性の形成に参加しているのである。経験哲学的観点から言えば、倫理学には、技術に対して外的立場を確保することはできず、外的立場から、あらかじめ定められた規範や価値に基づいて技術を評価するなどということはできない。

倫理学は、そもそも自分自身も技術の産物であることを自覚せねばならないのである。

技術と道徳性のこのような密接な関係を考慮することは単純なことではない。道徳性と技術の境界線をなくすことによって、技術の倫理的評価は事実上不可能になってしまうようにも思える。先にも述べたが、もし、我々の使用する倫理的枠組みも技術の産物であり、我々はその倫理的枠組みによって技術を評価しているのだとしたら、我々は単なる技術の奴隷に過ぎないことになってしまうのではないか。倫理的考察にとって肝心なのは、技術に対してノーと言える可能性を持っていることだろう。ＳＴＳが人間と技術の境界線をなくすことにより、倫理は、境界線の警備員という役割、つまり、技術が人間性の領域に深く侵入しすぎないように防ぐ役割、を果たすことが出来なくなってしまう。だとしたら、経験的転回によって得られる第一の教訓として、我々は、人間と技術の間に境界線は引けないと、そして、それゆえ技術に倫理的に関わることなど不可能だと認めなければならないのだろうか。

これは間違ったジレンマである。本書が示してきたように、実は、事態はもっと複雑なのである。経験的転回によって、技術倫理が不可能になるなどということはない。倫理が特権的な外的立場に立てるという可能性を、つまり、技術の外部の領域に立てるという可能性を認めないからといって、倫理自体を諦めねばならないわけではない。実は、社会のレベルと個人的生活のレベルの双方において、技術と人間性の密接な相互浸透を明らかにすることにより、むしろ、その相互浸透に対して責任を負ったり、相互浸透を望ましい形にすることが可能になるのである。つまり、我々は、規範についての考察の中心に、道徳性と技術が密接に相互浸透しているという考えを据えるべきなのである。私の考えでは、これこそが、現在の技術哲学と技術倫理が直面している挑戦なのである。その相互浸透性を見てとるためには、技術に対する経験哲学的アプローチと規範についての考察は統合されなくてはならない。別の言い方をすれば、我々は、――ラトゥールにならって――経験的転回と倫理的転回に続けてもう一つの転回をしなければならない（Latour 1992a）。実は、それこそが、本書で展開した道徳的媒介のアプローチが目指すものに他ならない。

倫理的転回を超えて

この「第三の転回」をなすためには、二つの研究の道筋をさらに進めなければならない。一つは、記述的研究の道、もう一つは、規範的研究の道である。第一に、技術の道徳的意義についてもっと詳しく調べなければならない。本書はこの道筋の研究の一助となることを目指している。技術の道徳的意義の研究は、経験哲学的分析にとって実り多い分野であり、技術哲学と社会哲学や政治哲学とのつながりを拡大することにもなる。

第二に、規範的倫理的な研究の道筋が、さらに整備されなければならない。技術の道徳的側面を分析するだけではなく、技術倫理を実践することにも焦点を当てる研究が必要である。このように「二重に転回した」技術倫理は、もうすでに技術アセスメント〔技術評価〕と言われるものの枠内、少なくともこれまでと同じ意味での技術アセスメントの枠内には収まらない。なぜなら、評価のためには評価されるものの外部の立場が必要なのだから。そのような外部の立場が存在しないとしたら、倫理を表現するためには、ベルギーの哲学者ジルベール・オトワの言葉を借りて（Hottois 1996, ch. 5）、技術への同行 *tech-*

nology accompaniment という言葉を使った方がいいだろう。同行の倫理において重要な問題は、人間と技術の間のどこに境界線をひくべきかということではない。問題は、これまでも常に人間の実存の中心的条件であり続けてきた、人間と技術との相互関係性をどのように形成していくかということである。

こうした「技術に同行する」倫理は、かつての技術哲学が持っていた、関与していく精神や場合によっては運動家的精神を、もちろん違った形ででではあるが、復活させることになるだろう。経験的転回と倫理的転回を発生の源とする同行の倫理は、人間にのみ関与するのではなく、技術にも関与する。中心となる目的は、本書のいくつかの章で提示したように、技術発展、技術使用、技術の社会への導入に同行することである。

技術発展に同行するためには、技術の設計者と使用者に関与していかねばならない。そして、道徳的考察の適用場所を見極め、設計中の技術の社会的影響を予見しなければならない。同行の倫理は、技術の領域の外側に自分を置かず、技術発展や技術の社会への導入に直接的に関与していく。主要な仕事は、使用者と設計者が技術の社会的文化的影響の質を理解し、予見し、評価するための適切な枠組みを設定することである。だから、このタイプの倫理には、経験的転回と倫理的転回の統合が必要となる。一方で、特定の技術が人間の実存において果たす媒介的役割のさらなる分析が必要であり、もう一方で、技術的媒介との間に倫理的な関係性を築くことが要求される。私の見解では、二つの統合は、現代の技術哲学にとって最も重要な責務の一つである。

結論——プロタゴラスを超えて

直観的には、倫理と技術は二つの別々の領域をなしているように思える。本書が目指したのは、この二つが実際には完全に相互浸透していると示すことだった。倫理と技術の間の繊細かつ複雑な関係を把握するためには、ほとんどの倫理学説の持つ外在主義的傾向とヒューマニズム的傾向は克服されねばならない。技術が道徳的次元を持つということは明らかである。同様に、倫理が技術的次元を持つことも明らかである。技術的人工物は、我々の道徳的行為者性において中心的役割を果たしている。技術的人工物は、人間の行為や判断の形成に介入し、それによって、我々がいかに行為すべきか、とか、いかに生きるべきかといった道徳的問題への答え方にも介入している。我々の道徳的基準は、技術との密接な相互作用のなかで作られる。そうだとしたら、ほとんどの道徳的判断は、自律的な主体によってなされたものではない。人間が生きる場である物質的環境もその形成に参加しているのである。

こうした技術の道徳的意義は、我々に対し、それに対する責任を引き受ける任務を課してくる。技術が我々に迫っている倫理的挑戦とは、適切な仕方で技術発展に同行することである。倫理を技術に対峙させることをやめて、人間の世界への技術の侵略を制限するという英雄的役割を、つまり、ほとんどの場合何の効力も持たない役割を倫理学者に課すことをやめて、我々は、技術との相互作用のなかで自分達の生を形成していくための語彙や実践を作り出さねばならない。責任を伴った使用や設計のあり方を作り出すためには、人間の生活における技術の媒介的役割について、そして、社会が形成されるときの技術の媒介的役割について、予見し、評価し、設計するための枠組みや方法論を、使用者や設計者たちに教えなければならない。

プロタゴラスの時代には、「人間」が「万物の尺度」だった。現代の技術文明において倫理学は、逆に、事物が万人の尺度でもあるという結論を避けることはできない。物質的人工物、特に我々の生きる世界のなかでどんどん増加している技術的装置は、倫理学の中心となるべきテーマである。少し違った形でではあるが、人間と同じように、人工物も道徳的コミュニティーに属している。だとしたら、倫理学者は、事物の潜在的道徳性を明示化することや、事物の設計に関与し、事物の社会における役割に関与していくことを自らの責務の一つと考えるべきである。本当のところ、現代の技術文明において、倫理学が意味ある役割を果たすことができるとしたら、それは、道徳が人間的主体と非人間的客体の双方に関わる問題だと認識することによってしかあり得ないのだから。

訳者あとがき

本書は、Peter-Paul Verbeek, *Moralizing Technology: Understanding and Designing the Morality of Things*, The University of Chicago Press, 2011 の全訳である。原著者ピーター＝ポール・フェルベークは、オランダ人の哲学者で、オランダのトゥエンテ大学哲学科の教授である。専門は、技術哲学、より具体的には、技術と人間の関係についての研究であり、現在、技術哲学の国際学会である、Society for Philosophy and Technology（SPT）の会長職（President）を勤めている。英語で書かれた単著としては、本書の他に、*What Things Do: Philosophical Reflections on Technology, Agency, and Design*, Pennsylvania State University Press, 2005 があり、他にも編著、オランダ語で書かれた単著、多数の論文を業績として持つ。日本語への翻訳は本書が初となるため、まだ日本では一般的に広く知られていないが、現在の技術哲学界の中心を担っている、新進気鋭の若手哲学者である。

フェルベークは、思想的潮流としては、いわゆる現象学的な（あるいは、もう少し広く大陸哲学的な）技術哲学の系譜に属しており、本文中でも登場するが、哲学の枠組みとしては、古くは、マルティン・ハイデガーやカール・ヤスパース、直接的には、ブルーノ・ラトゥール、ドン・アイディ、アルバート・ボルグマン、ラングドン・ウィナーといった哲学者たちの思想を継承する哲学者である。なかでもアイディとラトゥールからの影響が顕著であり、フェルベーク本人も述べているように、本書の中心テーマである「道徳的媒介の哲学」とは、ラトゥールの「アクターネットワーク理論」とアイディの「ポスト現象学」の枠組みを統合して、技術と道徳の関係の考察に適用したものに他ならない。本書では、他にも、ペーター・スローターダイクから「ポストヒューマニズム的」思考法が、ミシェル・フーコーから「自由」の非近代主義的解釈が道具として取り出され使用されている。

（特に現代の）技術哲学という分野は、日本では、まだ、それほど馴染みがない分野かもしれない。技術哲学と聞き、マルクスやハイデガーやヨナスといった今や古典的となっている哲学者たちの名前を思い浮かべる方も多いだろう。しかし、技術哲学という哲学分野は、（フェルベークが「創設の父達」と呼ぶ）ハイデガー、ヨナス、エリュールらの古典的技術哲学の時代から、幾度かのダイナミックな転回を経て、現代に至ってもなお動き続けている。ある意味で、現代の哲学において最も活発に活動している分野の一つと言ってもいいだろう。その隆盛の中心を担っているのが、フェルベーク本人であることは言うまでもない。ここ数十年（という短い期間）において、技術哲学がいかにダイナミックな展開をしてきたかは、著者自身によって、本書の第八章の「倫理的転回に続くもう一つの転回」の節で簡潔にまとめられている。

技術についての哲学的考察は、近年、ますます多くの人々の興味を引くようになってきている。その大きな理由の一つは、もちろん、現代社会において、大規模なものから日常的なものまで、技術が我々の生活のいたるところに浸透していることによって起こる現実的問題への対処の必要性である。しかし、それだけが理由ではない。現代の技術哲学者達の議論は、具体的かつ身近な例に即していてとても理解しやすく、それでいて哲学的な深みを持っている。

いわゆる「経験的転回」以降の技術哲学者たちは、常に具体的で身近な例に即して話を進める。ラトゥールの「スピードバンプ」、ウィナーの「人種差別的な低い陸橋」や「トマト収穫機」、アイディの「メガネ」、「望遠鏡」、「温度計」、ボルグマンの「暖炉」と「暖房機」といった本書でも登場する例は、具体的であるのみならず、すべてとても身近なものである。それでいて、それらの具体例の持つ哲学的インパクトは非常に大きい。

通常の思考のなかでは考えつかないような物の見方や考え方に気づかされたり、思ってもみなかった問題点や問題の立て方を知らされたりといったことは、哲学に触れるときに人が期待する重要な要素だろう。そして、そうした思考のための道具を人々に提供することが、哲学という学問の意義でもある。現代の技術哲学者たちの議論のなかには、それがいくつもつまっている。

それらの魅力は、そのまま本書の持つ魅力でもある。本書で展開される哲学は、現代社会の喫緊の要求に応えるものであると同時に、身近で現実的な具体例が豊富に提示されていて理解しやすく、それでいて、我々に多くの哲学的な道具を提供してくれる。

＊

各章の内容の概要については、著者自身が、第一章の末尾にある「本書の概要」という節でまとめているのでそちらに譲ることとして、ここでは、本書でポイントとなる思考の道具を二つだけ挙げて説明しておきたい。

まずは、「媒介」という概念についてである。本書の中心テーマは、人間の道徳が技術によって「媒介」されているということである。ここで、「媒介」という言葉は、技術が人間の道徳に影響を与えることを示しているとともに、技術が人間の道徳が発現する条件でもあることを示している。例えば、(物理的な)波のあり方は、その媒質の性質によって影響を受けるが、そもそも媒質がなければ波は現れることができないのだから、媒質の影響のない（純粋な）波というものは（現実的には）考えられない。「媒介」という言葉は、こうした、波と媒質との関係のような関係性を表現している。人間が人間であるための条件が技術を持つことだとしたら、そして、技術は避けがたく人間のあり方に影響を与えるのだとしたら、技術の影響を受けない（純粋な）人間のあり方というものは考えられないことになる。そして、人間のあり方の一つが道徳なのであるから、道徳も技術によって影響を受けるが、そもそも技術がないところでは道徳がないのであるから、技術の影響を受けない（純粋な）道徳というものは考えられないことになる。このような「人間」や「道徳」と「技術」との関係を、フェルベークは、「人間」と「言語」や「酸素」や「重力」との関係にたとえて説明している（本書の二六五頁参照）。そうしたものに人間のあり方が依存しており、人間が影響されているのは明らかだが、それから逃れようとすれば我々は「自分自身を失ってしまう」のである。

このような理解に基づいて、純粋な人間の純粋な道徳を目指した近代主義的倫理学に代わるアプローチを作り出そうというのが、本書のテーマの一つである。ここで注意しておかねばならないが、道徳と技術を媒介という関係において捉えることは、我々が、逃れることの不可能な技術の支配下にあるという悲観的見方につながるわけではない。確かに、現代において、人間の道徳が技術の影響下にあることは避けられない事実である。しかし、媒介という道具によって、現代という状況は、これまでとは少し違ったかたちで見えてくる。

フェルベークによれば、実は、技術による道徳性の媒介は、現代という技術時代に特有の現象ではなく、これまでも常に人間や人間の道徳は技術に支配されてきたのである。そして、現代の技術は、「これまでも常に存在してきた影響力を見えるようにしてくれただけ」（二三七頁）なのである。つまり、我々現代人は、運悪く人間の道徳までもが技術の影響下にある時代に生まれたのではなく、運よく人間の道徳が技術に影響されていることが目に見えるような時代に生まれたのである。そして、そのような状況においてこそ、我々は、技術の道徳への影響を正当に扱う道を探すこともできるのである。

＊

「媒介」という概念的道具によって、技術と道徳の関係を「理解」したのち、我々はどうするべきなのか。この問題と関わるのが、本書のもう一つの鍵概念となる「自由」である。フェルベークは、フーコーを参照して、技術時代に適った「自由」の概念を再定義している。その定義によれば、自由とは、何にも支配されていないことを意味しているのではない。技術の支配に関して言えば、そもそも、それから逃れている人間など、どの時代のどの場所にもいない。本当の意味の自由とは、自分が何かに支配されていることを自覚して、その支配との間に関係を築くことができるということである。別の言い方をすれば、自由がないことが問題とされるとき、何かに支配されていること自体が問題なのではなく、支配されていることを自覚していないこと、そして、その支配との間に関係を築くことができないことが本当の問題なのである。我々の社会生活は法律によって支配されているが、そのことを批判する人はいない。我々は、自分自身が法律によって支配されていることを自覚しており、その支配との間に関係を築くこともできるからである。

つまり、技術によって不可避的に道徳が影響されていることを理解した我々は、次に、その影響を自覚し、その影響との間に良好な関係を築いていくことを目指さねばならないのである。良好な関係を築くためには、二つの道がある。我々は、「使用の文脈」で、技術からの媒介的影響を自覚しつつ、その影響のあり方を調整しながら技術を使用することもできるし、「設計の文脈」で、技術による媒介的影響の作成に参加し、その影響のあり方を適切なかたちに調整することもできる。こうした活動こそが、本書の題名にもなっている「技術の道徳化」に他ならない。

ここでは詳しく論じないが、例えば、近年急速に発展し普及した技術にスマートフォンがある。それによって、人間の社会生活やコミュニケーションのあり方が劇的に変化し、我々の生活はスマートフォンに支配されているとか、それによって人間関係がすさんでしまったという批判的な論調も多くみられる。しかし、この現象に、「媒介」やフーコー的「自由」という道具を適用して考えてみると、問題は、少し異なる観点から考えられるようになるだろう。

＊

ここで、本書の構成について一言述べておきたい。各章の冒頭の注に元になる論文が示されていることからも分かるように、本書は、過去数年にわたって著者が個別に発表してきた論文を集めたものが元になっている。各章は、全体として一つの大きな道を描いて並んでいるが、右のような経緯から、いくつかの箇所で、同じ内容が繰り返し述べられている場合もある。裏を返せば、それによって、ある程度は、各章それぞれが個別に読めるようになっていると考えることもできる。参考までに述べておくと、第一章から第四章までは、哲学的な内容が比較的多めになっていて、第五章から第七章までは、具体的な内容が比較的多めになっている。

＊

原著者のピーター＝ポール・フェルベーク氏は、非常に気さくな人物である。私に彼の名前と本書の存在を教えてくれたのは、金光秀和氏であるが、興味深い哲学者だと思っていたころ、金光氏に誘われて二〇一三年夏に、リスボンで開催されたＳＰＴ学会に参加したときに初めて彼に会った。その後、幾度か国際学会やワークショップなどでお会いしているが、いつも、笑顔で、そして、いつも忙しそうに活き活きと動き回っている姿が印象的な、まさに、新進気鋭という言葉がぴったりの好人物である。この度、本当に多忙ななか、本書のために「日本語版への序文」を書いて頂いたことに心より謝意を表したい。

＊

最後に、本訳書の成立に関して以下の方々に感謝したい。技術哲学が現実的であるだけでなく哲学的に興味深い分野でもあることを私に教えて下さった村田純一先生、私を実際に技術哲学の現場に引き込んで下さった直江清隆先生、私にフェルベークという哲学者の存在を教えてくれ、媒介の理論の面白さを教えてくれた金光秀和氏、著者フェルベーク氏との個人的なコンタクトを「媒介」してくれた本田康二郎氏、技術と哲学に関わる議論に付き合ってくれた寺本剛氏、また、東京海洋大学と立正大学での講義で未完成の訳稿の一部を教材として扱った際に意見を述べてくれた聴講者のみなさん、なかでも詳細にわたって問題点を指摘してくれ大きな貢献をしてくれた小池大地君、そして、本書の重要性を理解して編集を担当して下さった法政大学出版局の前田晃一氏、これらの方々がいなければ本訳書は成立していなかった。心よりの謝意を表したい。

翻訳についての責任はもちろん、すべて私一人にある。誤りや問題点は多々あるだろうが原著の面白さと有効さを損なっていない訳になっていることを願っている。

二〇一五年秋、入間市にて

鈴木俊洋

著　者

ピーター＝ポール・フェルベーク（Peter-Paul Verbeek）

1970年、オランダ生まれ。現在、オランダのトゥエンテ大学（The University of Twente）哲学科の教授。主な研究領域は、技術哲学、特に技術と人間の関係についての研究であり、「ポスト現象学」と言われる現象学的系譜の技術哲学における現代の代表的な哲学者の一人である。英語で書かれた主な業績は、単著として、*What Things Do – Philosophical Reflections on Technology, Agency, and Design* (Pennsylvania State Univ. Press, 2005)、共編著として、Kroes, P. and P. P. Verbeek, eds., *The Moral Status of Technical Artefacts* (Springer, 2014)、Verbeek, P. P. and A. Slob, eds., *User Behavior and Technology Development – Shaping Sustainable Relations between Consumers and Technologies*, (Springer, 2006) があり、他にもオランダ語で書かれた著作が数冊ある。

訳　者

鈴木俊洋（すずき・としひろ）

1968年生まれ。東京大学大学院総合文化研究科広域科学専攻博士課程修了。博士（学術）。現在、崇城大学総合教育センター教授。

主な著作・論文に、『数学の現象学——数学的直観を扱うために生まれたフッサール現象学』（法政大学出版局、2013）、『概説　現代の哲学・思想』（ミネルヴァ書房、2012、共著）、『岩波講座　哲学05　心／脳の哲学』（岩波書店、2008、共著）、「数学的直観とは何か——リーマンの幾何学研究がフッサールに与えた影響」（『現代思想　総特集リーマン』、2016）、「技術から生まれた数学——数学的対象発生の歴史的研究と現象学的分析」（日本哲学会『哲學』58号、2007）、ほか。訳書に、ハリー・コリンズ『我々みんなが科学の専門家なのか？』（法政大学出版局、2017）、クリスティアン・ヘッセ『数学者クリスティアン・ヘッセと行くマジカルMathツアー』（東京図書、2014）がある。

《叢書・ウニベルシタス　1033》
技術の道徳化
事物の道徳性を理解し設計する

2015年10月23日　初版第1刷発行
2020年 6月23日　　　第2刷発行

ピーター＝ポール・フェルベーク
鈴木俊洋 訳
発行所　一般財団法人　法政大学出版局
〒102-0071 東京都千代田区富士見 2-17-1
電話03(5214)5540 振替00160-6-95814
組版: HUP　印刷: 平文社　製本: 積信堂

Printed in Japan

ISBN978-4-588-01033-0

索引

訳者注：原書の索引項目のうち、本訳書では人名と事項に分けることにし、人名については本文中に登場する人名のみを50音順の索引内に記載する。文献情報としてのみ登場する人名については、アルファベット順の索引として別に記載する。頁番号は原書のものに加えて補ってある場合がある。なお、*n* はその頁の注にあることを示す。

事項

ア行
アニミズム animism 7, 112
安全性 safety 276
育種 breeding 63, 64, 70
遺伝学 genetics 63
遺伝子工学 genomics 241
意図〔志向〕intention 75, 253, 254, 255
　意図された効果 intended effects 219
　意図された説得 intended persuasion 216, 220, 223, 224
　意図された媒介 intended mediation 166, 183, 202, 205, 222
意図されていない効果、技術の〜 unintended effects, of technologies 219
医療技術 medical technologies 12, 43
因果的責任 causal responsibility 186, 227
委任 delegation 168, 169*n*
エコノメーター EconoMeter 184, 200, 212, 214, 217, 218, 227
エターナリー・ユアーズ Eternally Yours 171, 172, 173, 174, 175, 176, 184
エネルギー消費 energy consumption 159, 167
延長スルモノ *res extensa* 53, 58, 66, 67, 69
応用倫理 applied ethics 9, 181, 202, 222
オートポイエーシス autopoiesis 130
オゾンホール ozone hole 52
温度計 thermometer 18, 99, 243 ,244, 250

カ行
下位自我 under-ego 83
解釈学 hermeneutics 14, 16, 17, 18, 19, 29, 44, 95, 98, 100, 118, 125, 127, 217,218, 246, 247, 250, 251, 253, 254, 255, 257, 265
快適さ well-being 270
概念的分析 conceptual analysis 201
快楽主義 hedonism 56, 110
科学コミュニケーション science communication 272
科学ジャーナリズム science journalism 272
賢い家〔スマート・ホーム〕smart home 209
賢い環境〔スマート・エンバイロンメント〕smart environment 35, 207, 209, 235
仮想現実 virtual reality 171, 180, 181, 202, 204
価値感応型設計（VSD) value-sensitive design (VSD) 195, 197, 201
神の法 divine law 135, 231
環境 environment 6, 47, 85, 87, 93, 106, 158, 190, 195, 209, 211, 229
環境知能 ambient intelligence 6, 35, 207, 208, 209, 210, 212, 213, 214, 215, 222, 229, 230, 231, 232, 233, 235, 236, 258, 260, 269, 271

『監獄の誕生』（フーコー）*Discipline and Punish* (Foucault) 119
カントの「批判」“critique,” by Kant 140
関与 engagement 84, 270
機能 functionality 156
帰結主義 consequentialism 54, 55, 74, 75, 97, 107, 110
技術アセスメント〔技術評価〕Technology Assessment 37, 177, 278
記述主義 descriptivism 23, 276
技術に同行する accompanying technology 261, 279
技術の制限 limits, of technology 261
技術の道徳化 moralization, of technology 157, 164, 166, 180, 182, 188, 190, 193, 197, 199, 202, 203, 236
規範、道徳的〜 code, moral 137, 231
義務論 deontology 54, 74, 75, 97, 107, 108, 147, 162, 223, 225
客体、〜の概念 object, concept of the 31, 32, 52, 54, 70, 268
客体性 objectivity 29, 30, 66, 200
境界警備員 border guard 265
境界線の警備員 boundary guard 277
「共同体主義的幻想」“communitarian phantasm” 61
強要 compulsion 151, 188
近代主義 modernism 41, 50
近代性 modernity 51, 52, 54, 139, 140, 141
車椅子 wheelchair 168
経験的転回 empirical turn 36, 273, 274, 275, 276, 277, 278, 279
形而上学 metaphysics 41, 50, 51, 52, 54, 55
携帯電話 cell phone 5, 6, 11, 29, 67, 73, 102, 210, 212, 227, 248
警笛鳴らし whistleblowing 35, 184
啓蒙 Enlightenment 24, 39, 80, 119, 130, 139, 140
結束 nexus 177
決定 determination 167, 242
言語という媒体 lingual media 66
現象学 phenomenology 15, 27, 28, 29, 32, 95, 97, 99, 243
権力 power 27, 34, 116, 117, 118, 119, 120, 121, 122, 123, 124, 125, 126, 127, 128, 133, 134, 136, 137, 138, 139, 142, 147, 148, 230, 235, 236
行為 action
　道徳的〜 moral 25, 69, 153
　〜プログラム program of 21
行為者性 agency 87, 170, 214
　人工的〜 artificial 89
　道徳的〜 moral 25, 33, 69, 92, 95, 105, 106, 107, 151, 185, 262, 280
工学的な技術哲学 engineering philosophy of technology 273, 274
公共の論争 public debate 272
公共物 *res publica* 194, 205
工芸 “craft” 132
口唇裂 harelip 43, 49
合成関係 composite relation 241, 255, 256, 257
構成的技術アセスメント Constructive Technology Assessment 171, 176, 184, 193, 229
行動影響型技術 behavior-influencing technologies 143, 205, 228,
合法性 legitimacy 226, 228
「向目的性」“purposiveness” 249, 254
功利主義 utilitarianism 110, 130, 147, 162, 223, 225
　快楽主義的〜 hedonist 56, 110
　規則〜 rule 56
　行為〜 act 56
　選好〜 preferential 56, 110
　多元主義的〜 pluralist 56
刻印〔書き込み〕inscription 168, 177, 178
　道徳の〜 moral 195

古代ギリシア倫理学 Greek ethics 34, 117
コミュニティー、道徳的～ community, moral 7, 71, 74, 75, 76, 281

サ行
サイボーグ cyborg 241, 245, 247
サイボーグ関係 cyborg relation 241, 248, 254, 255, 256, 258
思考スルモノ *res cogitans* 53, 54, 66, 67, 69
自己構成 self-constitution 36, 136, 144, 254, 256, 260
　自己実践 self practices 131, 136, 138, 139, 143, 145, 146, 150, 152, 154, 230, 232, 233, 234
自己支配 self-mastery 137, 147
志向性 intentionality 7, 13, 18, 19, 25, 26, 28, 30, 31, 75, 76, 79, 97, 98, 99, 100, 101, 102, 103, 107, 113, 186, 240, 241, 242, 243, 244, 245, 246, 248, 249, 250, 251, 252, 253, 254, 255, 256, 258
　合成～ composite 103, 245, 246, 249, 250, 251, 252, 253, 254, 257
　構築的～ constructive 252, 253
　ハイブリッドな～ hybrid 99, 103, 249
　技術的～ technological 18, 19, 22, 97, 103, 240, 249, 250, 251, 253, 254, 256
自己鍛錬 *ascesis* 136, 146, 232
自己への配慮 care of the self 131, 144, 146, 154
自動車〔車〕car 24, 217, 227, 232, 255, 259
シナリオ scenario 179, 180
支配 domination 139, 151
市民 citizenship 272
自由 freedom 13, 25, 40, 76, 97, 103, 104, 105, 106, 107, 113, 122, 124, 126, 127, 138, 139, 141, 147, 148, 150, 151, 165, 166, 182, 185, 187, 188, 189, 190, 191, 192, 199, 202, 203, 205, 213, 229, 233, 242, 259, 264, 269
主体性 subjectivity 30, 66, 77, 119, 125, 126, 127, 131, 132, 134, 137, 138, 144, 146, 147, 148, 149, 152, 192, 194, 200, 203, 230, 232, 233, 234, 235, 256, 257, 258, 260, 263, 266, 267
従属化、～の様式 subjection, mode of 134, 135, 136, 138, 144, 150, 231, 232,
主体 subject 31, 32, 51, 52, 54, 55, 70, 72, 264, 268
　道徳的～ moral 123, 125, 127, 128, 129, 130, 131, 134, 135, 136, 142, 143, 144, 145, 146, 148, 149, 150, 151, 152, 153, 154,230, 236, 242, 264
　主体構成 subject constitution 32, 34, 117, 128, 134, 138, 144, 147, 150, 230
十代の妊娠 teen pregnancy 212
自由民主主義 liberal democracy 50, 192
縮減 reduction 18, 21
寿命 longevity 172, 173, 174, 176
省エネルギー型電球 energy-saving light-bulb 6
「使用の倫理」"user logic" 215, 229, 237, 261, 263
商品 commodity 84, 145, 209, 236
助産婦 midwife 48
自律性 autonomy, 25, 26, 31, 34, 58, 69, 76, 79, 87, 92, 104, 105, 139, 141, 142, 148, 190, 191, 197, 212, 224, 229, 233, 239, 240, 242, 258, 264, 265, 276
審議、道徳的～ deliberation, moral 184
人工知能 artificial intelligence 108, 185
真正さ authenticity 28, 243
身体化 embodiment 22, 244, 247
信頼性 reliability 83, 213, 226, 227, 237
スクリプト〔脚本〕script 20, 81, 164

ステークホルダー手法 stakeholder method 182
ステークホルダー分析 stakeholder analysis 181, 182, 183, 184, 185, 199, 202, 222, 223
スピードバンプ speed bump 6, 20, 22, 24, 69, 73, 80, 81, 82, 83, 90, 93, 104, 145, 159, 165, 168, 184, 188, 217
制限的態度 limit attitude 140, 141
政治 politics 24, 77, 273, 278
生の質 quality of life 236, 237, 266
性 sexuality 130, 132
『性の歴史』（フーコー） *History of Sexuality* (Foucault) 116, 128
赤外線カメラ infrared camera 18
責任 responsibility 7, 12, 25, 26, 34, 74, 88, 94, 113, 182, 185, 186, 187, 188, 189, 199, 202, 203, 205, 213, 220, 226, 227, 236, 259, 262, 269
　道徳的〜 moral 8, 25, 58, 87, 103, 105, 142, 151, 152, 186, 187, 219, 220
設計 design 3, 4, 6, 8, 34, 35, 36, 71, 120, 121, 122, 131, 146, 154, 155, 156, 157, 158, 167, 170, 171, 173, 176, 178, 179, 180, 182, 188, 194, 196, 197, 199, 200, 201, 203, 204, 205, 215, 219, 221, 228, 229, 231, 237, 261, 263, 269, 280, 281
説得 persuasion 145, 184, 217, 220, 224
　〜の方法 methods of 212, 215, 224
説得型鏡 Persuasive Mirror 193, 211, 222, 231, 232, 254, 257
説得型技術 Persuasive Technology 6, 35, 164, 185, 193, 207, 208, 210, 211, 212, 213, 214, 215, 216, 217, 218, 219, 220, 221, 222, 223, 226, 227, 229, 230, 231, 232, 233, 235, 236, 253, 254, 258, 269
潜在能力アプローチ capability approach 270
選択 choice 46
先天的欠陥 congenital defect 12, 46, 57, 58, 68, 100
想像力 imagination 170, 178, 180, 204, 210
装置〔デバイス〕 device 84
創発的影響 emergent impacts 79
増幅 amplification 18, 21, 23
双方向性 interactivity 87, 92
速度制限 speed limitation 188, 205
ソフィスト Sophists 211
存在に至る coming-into-being 133, 137, 138, 144, 234
存在論 ontology 42, 54

タ行

代理表象、実在の〜 representation, of reality 18, 44, 244, 255
ダウン症 Down syndrome 1, 2, 43, 46, 49, 57, 149
多様性 plurality 50, 272, 276
他律性 heteronomy 41, 116
知覚、〜の概念 perception, concept of 28
知性的速度調節システム Intelligent Speed Adaptation 231, 240, 241, 258
チャレンジャー号 Challenger 10
超越論主義 transcendentalism 274
超音波技術（産科における〜） ultrasound (obstetric) 2, 19, 30, 42, 43, 45, 46, 49, 58, 67, 68, 69, 91, 94, 108, 110, 148, 149, 150
「調教」、人間性の〜 "taming," of humanity 68, 70
超自我 super-ego 83
超人 *Obermensch* 60
ツァラトゥストラ Zarathustra 125
定言命法 categorical imperative 108, 109, 110, 130
貞操 chastity 129
手軽さ availability 84
テクネー *techne* 132

生の技法 *techne tou biou* 131, 132
テクノクラシー technocracy 157, 166, 177, 193, 228, 229
「手の近くにある」“present-at-hand” 16, 17*n*, 22
「手もとにある」“readiness-to-hand” 15, 16, 17, 22
デ・レアリステン De Realisten 252, 253
電子メール e-mail 191, 233, 234
道具 tools 15
道具主義 instrumentalism 91
道徳的〜 moral 90, 91
道徳性のためのインフラ morality, infrastructure for 71
道徳的意義 moral significance 82, 84, 86, 116, 117
道徳的実体 moral substance 138, 149, 231
道徳的主体 moral subject 123, 136
動物性 *animalitas* 60
徳倫理学 virtue ethics 56, 57, 85, 97, 107, 111, 270
トランスヒューマニズム transhumanism 65, 240, 241, 246, 255, 268

ナ行

ナチズム Nazism 62
二分脊椎症 spina bifida 1, 2, 57
乳癌 breast cancer 12, 100
乳房切除 mastectomy 186
人間 humans 26, 63, 106, 264, 265, 266
人間性 *humanitas* 60
人間－技術関係 human-technology relation 15, 22, 36, 214, 244, 245, 246, 247, 248
妊娠中絶 abortion 40, 44, 68, 105, 108, 110, 111, 191, 253, 255
妊娠を操作するピル birth control pill 8
ネットワーク networks 59, 80
脳神経インプラント neuro implant 241, 255, 258
脳深部刺激療法（DBS）deep brain stimulation (DBS) 240, 258

ハ行

バイオテクノロジー biotechnology 60, 63, 64, 240, 260, 276
背景関係 background relation 17*n*, 245
ハイジーンガード Hygiene-Guard 211, 212
媒介 mediation 4, 15, 16, 17, 21, 22, 23, 102, 105, 142, 143, 145, 149, 150, 156, 161, 162, 163, 166, 168, 169, 170, 172, 177, 178, 181, 192, 194, 195, 199, 200, 201, 202, 205, 216, 217, 218, 223, 224, 225, 229, 230, 239, 243, 262,
道徳的〜 moral 36, 89, 92, 93, 94, 95, 96, 107, 112, 157, 195, 200, 214, 215, 221, 239, 240, 241, 242, 243, 256, 258, 261, 263, 264, 271, 273, 278
〜分析 mediation analysis 161, 162, 171, 178, 180, 182, 199, 201, 202, 204, 219, 222, 224, 228
媒体 media
言語という〜 lingual, 66
物資的な〜 material 67
ハイブリッド hybrid 31, 99, 103, 241
判断、道徳的〜 decision, moral 79, 186
美学 aesthetics 116, 132, 133
ビッグ・ブラザー Big Brother 236
美と善とを備えた kaloskagathos 132
非近代的見方 amodern perspective 71, 112, 153
非人間 nonhumans 13, 21, 27, 52, 53, 54, 69, 71, 72, 80, 81, 82, 83, 92, 95, 99, 103, 109, 112, 113, 163, 256
ヒューマニズム〔人間中心主義〕humanism 26, 36, 39, 41, 42, 49, 50, 51, 53, 54, 59, 60, 61, 64, 65, 66, 67, 70, 71, 240, 241, 242, 255

ヒューマニズム的でない nonhumanism 32, 36, 39, 43, 59, 67, 71
評価〔アセスメント〕assessment 221
　道徳的〜 moral 161, 202,
フードフォン Food Phone 212, 218, 225
フォード・ピント車 Ford Pinto 10
服従、道徳的〜 obligations, moral 131
複数安定性 multistability 19, 21, 167, 219, 248
物質性 materiality 71, 95, 111, 194, 252, 262
プライバシー privacy 10, 197, 199, 224, 237, 276
ブラックボックス black box 177, 178, 246
ベイビー・シンク・イット・オーバー Baby Think It Over 212
弁証法的 dialectic 264
方向付け directedness 22, 255, 266
放下 *Gelassenheit* / "releasement" 124, 134, 146
ポスト現象学 postphenomenology 27, 30, 32
ポストヒューマニズム posthumanism 62, 240, 255
ホモ・サピエンス Homo Sapiens 65, 66, 69
翻訳、行為の〜 translations, of action 21, 23

マ行
麻酔 anesthesia 153
マッキンガ Makkinga 189
マルクス主義的弁証法 Marxist dialectic 125
民主主義 democracy 165, 182, 185, 193, 194, 271
目的論 teleology 134, 137, 138, 146, 230, 235

ヤ行
誘引 seduction 145, 184,189, 217, 232
善い生 good life 57, 86, 94, 117, 192, 263, 266, 267, 269
予見 anticipation 166, 175, 176, 195, 199, 229

ラ行
リスク risk 58, 162, 219
理性的動物 *animal rationale* / *zoon logon echon* 60
陸橋 overpasses 11, 77
「リバウンド効果」"rebound effect" 160, 167
良心 conscience 123, 232, 236
倫理 ethics
　使用の〜 of use 215, 229, 237, 261, 263
　設計の〜 of design 34, 35, 157, 161, 167, 203, 215, 221, 229, 237, 263
　善い生の〜 of the good life 36, 263, 264, 266, 267, 269, 270
倫理的実体 ethical substance 134, 135, 144, 230, 231
倫理的転回 ethical turn 36, 117, 273, 275, 278, 279

ＡＢＳ（アンチロックブレーキシステム）ABS (antilock braking system) 209
ＭＲＩ（核磁気共鳴画像法）MRI (magnetic resonance imaging) 19, 99, 240, 243
RFID 209, 210
ＳＴＳ（科学技術社会論）STS (Science and Technology Studies) 78, 169*n*, 273

人名

ア行

アイディ、ドン Ihde, Don 14, 16, 17, 18, 19, 21, 27, 28, 29, 44, 99, 122, 243, 244, 245, 246, 247, 248, 249, 250, 251, 255

アクリシュ、マドレーヌ Akrich, Madeleine 20, 168, 169, 195

アドルフ、スヴェン Adolph, Sven 175

アハターハイス、ハンス Achterhuis, Hans 2, 4, 90, 163, 164, 165

アリストテレス Aristotle 137, 138, 267, 268

アンダース、ギュンター Anders, Günther 57

イェルゲス、ベルンヴァルト Joerges, Bernward 78

イェルスマ、ヤープ Jelsma, Jaap 160, 195, 196, 197, 202

ウィナー、ラングドン Winner, Langdon 11, 14, 23, 24, 33, 77, 78, 79, 89, 90, 93

ウェールバース、カティンカ Waelbers, Katinka 270

エリュール、ジャック Ellul, Jacques 273

オースターラーケン、イルセ Oosterlaken, Ilse 270

オトワ、ジルベール Hottois, Gilbert 163*n*, 278

オルセン、フィン Olesen, Finn 4

オレアリー、ティモシー O'leary, Timothy 133

カ行

カント、イマニュエル Kant, Immanuel 24, 55, 70, 75, 108, 109, 110, 130, 135, 139, 140, 141

ゲリー、ジム Gerrie, Jim 118

コッケルコーレン、ペトラン Kockelkoren, Petran 4

サ行

サール、ジョン Searle, John 101

サヴィツキ、ヤナ Sawicki, Jana 124

サルトル、ジャン=ポール Sartre, Jean-Paul 41, 42, 60, 61

サンダース、J・W Sanders, J. W. 86, 87, 88, 89, 91, 92

サンデロウスキ、マルガレーテ Sandelowski, Margarete 45

ジョップリン、ジャニス Joplin, Janis 190

スヴィールストラ、チャリング Swierstra, Tsjalling 74, 75, 107, 271

スミス、アーロン Smith, Aaron 31, 187*n*

スミット、シグリット Smits, Sigrid 173, 175

スローターダイク、ペーター Sloterdijk, Peter 35, 41, 42, 59, 60, 61, 62, 63, 64, 65, 66, 67, 68, 69, 70

タ行

タイドマン、マルタイン Tideman, Martijn 180

ティーレ、レスリー=ポール Thiele, Leslie Paul 127

デカルト、ルネ Descartes, René 53

テナー、エドワード Tenner, Edward 91

ド・ヴリース、ヘラルト de Vries, Gerard 111, 153, 266

ドゥルーズ、ジル Deleuze, Gilles 137

ドレスタイン、スティーブン Dorrestijn, Steven 4, 128, 143, 233, 267

ナ行
ニーチェ、フリードリッヒ Nietzsche, Friedrich 63, 64, 125
ヌスバウム、マーサ Nussbaum, Martha 270
ノイエンシュヴァンダー、エリック Neuenschwander, Erik 183*n*, 215, 216, 218, 220, 221, 222

ハ行
バーディチェフスキー、ダニエル Berdichevsky, Daniel 183*n*, 215, 216, 218, 220, 221, 222
バーナウアー、ジェイムズ Bernauer, James 127
ハーバース、ハンス Harbers, Hans 59
ハーバーマス、ユルゲン Habermas, Jürgen 139, 143
バーリン、アイザイア Berlin, Isaiah 127, 190
ハイデガー、マルティン Heidegger, Martin 15, 16, 17, 28, 33, 41, 42, 51, 52, 54, 60, 61, 62, 118, 119, 121, 122, 124, 133, 138, 273, 274
フィーンバーグ、アンドリュー Feenberg, Andrew 275
フーコー、ミシェル Foucault, Michel 4, 27, 32, 34, 50, 116, 117, 118, 119, 120, 121, 122, 123, 124, 125, 127, 128, 129, 130, 131, 132, 133, 134, 135, 136, 137, 138, 139, 140,141, 142, 144, 146, 147, 148, 151, 154, 162, 187, 190, 191, 230, 232, 242, 266, 267
フォッグ、B・J Fogg, B. J. 185*n*, 211
フォン・クラウゼヴィッツ、カール Von Clausewitz, Carl 34
フッサール、エドムント Husserl, Edmund 28, 252
プラトン Plato 64
フリードマン、バチヤ Friedman, Batya 195, 197
ブルールセマ、ペトラ Bruulsema, Petra 4
ブレイ、フィリップ Brey, Philip 190, 191, 270
プロタゴラス Protagoras 280, 281
フロリディ、ルチアーノ Floridi, Luciano 33, 86, 87, 88, 89, 91, 92
ヘールスミンク、リチャード Heersmink, Richard 4
ヘルダーリン、フリードリッヒ Hölderlin, Friedrich 124
ベンサム、ジェレミー Bentham, Jeremy 110, 120
ホーイマンス、ヴァウター Hooijmans, Vouter 251, 252
ボーフレ、ジャン Beaufret, Jean 41, 42
ボルグマン、アルバート Borgmann, Albert 14, 33, 84, 85, 86, 94, 235, 236, 270

マ行
マクワーサー、ラデル McWorther, Ladelle 123
マッキンタイア、アラスデア MacIntyre, Alasdair 270
マニャーニ、ロレンツォ Magnani, Lorenzo 95
マホン、マイケル Mahon, Michael 127
マンツィーニ、エツィオ Manzini, Ezio 172
ミッチェル、リサ Mitchell, Lisa 45
メイ、トッド May, Todd 135
メルロ＝ポンティ、モーリス Merleau-Ponty, Maurice 28
モージス、ロバート Moses, Robert 11, 77, 78, 79, 89

参考文献

＊訳注：邦訳のある文献については〔〕で補う。ただし原著者は英訳の文献を挙げていることが多いため、邦訳の底本とは必ずしも一致しない。また本文の翻訳においては、邦訳があるものはそれを参考にしつつも、訳者が原著者の英訳に基づきあらためて訳し直した場合もある。

Aarts, E. H. L., R. Harwig, and M. F. H. Schuurmans. 2001. Ambient Intelligence. In P. J. Denning (ed.), *The Invisible Future: The Seamless Integration of Technology in Everyday Life,* 235–50. New York: McGraw-Hill.

Aarts, E., and S. Marzano. 2003. *The New Everyday: Views on Ambient Intelligence.* Rotterdam: 010.

Achterhuis, H. 1995. "De moralisering van de apparaten." *Socialisme en Democratie* 52 (1): 3–12.

———. 1998. *De erfenis van de utopie.* Amsterdam: Ambo.

———. 2001. *American Philosophy of Technology: The Empirical Turn.* Translated by R. Crease. Bloomington: Indiana University Press.

Adviesdienst Verkeer en Vervoer. 2001. *ISA Tilburg: Intelligente Snelheids Aanpassing in de praktijk getest.* Eindrapportage praktijkproef Intelligente Snelheidsaanpassing. The Hague: Ministerie van Verkeer en Waterstaat.

Akkerman, S. 2002. "Zorg met de dingen." MA thesis, University of Twente, Enschede, Netherlands.

Akrich, M. 1992. "The Description of Technical Objects." In W. E. Bijker and J. Law (eds.), *Shaping Technology / Building Society,* 205–24. Cambridge, MA: MIT Press.

Anders, G. 1988. *Die Antiquiertheit des Menschen.* Munich: C. H. Beck.〔ギュンター・アンダース、『時代おくれの人間』上下、青木隆嘉訳、法政大学出版局、1994年〕

Aristotle. 1970. *Physics.* Cambridge, MA: Harvard University Press.〔アリストテレス、『自然学』、『アリストテレス全集』3、出隆・岩崎允胤訳、岩波書店、1968年〕

Baudet, H. 1986. *Een vertrouwde wereld: 100 jaar innovatie in Nederland.* Amsterdam: Bert Bakker.

Berdichevsky, D., and E. Neuenschwander. 1999. "Toward an Ethics of Persuasive Technology." *Communications of the Association for Computing Machinery (ACM)* 42 (5): 51–58.

Berlin, I. 1979. "Two Concepts of Liberty." In *Four Essays on Liberty,* 118–72. Oxford: Oxford University Press.〔アイザィア・バーリン、「二つの自由概念」、『自由論』（新装版）、小川晃一・小池銈・福田歓一・生松敬三訳、みすず書房、2000年〕

Bernauer, J., and M. Mahon. 2005. "Michel Foucault's Ethical Imagination." In Gary Gutting

(ed.), *The Cambridge Companion to Foucault*. Cambridge: Cambridge University Press.
Bijker, W. E. 1995. *Of Bicycles, Bakelites and Bulbs: Toward a Theory of Sociotechnical Change*. Cambridge, MA: MIT Press.
Birsch, D., and J. Fielder. 1994. *The Ford Pinto Case*. Albany: State University of New York Press.
Boenink, M. 2007. "Genetic Diagnostics for Hereditary Breast Cancer: Displacement of Uncertainty and Responsibility." In Gerard de Vries and Klasien Horstman, eds., *Genetics from the Laboratory to Society*. Houndmills, Basingstoke, UK: Palgrave/Macmillan, 2007.
Bohn, J., et al. 2004. "Living in a World of Smart Everyday Objects: Social, Economic, and Ethical Implications." *Journal of Human and Ecological Risk Assessment* 10 (5): 763–86.
Borgmann, A. 1984. *Technology and the Character of Contemporary Life*. Chicago: University of Chicago Press.
———. 1992. *Crossing the Post-modern Divide*. Chicago: University of Chicago Press.
———. 1995. "The Moral Significance of the Material Culture." In A. Feenberg and A. Hannay (eds.), *Technology and the Politics of Knowledge*, 85–93. Bloomington: Indiana University Press.
———. 2006. *Real American Ethics: Taking Responsibility for Our Country*. Chicago: University of Chicago Press.
Bostrom, N. 2004. "The Future of Human Evolution." In C. Tandy (ed.), *Death and Anti-death: Two Hundred Years after Kant, Fifty Years after Turing*, 339–371. Palo Alto, CA: Ria University Press.
Boucher, J. 2004. "Ultrasound—a Window to the Womb? Obstetric Ultrasound and the Abortion Rights Debate." *Joumal of Medical Humanities* 25 (1): 7–19.
Brey, P. 2005. "Freedom and Privacy in Ambient Intelligence." *Ethics and Information Technology* 7 (3): 157-66.
———. 2006. "Ethical Aspects of Behavior Steering Technology." In P. P. Verbeek and A. Slob (eds.), *User Behavior and Technology Development*, 357–64. Dordrecht, Netherlands: Springer.
———. 2007. "Theorizing the Cultural Quality of New Media." *Techné: Research in Philosophy and Technology* 11(1): 1–18.
Carroll, J. M. 2000. *Making Use: Scenario-Based Design of Human-Computer Interactions*. Cambridge, MA: MIT Press. 〔ジョン・M・キャロル、『シナリオに基づく設計──ソフトウェア開発プロジェクト成功の秘訣』、郷健太郎訳、共立出版、2003年〕
Casert, R. 2004. "Ambient Intelligence: In the Service of Man?" Verslag Workshop. The Hague: Rathenau Instituut.
Coeckelbergh, M. 2006. "Regulation or Responsibility? Autonomy, Moral Imagination, and Engineering." *Science, Technology and Human Values* 31 (3): 237–60.
———. 2007. *Imagination and Principles: An Essay on the Role of Imagination in Moral Reasoning*. Houndmills, Basingstoke, UK: Palgrave/Macmillan.
Crystal, D. 2008. "2b or Not 2b?" *Guardian*, July 5, 2008.

Deleuze, G. 1986. *Foucault*. London: Athlone.〔ジル・ドゥルーズ、『フーコー』、宇野邦一訳、河出文庫、2007年〕
De Mul, J. 2002. *Cyberspace Odyssee*. Kampen, Netherlands: Klement.
De Vries, G. 1993. Gerede twijfel: Over de rol van de medische ethiek in Nederland. Amsterdam: De Balie.
———. 1999. *Zeppelins: Over filosofie, technologie en cultuur*. Amsterdam: Van Gennep.
Dorrestijn, S. 2004. "Bestaanskunst in de technologische cultuur: Over de ethiek van door techniek beïnvloed gedrag." MA thesis, University of Twente, Enschede, Netherlands.
———. 2006. "Michel Foucault et l'éthique des techniques: Le cas de la RFID." MA thesis, Universite Paris X, Nanterre.
Feenberg, A. 1999. *Questioning Technology*. London: Routledge.〔アンドリュー・フィーンバーグ、『技術への問い』、直江清隆訳、岩波書店、2004年〕
Floridi, L., and J. W. Sanders. 2004. "On the Morality of Artificial Agents." *Minds and Machines* 14 (3): 349–79.
Fogg, B. J. 2003. *Persuasive Technology: Using Computers to Change What We Think and Do*. Amsterdam: Morgan Kaufmann.〔B・J・フォッグ『人を動かすテクノロジ──実験心理学が教える』高良理・安藤知華訳、日経BP社、2005年〕
Foucault, M. 1975. *Discipline and Punish: The Birth of the Prison*. New York: Random House.〔ミシェル・フーコー、『監獄の誕生──監視と処罰』、田村俶訳、新潮社、1977年〕
———. 1984a. *Le souci de soi*. Paris: Gallimard.〔『性の歴史3──自己への配慮』、田村俶訳、新潮社、1987年〕
———. 1984b. *L'usage des plaisirs*. Paris: Gallimard.〔『性の歴史2──快楽の活用』、田村俶訳、新潮社、1986年〕
———. [1984] 1990. *The Care of the Self*, vol. 3 of *The History of Sexuality*. London: Penguin.〔前掲、『自己への配慮』〕
———. [1984] 1992. *The Use of Pleasure*, vol. 2 of *The History of Sexuality*. London: Penguin.〔前掲、『快楽の活用』〕
———. 1997a. *Ethics: Subjectivity and Truth*. Edited by P. Rabinow. New York: New Press.
———. 1997b. "What Is Enlightenment?" In M. Foucault, *Ethics: Subjectivity and Truth*, edited by Paul Rabinow. New York: New Press.〔「啓蒙とは何か」、『ミシェル・フーコー思考集成 X』、石田英敬訳、筑摩書房、2002年)〕
Friedman, B., ed. 1997. *Human Values and the Design of Computer Technology*. Chicago: University of Chicago Press.
Friedman, B., P. Kahn, and A. Earning. 2002. *Value Sensitive Design: Theory and Methods*. Computer Science and Engineering Technical Report 02–12–01. Seattle: University of Washington Press.
Fryslân Province. 2005. *Shared Space—Room for Everyone: A New Vision for Public Spaces*. Leeuwarden, Netherlands: Fryslân Province.
Gerrie, J. 2003. "Was Foucault a Philosopher of Technology?" *Techne: Research in Philosophy*

and Technology 7 (2): 14–26.
Habermas, J. 1969. *Technik und Wissenschaft als Ideologie*. Frankfurt: Suhrkamp. 〔ユルゲン・ハーバマス、『イデオロギーとしての技術と科学』、長谷川宏訳、平凡社ライブラリー、2000年〕
———. 1984. *The Theory of Communicative Action*. Boston: Beacon. 〔ユルゲン・ハーバーマス、『コミュニケイション的行為の理論』上・中・下、河上倫逸他訳、未來社、1985–1987年〕
Haraway, D. 1991. "A Cyborg Manifesto: Science, Technology, and Socialist-Feminism in the Late Twentieth Century." In D. Haraway, *Simians, Cyborgs and Women: The Reinvention of Nature*, 149–81. New York: Routledge. 〔ダナ・ハラウェイ、「サイボーグ宣言——20世紀後半の科学、技術、社会主義フェミニズム」、『猿と女とサイボーグ——自然の再発明』、高橋さきの訳、青土社、2000年〕
Harbers, H. 2005. "Epilogue: Political Materials-Material Politics." In H. Harbers (ed.), *Inside the Politics of Technology*. Amsterdam: Amsterdam University Press.
Hayles, K. 1999. *How We Became Posthuman*. Chicago: University of Chicago Press.
Heidegger, M. 1927. *Sein und Zeit*. Tiibingen, Germany: Max Niemeyer Verlag. 〔マルティン・ハイデッガー、『存在と時間』上・下、細谷貞雄訳、ちくま学芸文庫、1994年〕
———. 1951. "Das Ding." In *Vorträge und Aufsätze*. Pfullingen, Germany: Neske.
———. 1969. *Discourse on Thinking*. Translated by J. M. Anderson and E. H. Freund. New York: Harper and Row. 〔『放下』、『ハイデッガー選集』15、辻村公一訳、理想社、1963年〕
———. [1947] 1976. "Brief über den Humanismus." In *Wegmarken*, complete ed., 9: 313–64. Frankfurt am Main: Klostermann. 〔『「ヒューマニズム」について』、渡邊二郎訳、ちくま学芸文庫、1997年〕
———. 1977a. "The Age of the World Picture." In *The Question concerning Technology and Other Essays*. New York: Harper and Row. Translation of "Die Zeit des Weltbildes," in *Holzwege* (Frankfurt am Main: Vittorio Klostermann, 1950). 〔『世界像の時代』、『ハイデッガー選集』13、桑木務訳、理想社、1962年〕
———. 1977b. "The Question concerning Technology." In *The Question concerning Technology and Other Essays*, trans. W. Lovitt. New York: Harper and Row. 〔『技術への問い』、関口浩訳、平凡社ライブラリー、2013年〕
Hottois, G. 1996. *Symbool en techniek*. Kampen, Netherlands: Kok Agora/Kapellen, Netherlands: Pelckmans.
Ihde, D. 1979. *Technics and Praxis*. Dordrecht, Netherlands: Reidel.
———. 1983. *Existential Technics*. Albany: State University of New York Press.
———. 1990. *Technology and the Lifeworld*. Bloomington: Indiana University Press.
———. 1993. *Postphenomenology*. Evanston, IL: Northwestern University Press.
———. 1998. *Expanding Hermeneutics*. Evanston, IL: Northwestern University Press.
Illies, C. F. R., and A. VV. M. Meijers. 2009. "Attefacts without Agency." *Monist* 92 (3): 420–40.

Introna, L. 2005. "Disclosive Ethics and Information Technology: Disclosing Facial Recognition Systems." *Ethics and Information Technology* 7 (2005): 75–86.
Irrgang, B. 2005. *Posthumanes Menschsein?*. Stuttgart: Franz Steiner Verlag.
ISTAG (Information Society Technologies Advisory Group, European Commission). 2003. Ambient Intelligence: From Vision to Reality. Brussels: European Commission.
Jaspers, K. 1951. Man in the Modern Age. Translated by E. Paul and C. Paul. London: Routledge and Kegan Paul.〔カール・ヤスパース、『現代の精神的状況』、『ヤスパース選集』28、飯島宗享訳、理想社、1971年〕
Jelsma, J, 1999. "Huishoudelijk energiegebruik: Van beter gedrag naar beter ontwerpen. Een aanzet tot een integrale benadering." Utrecht NOVEM Gammaprogramma.
———. 2006. "Designing 'Moralized' Products: Theory and Practice." In P. P. Verbeek and A. Slob (eds.), *User Behavior and Technology Development: Shaping Sustainable Relations between Consumers and Technologies*. Dordrecht, Netherlands: Springer.
Joerges, B. 1999. "Do Politics Have Artefacts?" *Social Studies of Science* 29 (3): 411–31.
Kant, I. [1785] 2002. Groundwork for the Metaphysics of Morals. New Haven, CT: Yale University Press.〔イマヌエル・カント、『人倫の形而上学の基礎づけ』、『カント全集』7、平田俊博訳、岩波書店、2000年〕
Klapwijk, R., et al. 2006. "Using Design Orienting Scenarios to Analyze the Interaction between Technology, Behavior and Environment in the SusHouse Project." In P. P. Verbeek and A. Slob (eds.), *User Behavior and Technology Development: Shaping Sustainable Relations between Consumers and Technologies.* Dordrecht: Springer.
Knight, W. 2005. "Mirror That Reflects Your Future Self." *New Scientist*, no. 2485 (February 5, 2005): 23.
Kockelkoren, P. 2003. *Technology: Art, Fairground and Theatre*. Rotterdam: NAi (Netherlands Architecture Institute).
Kroes, P., and A. Meijers, eds. 2000. *The Empirical Turn in the Philosophy of Technology.* Amsterdam: JAI.
Kuijk, L. 2004. "Prenataal Onderzoek: Abortus als logisch vervolg." *Trouw* (Amsterdam), January 3, 2004.
Landsman, G. H. 1998. "Reconstructing Motherhood in the Age of 'Perfe ct' Babies: Mothers of Infants and Toddlers with Disabilities." *Signs* 24 (1): 69–99.
Latour, B. 1988. "Veiligheidsgordel: De verloren mass a van de moraliteit." In M. Schwartz and R. Jansma (eds.), *De technologische cultuur*. Amsterdam: De Balle.
———. 1992a. "One More Turn after the Social Turn: Easing Science Studies into the Amodern World." In Ernan McMullin (ed.), *The Social Dimensions of Science*, 272–92. Notre Dame, IN: Notre Dame University Press.
———. 1992b. "Where Are the Missing Masses? The Sociology of a Few Mundane Artifacts." In W. E. Bijker and J. Law (eds.), *Shaping Technology / Building Society.* Cambridge, MA: MIT Press.
———. 1993. *We Have Never Been Modern*. Translated by C. Porter. Cambridge, MA:

Harvard University Press. Translation of *Nous n'avons jamais été modernes* (Paris: La Découverte, 1991). 〔ブルーノ・ラトゥール、『虚構の「近代」──科学人類学は警告する』、川村久美子訳、新評論、2008年〕

———. 1994. "On Technical Mediation: Philosophy, Sociology, Genealogy." *Common Knowledge* 3: 29–64.

———. 1997. *De Berlijnse sleutel.* Amsterdam: Van Gennep.

———. 1999. *Pandora's Hope*. Cambridge, MA: Harvard University Press. 〔『科学論の実在──パンドラの希望』、川崎勝・平川秀幸訳、産業図書、2007年〕

———. 2002. "Morality and Technology: The End of the Means." *Theory, Culture and Society* 19 (5-6): 247–60.

———. 2004. *Politics of Nature*. Cambridge, MA: Harvard University Press.

———. 2005. "From Realpolitik to Dingpolitik, or How to Make Things Public." In B. Latour and P. Weibel (eds.), *Making Things Public: Atmospheres of Democracy,* 4–31. Cambridge, MA: MIT Press.

Leentjens, A. F. G., et.al. 2004. "Manipuleerbare wilsbekwaamheid: Een ethisch probleem bij elektrostimulatie van de nucleus subthalamicus voor ernstige ziekte van Parkinson." *Nederlands Tijdschrift voor Geneeskunde* 148: 1394–98.

Lemmens, P. 2008. Gedreven door techniek: *De menselijke conditie en de biotechnologische revolutie*. Oisterwijk, Netherlands: Box Press.

Light, A., and D. Roberts. 2000. "Toward New Foundations in Philosophy of Technology: Mitcham and Wittgenstein on Descriptions." *Research in Philosophy and Technology* 19: 125–47.

Lyon, D., ed. 2006. *Theorizing Surveillance: The Panopticon and Beyond.* Devon, UK: Willan.

Magnani, L. 2007. *Morality in a Technological World: Knowledge as Duty.* Cambridge: Cambridge University Press.

May, T. 2006. *The Philosophy of Foucault*. Montreal: MeGill-Queen's University Press.

McCalley, L. T., and C. J. H. Midden. 2006. "Making Energy Feedback Work: Goal-Setting and the Roles of Attention and Minimal Justification." In P. P. Verbeek and A. Slob (eds.), *User Behavior and Technology Development: Shaping Sustainable Relations between Consumers and Technologies*. Dordrecht, Netherlands: Springer.

McWorther, L. 2003. "Subjecting Dasein." In A. Milchman and A. Rosenberg (eds.), *Foucault and Heidegger: Critical Encounters*, 110–26. Minneapolis: University of Minnesota Press.

Merleau-Ponty, M. 1962. *Phenomenology of Perception*. Translated by Colin Smith. London: Routledge and Kegan Paul. 〔モーリス・メルロ＝ポンティ、『知覚の現象学』1・2、竹内芳郎・小木貞孝・木田元・宮本忠雄訳、みすず書房、1967年・1974年〕

Midden, C. 2006. "Sustainable Technology or Sustainable Users?" In P. P. Verbeek and A. Slob (eds.), *User Behavior and Technology Development: Shaping Sustainable Relations between Consumers and Technologies*, 191–200. Dordrecht, Netherlands: Springer.

Mitcham, C. 1994. *Thinking through Technology; The Path between Engineering and Philoso-*

phy. Chicago: University of Chicago Press.

Mitchell, L. 2001. *Baby's First Picture: Ultrasound and the Politics of Fetal Subjects*. Toronto: University of Toronto Press.

Mol, A. 1997. "Wat is kiezen? Een empirisch-filosofische verkenning." Inaugural lecture presented at Universiteit Twente, Enschede, Netherlands.

Muis, H. 2006. "Eternally Yours: Some Theory and Practice on Cultural Sustainable Products." In P. P. Verbeek and A. Slob (eds.), *User Behavior and Technology Development Shaping Sustainable Relations between Consumers and Technologies*, 277–93. Dordrecht, Netherlands: Springer.

Nietzsche, F. [1883] 1969. *Thus Spoke Zarathustra: A Book for Everyone and No One*. Translated by R. J, Hollingdale. London: Penguin.〔フリードリヒ・ニーチェ、『ツァラトゥストラはこう語った』、『ニーチェ全集』第2期1、薗田宗人訳、白水社、1982年〕

Oaks, L. 2000. "Smoke-Filled Wombs and Fragile Fetuses: The Social Politics of Fetal Representation." *Signs* 26 (1): 63–108.

O'Leary, T. 2002. *Foucault: The Art of Ethics*. London: Continuum.

Oosterlaken, I. 2009. "Design for Development: A Capability Approach." *Design Issues* 25 (4): 92–102.

Petchesky, R. P. 1987. "Fetal Images: The Power of Visual Culture in the Politics of Reproduction." *Feminist Studies* 13 (2): 263–92.

Pitt, J. 2000. *Thinking about Technology*. New York: Seven Bridges.

Popkema, M., and Schagen, I. van. 2006. "Modifying Behaviour by Smart Design: The Example of the Dutch Sustainable Safe Road System." In P. P. Verbeek and A. Slob (eds.), *User Behavior and Tedmology Development Shaping Sustainable Relations between Consumers and Technologies*. Dordrecht, Netherlands: Springer.

Rajchman, J, 1985. *Michel Foucault: The Freedom of Philosophy*. New York: Columbia University Press.〔ジョン・ライクマン、『ミシェル・フーコー――権力と自由』、田村俶訳、岩波書店、1987年〕

Rapp, R. 1998. "Refusing Prenatal Diagnosis: The Meanings of Bioscience in a Multicultural World." *Science, Technology, and Human Values* 23 (1): 45–70.

Rip, A., T. Misa, and J. Schot, eds. 1995. *Managing Technology in Society: The Approach of Constructive Technology Assessment*. London: Pinter.

Rosson, M. B., and J, M. Carroll. 2001. *Usability Engineering: Scenario-Based Development of Human-Computer Interaction*. San Francisco: Morgan Kaufmann.

Safranski, R. 1999. *Martin Heidegger: Between Good and Evil*. Cambridge, MA: Harvard University Press.〔リュディガー・ザフランスキー、『ハイデガー――ドイツの生んだ巨匠とその時代』、山本尤訳、法政大学出版局、1996年〕

Sandelowski, M. 1994. "Separate, but Less Unequal: Fetal Ultrasonography and the Transformation of Expectant Mother/Fatherhood." *Gender and Society* 8 (2): 230–45.

Sawicki, J. 2003. "Heidegger and Foucault: Escaping Technological Nihilism." In A. Mikhman and A. Rosenberg (eds.), *Foucault and Heidegger: Critical Encounters*, 55–73.

Minneapolis: University of Minnesota Press.
Schmid, W. 1991. *Auf der Suche nach einer neuen Lebenskunst: Die Frage nach dem Grund und die Neubegründung der Ethik bei Foucault*. Frankfurt: Suhrkamp.
———. 1998. *Philosophie der Lebenskunst. Eine Grundlegung.* Frankfurt: Suhrkamp.
Schot, J. 1992. "Constructive Technology Assessment and Technology Dynamics: The Case of Clean Technologies." *Science, Technology and Human Values* 17 (1): 36–56.
Schuurman, J., et al. 2007. *Ambient Intelligence: Toekomst van de zorg of zorg van de toekomst?* The Hague: Rathenau Instituut.
Searle, J, R. 1983. *Intentionality: An Essay in the Philosophy of Mind.* Cambridge: Cambridge University Press.〔ジョン・R・サール、『志向性——心の哲学』、坂本百大訳、誠信書房、1997年〕
Slob, A., and P. P. Verbeek. 2006. "Technology and User Behavior: An Introduction." In P. P. Verbeek and A. Slob (eds.), *User Behavior and Technology Development: Shaping Sustainable Relations between Consumers and Technologies*, 3–12. Dordrecht, Netherlands: Springer.
Slob, A. F. L., et al. 1996. *Consumption and the Environment: Analysis of Trends.* Report. TNO Knowledge for Business, University of Utrecht, CBS (Centraal Bureau voor de Statistiek).
Sloterdijk, P. 1999. *Regeln für den Menschenpark : ein Antwortschreiben zu Heideggers Brief über den Humanismus*. Frankfurt am Main: Suhrkamp.〔ペーター・スローターダイク、『「人間園」の規則——ハイデッガーの『ヒューマニズム書簡』に対する返書』、仲正昌樹編訳、御茶の水書房、2000〕
———. 2009. "Rules for the Human Zoo: A Response to the Letter on Humanism." *Environment and Planning D: Society and Space* 27: 12-28.
Smith, A. 2003. "Do You Believe in Ethics? Latour and Ihde in the Trenches of the Science Wars (or Watch Out, Latour, lhde's Got a Gun)." In D. Ihde and E. Selinger (eds.), *Chasing Technoscience: Matrix for Materiality*. Bloomington: Indiana University Press.
Steg, L. 1999. *Verspilde energie? Wat doen en laten Nederlanders voor het milieu.* SCP Cahier 156. The Hague: Sociaal en Cultured Planbureau.
Stiegler, B. 1998. *Tecnics and Time*, vol. 1, The Fault of Epimetheus. Stanford, CA: Stanford University Press.〔ベルナール・スティグレール、『技術と時間1——エピメテウスの過失』、石田英敬監修、西兼志訳、法政大学出版局、2009年〕
Stormer, N. 2000. "Prenatal Space." *Signs* 26 (1): 109–44.
Swierstra, Tsj. 1997. "From Critique to Responsibility." *Techné: Research in Philosophy and Technology* 3 (1): 68–74.
———. 1999. "Moeten artefacten moreel gerehabiliteerd?" *K&M: Tijdschrift voor empirische filosofie* 4 (1999): 317–26.
———. 2002. "Moral Vocabularies and Public Debate: The Cases of Cloning and New Reproductive Technologies." In T. E. Swierstra, J, Keulartz, J, M. Korthals, and M. Schermer (eds.), *Pragmatist Ethics for a Technological Culture,* 223–40. Deventer, Neth-

erlands: Kluwer Academic.
Tenner, E. 1996. Why Things Bite Back: Technology and the Revenge of Unintended Consequences. New York: Vintage Books.〔エドワード・テナー、『逆襲するテクノロジー——なぜ科学技術は人間を裏切るのか』、山口剛・粥川準二訳、早川書房、1999年〕
Thiele, Leslie Paul. 2003. "The Ethics and Politics of Narrative: Heidegger + Foucault." In A. Milchman and A. Rosenberg (eds.), *Foucault and Heidegger: Critical Encounters*, 206–34. Minneapolis: University of Minnesota Press.
Tideman, M. 2008. "Scenario Based Product Design." PhD diss., University of Twente, Netherlands.
Trouw (Amsterdam). 2006. "Abortus om hazenlip komt voor: Onderzoeken of echo's leiden tot meer zwangerschapsafbrekingen." 11 (December 2006).
Turnage, A. K. 2007. "Email Flaming Behaviors and Organizational Conflict." *Journal of Computer-Mediated Communication* 13 (1): 43–59.
Valkenburg, G. 2009. *Politics by All Means: An Enquiry into Technological Liberalism*. Simon Stevin Series in Philosophy of Technology. Delft: 3TU. Ethics.
Van Dijk, P. 2000. *Anthropology in the Age of Tecchnology: The Philosophical Contribution of Günther Anders*. Value Inquiry Book Series 103. Amsterdam: Rodopi.
Van Hinte, E., ed. 1997. *Eternally Yours: Visions on Product Endurance*. Rotterdam: 010.
———, ed. 2004. *Eternally Yours: Time in Design*. Rotterdam: 010.
Van Kesteren, N., R. M. Meertens, and M. Fransen. 2006. "Technological Innovations and Energy Conservation: Satisfaction with and Effectiveness of an In-Business Control." In P. P. Verbeek and A. Slob. (eds.), *User Behavior and Technology Development Shaping Sustainable Relations between Consumers and Technologies*. Dordrecht, Netherlands: Springer.
Verbeek, P. P. 2000. *De daadkracht der dingen: Over techniek, filosofie en vomgeving*. Amsterdam: Boom.
———. 2002. "Pragmatism and Pragmata: Bioethics and the Technological Mediation of Experience." In J. Keulartz et al. (eds.), *Pragmatist Ethics for a Technological Culture*. Dordrecht, Netherlands: Kluwer.
———. 2004a. "Material Morality." In Ed van Hinte (ed.), *Time in Design*, 198–210. Rotterdam: 010.
———. 2004b. "Stimuleer gedragsbeïnvloedende technologie." *Christen Democratische Verkenningen* 3 (2004): 117–24.
———. 2005a. "De materialiteit van de moraal." *Algemeen Nederlands Tijdschrift voor Wijsbegeerte* 2 (2005): 139–45.
———. 2005b. *What Things Do: Philosophical Reflections on Technology, Agency, and Design*. University Park: Pennsylvania State University Press. (Translation of Verbeek 2000.)
———. 2006a. "Acting Artifacts: The Technological Mediation of Action." In P. P. Verbeek and A. Slob (eds.), *User Behavior and Technology Development: Shaping Sustainable Relation between Consumers and Technologies*. Dordrecht, Netherlands: Springer.

———. 2006b. "Ethiek en technologie: Moreel actorschap en subjectiviteit in een technologische cultuur." Ethische Perspectieven 16 (3): 267–89.

———. 2006c. "Materializing Morality: Design Ethics and Technological Mediation." "Ethics and Engineering Design," special issue of *Science, Technology and Human Values* 31 (3): 361–80.

———. 2006d. "Moraliteit voorbij de mens: Over de mogelijkheden van een posthumanistische ethiek." *Krisis* 1 (2006): 42–57.

———. 2006e. "The Morality of Things: A Postphenomenological Inquiry." In E. Selinger (ed.), *Postphenomenology: A Critical Companion to Ihde*. New York: State University of New York Press.

———. 2006f. "Persuasive Technology and Moral Responsibility." Paper presented at Persuasive Technology 2006 conference, Eindhoven University of Technology, The Netherlands.

———. 2008a. "Cultivating Humanity: Toward a Non-humanist Ethics of Technology." In Jan-Kyrre Berg Olsen, Evan Selinger, and Søren Riis (eds.), *New Waves in Philosophy of Technology*, 241–66. Houndsmill, Basingstoke, UK: Palgrave/Macmillan.

———. 2008b. "Cyborg Intentionality: Rethinking the Phenomenology of Human-Technology Relations." *Phenomenology and the Cognitive Sciences* 7 (3): 387–95.

———. 2008c. "Morality in Design: Design Ethics and the Morality of Technological Artifacts." In Pieter E. Vermaas, Peter Kroes, Andrew Light, and Steven A. Moore (eds.), *Philosophy and Design: From Engineering to Architecture*, 91–103. Dordrecht, Netherlands: Springer.

———. 2008d. "Obstetric Ultrasound and the Technological Mediation of Morality: A Postphenomenological Analysis." *Human Studies* 1 (2008): 11–26.

———. 2009a. "The Moral Relevance of Technological Artifacts." In M. Duwell et al. (eds.), *Evaluating New Technologies*, pp. 63–77. Dordrecht, Netherlands: Springer.

———. 2009b. "Technology and the Limits of Humanity: On Technology, Ethics, and Human Nature." Inaugural address presented at University of Twente.

———. 2010. "Accompanying Technology: Philosophy of Technology after the Ethical Turn." *Techné Research in Philosophy and Technology* 14 (1): 49–54.

———. Forthcoming a. "Persuasive Technology," in H. Zwart et al. (eds.), *Encyclopedia of Applied Ethics*, 2nd ed., Elsevier.

———. Forthcoming b. "Subject to Technology." In Mireille Hildebrandt and Antoinette Rouvroy (eds.), *The Philosophy of Law Meets the Philosophy of Technology: Autonomic Computing and Transformations of Human Agency*. Oxford: Routledge.

Verbeek, P. P., and A. Slob, eds. 2006. *User Behavior and Technology Design: Shaping Sustainable Relations between Consumers and Technologies.* Dordrecht, Netherlands: Kluwer.

Verbeek, P. P., and P. Kockelkoren. 1998. "The Things That Matter." *Design Issues* 14 (3): 28–42.

Von Clausewitz, C. 1976. *On War.* Edited and translated by Michael Howard and Peter

Paret. Princeton, NJ: Princeton University Press.〔カール・フォン・クラウゼヴィッツ、『戦争論』上・下、清水多吉訳、中公文庫、2001年〕

Waelbers, K. 2010. "Doing Good with Things: Taking Responsibility for the Social Role of Things." PhD diss., University of Twente, Enschede, Netherlands.

Weegink, R. J. 1996. *Basisonderzoek elektriciteitsverbruik kleinverbruikers BEK '95*. Arnhem, Netherlands: EnergieNed.

Wehrens, R. 2007. *De Gebruiker Centraal? Een inventarisatie van gebruikersgeridit onderzoek op het gebied van Ambient Intelligence en gezondheid*. The Hague: Rathenau Instituut.

Weiser, M. 1991. "The Computer for the 21st Century." *Scientific American* 265 (3): 94–104.

Winner, L. 1986. "Do Artifacts Have Politics?" In *The Whale and the Reactor*. Chicago: University of Chicago Press.〔ラングドン・ウィナー、「人工物に政治はあるか」、『鯨と原子炉——技術の限界を求めて』、吉岡斉・若松征男訳、紀伊國屋書店、2000年〕

Woolgar, S., and G. Cooper. 1999. "Do Artifacts Have Ambivalence?" *Social Studies of Science* 29 (3): 433–49.

Wolters, G. W., and L. P. A. Steenbekkers. 2006. "The Scenario Method to Gain Insight into User Actions." In P. P. Verbeek and A. Slob (eds.), *User Behavior and Technology Development.* Dordrecht, Netherlands: Springer.

Zechmeister, I. 2001. "Foetal Images: The Power of Visual Technology in Antenatal Care and the Implications for Women's Reproductive Freedom." *Hearth Care Analysis* 9: 387–400.